U0137886

堵琳琳 著

实践撬动的
教学变革

——一所初中提升教育品质的行动

上海教育出版社
SHANGHAI EDUCATIONAL
PUBLISHING HOUSE

总　序

　　建设一流城市,需要一流教育。办好教育,最根本的是要建设好教师队伍和学校管理干部队伍。

　　在长期的教育实践中,上海市涌现了一大批长期耕耘在教育第一线呕心沥血、努力探索,积累了丰富经验的优秀教师;涌现了一批领导学校卓有成效,有思想、有作为的优秀教育管理工作者。广大优秀教育工作者教育教学和管理工作的经验,凝聚着他们辛勤劳动的心血乃至毕生精力。为了帮助他们在立业、立德的基础上立言,确立他们的学术地位,使他们的经验能成为社会的共同财富,1994年上海市领导决定,委托教育部门负责整理这些经验。为此,上海市教育局、上海市中小学幼儿教师奖励基金会组织成立《上海教育丛书》编辑委员会,并由吕型伟同志任主编,自当年起出版《上海教育丛书》(以下称《丛书》)。1995年上海市教育委员会成立后,要求继续做好《丛书》的编辑出版工作。2008年初,经上海市教育委员会领导同意,调整和充实了《丛书》编委会,并确定夏秀蓉同志任执行主编,协助主编工作。2014年底,经上海市教育委员会领导同意,调整和充实了《丛书》编委会,确定尹后庆同志担任主编。《丛书》的内容涵盖了基础教育和中等职业教育的各个方面,包含有较高理论水平和学术价值的著作,涉及中小学教育、学前教育、师范教育、职业教育、校外教育和特殊教育,以及学校的领导管理与团队工作,还有弘扬祖国优秀文化、促进国际教育交流等方面的著作,体现了上海市中小学教育改革与发展的轨迹,体现了上海市中小学教育办学的水平与质量,体现了优秀教师和教育工作者的先进教育思想与丰富的实践经验。《丛书》出版后,受到广大教师、教育工作者及社会的欢迎。

　　为进一步搞好《丛书》的出版、宣传和推广工作,对今后继续出版的《丛书》,

我们将结合上海教育进入优质均衡、转型发展新时期的特点,更加注重反映教育改革前沿的生动实践,更加注重典型性、实用性和可读性。希望《丛书》反映的教育思想、理念和观点能起到抛砖引玉的作用,引发大家的思考、议论和争鸣;更希望在超前理念、先进思想的统领下创造出的扎实行动和鲜活经验,能引领当前的教育教学改革工作,使《丛书》成为记录上海教育改革历程和成果的历史篇章,成为广大教师和教育工作者的良师益友。限于我们的认识和水平,《丛书》难免会有疏漏和不尽如人意之处,诚恳地希望广大读者提出宝贵意见,帮助我们共同把《丛书》编好。

《上海教育丛书》编委会

序

    教育改革是促进我国新时代教育高质量发展、实现教育强国和人才培养现代化的基本路径。21 世纪以来，在探索核心素养培养路径、推进素质教育的时代背景下，上海聚焦学生创新精神和实践能力培养，以课程、教学、评价改革为抓手，通过推进"二期课改"，创造性地对基础教育进行系统改革。上海的中学生也不负众望，在历次国际学生评估项目（Program for International Student Assessment，简称 PISA）中均取得优秀的成绩。这些成绩的背后，都离不开义务教育阶段的学校为推进"二期课改"所付出的巨大努力。许多学校通过编制和完善学校课程实施计划、建立学校特色课程体系、变革教学方式和评价方式等教育改革行动，持续不断深化课程教学改革，提升了教育品质，打响了上海的教育品牌。

    上海市风华初级中学教育集团（以下简称风华初）就是其中的典型代表之一。办学数十载，风华初从一所规模一般的普通公办初中到一所拥有"三校四址"包括 370 名左右的教师、4000 多名学生的紧密型教育集团，办学规模在持续扩大。对集团化学校来说，要全面落实课程改革要求，推进学校课程理念迭代更新、教学内容系统设计、教学方式完善优化、教师人才队伍高质量发展等，都充满了挑战。但风华初迎难而上，以改革为路径，向改革要质量，确保了持续发展。2023 年，风华初以课程教学改革为主要内容的"素养导向的初中学科实践性学习活动的设计与实施"成果获得了上海市基础教育教学成果奖特等奖和国家级基础教育教学成果奖二等奖。这既是对风华初办学成效的充分肯定，也是对"用改革促进教育高质量发展"的基本路径有效性的证明。

    作为上海市"二期课改"实验校，风华初自 2008 年起就从拓展型课程和探究型课程领域尝试研究型、项目化、合作式学习的探索，以期能提高学生自主学习的深度和广度，促进学生高阶思维的形成和综合能力的发展。但在实际教学中，教师发现课时比例最大的基础型课程往往仍以传统的"传递—接受"教学模式为主，学生的直接经验匮乏，远不能满足多元化、全面育人的需求。因此，坚持教学相长，注重启发、互动和探究，探索基于学科的课程综合化教学，成为风华初开展课程教学研究的一项重要内容。尤其是在 2014 年成为上海市教育委员会教学研究室综合改革基地校之后，在市教委教研室专家们的引领下，风华初首次以丰富初中实践性学习活动为核心，探索以做中学、用中学、创中学为标志的课堂教学改革。经过长期实践，学校也更加确信在真实环境中基于直接经验，以分析、综合、判断等方式为表征的学习方式和评价方式变革的重要性。

在上述探索过程中，风华初逐渐凝练了"尊重差异，促进成长"的办学理念，紧紧围绕"做最好的自己"的育人目标，用实践性学习活动撬动学校的课程教学改革。从设计宏观的学校整体课程实施方案到开发特色校本综合实践活动、系统设计课程教学内容，再到学科教学中重构实践性学习活动，并借助思维工具、信息技术平台、教研机制等持续推进课改，形成了以素养为导向的学校课程体系。

探索实践性学习活动涉及风华初全体一线教师，能促进教师在参与中全面理解实践性学习活动所倡导的"聚焦核心素养的提升与优化、培养解决问题能力的综合化学习、致力于提供真实（仿真）的学习情境、丰富学生身心体验、培育完整的人"等理念，树立新时代的人才观，在日常教学中主动改变传统教学方式，更加注重学生的长远发展。从根本上转变教师的教育教学理念，将注重启发、互动和探究的意识内化为教师自觉、主动的教学指导思想，优化教师"教"的方式和学生"学"的方式，也是风华初通过实践性学习活动研究推动学校变革的初衷。

风华初一直在探索中前行，尽可能汇聚和发现教师实践中的教育智慧，把教师无意识的经验转化为有价值、可感知模仿的策略和工具。堵琳琳校长将风华初课程教学改革的成果组织整理出版，相信能更好地指导学校教师优化自身教学方式，将实践性学习落实到日常教学活动中。站在整体育人的视野下，本书将实践性学习与学校课程整体规划、综合实践性活动课程、学科课程及保障支持机制串联起来，分层递进，突出重点，具有系统性、层次性、完整性的特点，呈现学校课程教学变革的路径，可供同类学校推进教学变革时借鉴与选用。

风华初全面贯彻党的教育方针政策，努力把学校办成具有国际化理念、校区有特色、学科有品牌、学生有特长、教师有专长、有示范影响力的初中教育集团，不仅取得了良好的办学业绩，也享有良好的社会声誉。本书不仅是风华初过往十余年经验的阶段性总结，更是面向未来、实现教学方式创新的起点。相信风华初将永远保持推进变革的动力，丰盈课程教学思想，开阔教育视野，提升办学格局，继续探索实践性学习活动的优化及未来教学方式的转型，为基层学校落实课改、提升教育教学质量奉献更多智慧，为党育人、为国育才。

中国教育学会副会长、上海市教育学会副会长

徐淀芳

目录

第 一 章

唤醒变革内生动力

"教学"是个历史悠久的话题,尤其是在中国。创作于战国时期的《学记》仅有短短的 1200 多字,其中提及的"教学相长"、教学十二字诀、"四兴"与"六废"等教学原则,至今对我们仍然有很大的启示作用。在教育学科建制视野下,往往会提及"现代教育之父"夸美纽斯的著作《大教学论》。书中将教师誉为"太阳底下最光辉的职业",详细地列出了许多教学行为建议,认为"教学论是教学的艺术"。在这之后,随着文艺复兴以来自然科学与人文科学的大发展,一门又一门的学科逐渐独立并建制化,学科教学也随之不断深入发展。到了 20 世纪,随着心理学、脑科学和认知学科的逐渐兴起,尤其是到了 20 世纪 90 年代,"学习科学"成为一个专门的研究领域,实证主义、行动或设计导向、跨学科和情境化的教学方式转型逐渐成为整个社会关注的热点。于是,教学既是艺术,更是科学,而且在持续变革中,成了教育者的共识。

　　那么,作为基础教育学校应该怎么做? 随着教育学领域对"教学"认识的不断深化及人才培养的现实要求与科教兴国发展战略的持续发展,国家出台了很多关于教改的政策与文件,"照着做"似乎也是不错的选择。但学校管理者始终认为,教学变革是学校内外因共同起作用的结果,内因是第一位的,外因必须通过内因起作用。学校认识到,面对复杂的现实和充满变化的未来,变革应是必须且持续存在的,应该从"照着做"转变成"我要做",不仅要寻求学校原有机制的稳定运行,还要在忠实执行国家立德树人根本任务的前提下,重新审视学校的教学现状,并主动构想新的可能,唤醒教学变革的内生动力。接下来就重点回顾风华初在教学改革中究竟"做了什么"和"怎么做"。

第一节　把计划变成方案

今日的教育工作者,接触学生和课堂越多,越会认识到教学是一种复杂的系统现象。在真实实施的课程中,教学和教学机制是在不同层次上以半独立的自组织系统模式运行的。没有一所学校能做到对每名教师的每节课进行全程监控和即时管理,而且即使未来技术上能实现,这样做也会不利于教师的教学创新,从而使得课堂日益僵化。学校管理者认为,变革的关键不在学校管理者和各行政部门的命令与要求,而在于学校能在教师群体中形成变革的愿景,并能促使教师形成行动共同体。相较于仅仅从时间安排角度制订的教学计划而言,有校本立场,包括目标、结构、内容、实施和评价在内的课程实施方案的制订与落地是形成愿景与行动共同体的重要载体。

一、从四个维度构建课程立场

课程立场是在学校育人目标引领下的共同的课程愿景,主要围绕国家课程政策、学校课程基础、学生发展需求、现代教育理念四个维度进行建构。

第一个维度是国家课程政策,这也是制订实施方案首要考虑的依据。学校课程实施方案是国家和地方课程政策落实的保障,是国家课程校本化实施的总体规划。因此,国家或地区课程政策的变化会带来学校课程发展需求的变化,学校需要根据相关政策来制订和完善实施方案。

理解决定行动。文本分析和解读是最为惯常的政策研究的起点,学校必须通过文本的静态特征深度挖掘文本的动态内涵。学校在教育政策传导中,既要注重政策文本本身的科学性、针对性、可操作性,更要关注传导过程中主体和客体之间的理解差异、行动差异和意义建构能力方面的差异。

第二个维度是学校课程基础。学校课程计划要"以始为终",坚持思考学校要"培养什么样的人",即育人目标,将其作为编制学校课程计划的出发点和归宿。同时,还要"编以致用",坚持贴合教师的课程实践需求,主要围绕教学传统、办学历史、师资特长三方面进行分析。

多方达成共识。实施方案的确立过程是学校办学主体对于本校课程建设追求的判断和选择,实施方案的制订主体是学校的教学管理部门。一份完整的实施方案必然包含学校的德育课程及其实施,需要学校德育部门甚至是质量监测部门的共同参与。风华初的课程实施方案确定流程如图1-1-1所示。

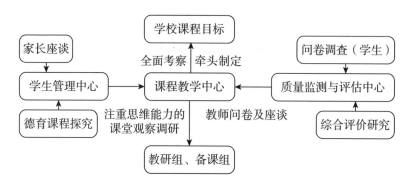

图1-1-1 课程实施方案确定流程

实施方案确立的过程也是有效地凝聚教师、学生甚至家长的发展愿景的过程。师生们积极参与实施方案的构建和完善,可以提升实施方案对于教学改革的引领作用。所以,在制订实施方案时应该充分开展对学生和家长的调研,并充分考虑年级组、教研组的各种意见。

第三个维度是学生发展需求。学校课程在体现国家意志和学校课程愿景的同时,还要兼顾学生的发展需求,有选择地满足课程服务对象的发展需求,可以从学习基础、认知风格、兴趣爱好、生活经验四方面分析学生的发展需求。

学校可以通过观察、访谈和问卷的形式了解学生的学习需要,调查内容应该涉及有关学习的各种习惯、现有掌握的学习方法、对学习方法重要性的认识及态度,家长和学生对现有校本课程的兴趣、对希望开设相关校本课程的建议等。学校可以根据调查结果确定各种需求之间的优先级和学生兴趣的分布情况,并尝试列出所有期待达成的目标。

第四个维度是现代教育理念。教学是顺应时代发展变化的,学校管理者应该把视野放宽,积极主动地学习新时代的教育理念,才能更好地培养和造就社会所需要的合格人才。比如,当前在基础教育学段比较流行的有跨学科课程教学、STEM 或 STEAM 课程理念、项目化学习形式等。

基于以上四个维度的思考，风华初的教育价值追求被确定为"尊重差异，促进成长"，育人目标是"做最好的自己"。基于对核心词——"差异"的思考，我们认为，学生差异大是公办初中的显著特征；教育的根本目的在于育人，核心在于促进人在自身基础上的最大发展；人有共性，更有差异性。尊重个体差异的教育不是个别教育，而是尊重每一个学生的教育。尊重个体差异的教育的特征不是全面发展基础上富有个性的发展，而是以富有个性的发展带动全面发展。基于此，方能构建差异教育体系，关注共同性，更关注学生的不同基础、不同潜能，为每一个学生提供有针对性的教育，从而使他们得到充分发展。在课程目标与课程内容中建立逻辑关联，梳理课程思想结构、表现形式及各课程要素之间的关联。

最终，风华初形成了学校课程总目标：完善"夯实基础、尊重差异、激发潜能"的四年一贯"五育融合"整体的课程体系，积极营造"全景立人"教育新生态，实现课程全素养、时空全覆盖、育人全参与、创新全方位，培养崇德尚礼、身心向阳、开放尊重、美美与共、创新实践的风华初学子。

二、统整体现立场的课程结构

党和国家在新时代的人才培育需求中提出了中国学生发展核心素养概念，聚焦在文化基础、自主发展、社会参与三个维度。风华初在核心素养"大观念"视野下，从不同方向、不同领域全面规划课程结构，构建"夯实基础、尊重差异、激发潜能"的四年一贯"五育融合"整体的课程体系，为学生提供全面而个性的学习体验和经历。

 案例

基于素养融合的劳动教育与美育课程统整①

学校将劳动教育纳入学生五大特质培育的全过程，紧密结合学生生活实际，组织社会实践、志愿服务、公益劳动和职业体验等劳动教育活动；将劳动教育内容

① 本案例由风华初德育管理团队提供，撰稿人为洪波。

融入基础课程学科教学中，组织开展劳动技能和劳动成果展示等活动，全面、客观地记录课内外劳动过程和结果，积极探索具有风华初校本特色的劳动教育模式。

在上述工作的基础上，风华初进一步探索劳动教育与美育相融合的课程。通过"基于素养融合的劳动教育、美育课程设计与实施"课程领导力项目的研究，按照家庭、学校、社会三方面，对学习内容进行重组和贯通，聚焦分年级课程目标，实现对劳动教育与美育相融合的课程内容的系统构建。

表1-1-1　不同年级劳动教育与美育相融合的实践性学习目标

年级	目标领域	学习目标
六年级	认知与行为	尊重劳动，感受美学，树立正确的劳动精神和审美观念
七年级		身心参与，践行体悟，丰富劳动经验与审美情感
八年级	意识与技能	发展技能，启智激思，提升劳动与美育的品质
九年级		能从劳动教育和美育视角出发，灵活、自主地创造美好生活

劳动教育与美育的融合课程兼顾家政学习、校内外生产劳动、服务性劳动，安排劳动教育内容，开展职业启蒙教育，加强劳动教育与学科教育的融合，培养社会主义核心价值观；锻造吃苦耐劳、精益求精的劳动品质；提升劳动创造美好生活的技能；不断增强公共服务意识和社会责任感。

表1-1-2　基于素养融合的劳动教育与美育课程一览表

年级	学校	家庭	社会
六年级	建——温馨教室	感知传统——写春联	行走上海——优秀文化历史建筑的故事
七年级	栽——校园绿植	勤理内务——善理书桌	文化之旅——八音盒珍品陈列馆的奇妙
八年级	展——青春班服	传承文化——制作棉花小粽子	艺眼观象——上海美术馆的精彩
九年级	秀——帆文创		

学校对"做最好的自己"育人目标中的"最好"一词进行了具体阐述："最好"就

应该表现在崇德尚礼、身心向阳、开放尊重、美美与共、创新实践这五大特质上。因此,这五大特质是整个课程结构的核心(见图1-1-2)。

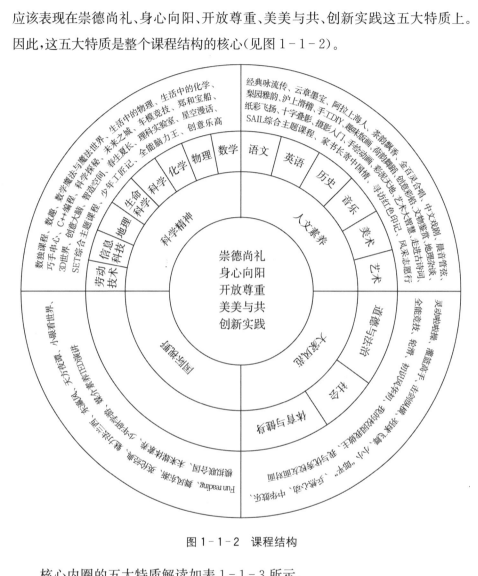

图1-1-2　课程结构

核心内圈的五大特质解读如表1-1-3所示。

表1-1-3　核心内圈的五大特质解读

特质	解读
崇德尚礼	有强烈的家国情怀,有守信感恩的品质,有正确的是非观,有得体的礼仪素养
身心向阳	有健康的生活习惯,有正向愉悦的精神世界,有积极的个性发展追求,有正向乐观的处事态度

（续表）

特质	解读
开放尊重	有对多元文化的理解力,有弘扬民族精神和中华传统文化的行动力,有自信完整阐述自我观点的表达力
美美与共	有感悟艺术人文的审美情趣,有美学表达的意愿,有捕捉、判断、接受和创造美的能力
创新实践	有强烈的好奇心和求知欲,有客观思辨的探究精神,有创意表达的实践能力

课程核心结构还包含课程的维度及其具体的课程内容。四个维度包括科学精神、人文素养、国际视野、大家风范。这里主要思考的是课程的均衡性、综合性和选择性。均衡性体现在对人的认识中,从培育"五育"并举的完整的人到学习领域要均衡、学科和活动的规划与设计必须均衡全面,再到学科学习与活动开展的课时必须均衡。具体解读如表1-1-4所示。

表1-1-4　课程维度解读

维度	解读
科学精神	学生在学习、理解、运用科学领域知识和技能等方面所形成的价值标准、思维方式和行为表现,具体包括理性思维、批判质疑精神、勇于探究的品质等方面
人文素养	学生在学习、理解、运用人文领域知识和技能等方面所形成的能力、情感态度和价值取向,具体包括人文积淀、人文情怀和审美情趣等方面
国际视野	学生在全球化背景下应具有的知识、能力、素养,具体包括对不同文化的理解、对社会科学和人类文明理念的认同及全球化的眼光和胸怀等方面
大家风范	学生的精神状态、仪表礼节、行为态度和措辞表达,具体包括美好的心灵、优雅文明的言谈举止、广泛而有益的兴趣和爱好及良好的精神状态等方面

在课程维度外一圈是国家课程和地方课程,包括语文、数学、英语、道德与法治、科学、物理、化学、生命科学、地理、历史、社会、音乐、美术、艺术、体育与健身、劳动技术、信息科技等。最外一圈是校本课程,包含拓展型课程和探究型课程。这里主要思考的是课程的综合性和选择性。自2015年开展集团化办学以

来,每学年集团层面都会推出 80 多门拓展型课程(如 2022 学年东校 41 门、西校 45 门),主要结合学校办学实际,充分挖掘学校的自然、社会、人文、科技资源,构建主题内容、呈现形式和实施方式等各具特色的课程,发挥独特的育人价值。面向全体学生,关注个体差异,开发丰富多样、可供选择的课程,因材施教,满足学生个性化的发展需求。

 案例

“见字如晤——家书长寄中国情”特色课程①

“见字如晤——家书长寄中国情”特色课程以中国自古至今的优秀家书为教学资料,通过学习先贤和当代模范人物的感人故事、诵读优秀家书、观看纪录片等方式,在学生心中培植优秀传统文化基因,坚定理想信念,使爱国主义教育和革命传统教育有温度、有情怀。为此,风华初确立了如下课程目标:感受中华民族世代传承的优秀文化,培养爱国主义情怀,引导学生树立对新时代社会主义道路的认同感;健全学生人格,提升学生的审美情趣,使学生学会明辨是非,培养正确的世界观、人生观和价值观;借助感人的文字,激发阅读兴趣,掌握诵读技能和技巧;拓宽知识面,提高感知、认识、欣赏优秀家书的能力,从而提升语文综合素养。

课程内容共设三个单元,每个单元选择中国古代优秀家书、近代优秀家书、现当代优秀家书各一封,旨在让学生在品读过程中感受不同时代背景下的家国情怀。第一单元“亲情·教子”引导学生感受家书中蕴含的浓厚亲情,理解字里行间传递的人生道理,学习家书中抒情、说理的方法。第二单元“修身·正己”引导学生理解仁人志士的使命担当,感悟家书中传递的立身处世之道。第三单元“立德·明智”引导学生感知家书中蕴含的高尚品格与道德风范,领悟书信在沟通情感方面的作用和意义。教学内容包括中国古今家书赏析、背景介绍、诵读导引、知识拓展等方面。

通过学习优秀家书,培养学生的“道路自信、理论自信、制度自信、文化自

---

① 本案例由风华初语文教研组提供,撰稿人为王悦琳。

信"，凸显现代化的课程理念，丰富课程设计和实施，合理配置学校课程资源，优化完善课程结构。通过搭建课内外沟通的桥梁，开阔学生视野，丰富学生底蕴，使学生实现高品质学习。

总之，学校坚持立德树人，聚焦核心素养，以"尊重差异，促进成长"的课程立场作为出发点和落脚点，强化系统设计，加强校本课程与国家课程、地方课程的有效配合，形成课程育人合力。

三、深度思考支撑"冰山"的课程实施

课程结构仅仅是学校教学系统"冰山"上的可见部分，"冰山"下还需要强有力的支撑。这个支撑就是课程的实施部分，即从教师教学、学生学习等层面提出课程校本化实施的要求和准则，包括不同类型课程实施要求、教师教学五环节实施要求、学生学习方式要求等。

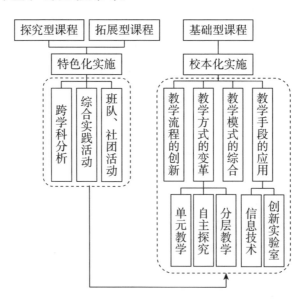

图1-1-3 三类课程实施模式

首先，课程实施要促使基础型、拓展型、探究型三类课程互补，明确各类课程的价值功能。建构符合学校课程目标的课程，是课程目标与课程功能之间互相匹配的过程，也是一种价值的选择。

表 1‐1‐5 拓展型课程的育人功能和核心育人价值

类别	育人功能	核心育人价值
限定拓展型课程	正确处理个人与社会的关系	集体、社会责任感与行为准则
		自我保护意识与自救能力
		对民族与国家的认同感、责任感
		健康的心态与人生规则意识
		法治意识、国防意识
自主拓展型课程	共同基础要求上的学生自主发展	培养选择能力
		发展学习兴趣
		拓宽学习视野
		丰富学习经历
		促进身体健康

表 1‐1‐6 探究型课程的育人功能和核心育人价值

育人功能	核心育人价值
整合各类经验	积累知识世界与生活世界的经验
	培育认知与情感
	了解当前生活与过去生活、未来生活的关系
	感受生命教育与民族精神
优化学习方式	体验自主学习
	掌握探究学习
	学会合作学习
培育创新精神和实践能力	强化问题意识
	习得实践（探究）技能
	提升思维品质

其次，课程实施要关注某类课程领域的突破。比如，风华初的社会实践课程体系从简单的社区服务及社会实践活动逐步发展成围绕学校育人目标、符合学校课程维度、有培养目标、有年级特征的课程体系。

表1－1－7　社区服务及社会实践一览表（2015年）

年级	主题教育	教育重点	活动时间	主要责任部门	资源来源
全校	探索航空奥秘　共筑航天梦想	科技节	一天	学生管理部	社会资源
全校	阅读经典　品味大家	读书节	一天	学生管理部、大队部	学校资源
全校	红色场馆之旅	社会实践	三天	学生管理部	社会资源
全校	带着国旗去旅行	社会实践	七天	大队部	社会资源
全校	两岸一家人　宝岛在心中	涉台教育	半天	学生管理部	学校资源
全校	展运动之魅　塑健康之美	体育节	一天	学生管理部、体育组	学校资源
全校	秋游实践活动	社会实践	一天	学生管理部	社会资源
全校	元旦迎新活动	艺术节	一天	学生管理部	学校资源
全校	参观科技馆	社会实践	一天	学生管理部	社会资源
六年级	参观航宇科普中心	社会实践	半天	学生管理部	社会资源
六年极	快乐运动　健康生活	社会实践	半天	学生管理部	社会资源
六年级	禁毒知识进社区	社区服务	半天	学生管理部	社区资源
六年级	语言文字之使用"啄木鸟"活动	社会实践	半天	学生管理部	社会资源
七年级	模拟法庭	社会实践	一天	学生管理部	社会资源
七年级	参观禁毒馆	社会实践	半天	学生管理部	社会资源
七年级	社区禁烟活动	社会实践	半天	学生管理部	社区资源
八年级	海军302厂参观考察	社会实践	半天	学生管理部	家长资源
八年级	模拟联合国	社会实践	五天	学生管理部	社会资源
八年级	"红领巾"学国学	社会实践	一天	学生管理部	社会资源
九年级	企业参观考察	社会实践	三天	学生管理部	家长资源
九年级	"青柠盟"大宁青少年心理健康关爱活动	社会实践	半天	学生管理部	社区资源
九年级	军政训练	行规训练	五天	学生管理部	社会资源

表1-1-8 社会实践课程表（2018年）

育人目标	育人核心目标	六年级	七年级	八年级	九年级
做最好的自己	爱国	国歌里的故事——参观国歌馆	上海品牌——工厂、实体店寻访	研学之行，寻根之旅——广富林研学	奏响青春的序曲——军政训练
	合作	玩转纸鸢	我的校园我做主	超级变变变	小小外交家
	责任	红领巾，大责任——红领巾换戴仪式	双城记——上海与长崎之行	志愿服务我践行——四叶草志愿者	我的职业初体验——父母工作地探寻
	诚信	制诚信书卡，明诚信之理	以诚待友，一诺千金	实践生活诚信，珍惜个人信用	诚实为人，诚信考场
	守法	扬帆起航——新生校规学习	进馆有益 禁毒永益——参观禁毒馆	我与交警零距离——学习交通指挥手势	争做守法小公民——模拟法庭
	创新	今日"苹果"——苹果旗舰店航旅	动手小达人——制作能量车	环境因子对水华蓝藻生长的影响	长白山科学探索
	健康	队列操班班赛	炫舞青春 放飞梦想——啦啦操比赛	展运动之魅 塑健康之美——素质运动会	青春不落幕 运动展风姿——校体育节
	自信	我的名片我设计	遇见未知的自己	和谐心灵，健康人生	书写自信——迎考励志墙

最后，课程实施还要关注教学方式的转型。学校在教育改革实践经历过程中，构建了教学方式转变、内容结构改造和课程重构的范式。

（一）教学方式转变的范式

教学方式转变的范式以课堂教学改进为基本途径，包括分层教学、自主学习等。为了提高课堂效率，促进学生个性化学习，各学科备课组针对学生不同的学情，对标分层教学目标，进行分层教学、分层作业的设计，促进不同学力水平的学生提升自主学习能力，获得学习的自信心。以初中物理"压强"单元复习为例,介绍巧用"空中课堂"资源,设计分层教学的具体做法;并以八年级作业设计为例,介绍巧设实践性学习作业和设计分层作业的具体做法。

 案例

初中物理分层教学与分层作业设计①

"压强"单元是初中力学的重要组成部分。"空中课堂"中关于压强的复习课因课堂容量有限,对基础知识点到为止,而经典例题的思维量较大,学生跟不上教学节奏。基于这些问题,教师通过开展分层教学,提升教学实效。

针对基础薄弱的学生,利用校本复习资源帮助其夯实基础。教师充分利用和整合原有的线下资源,在课堂教学中带领学生梳理知识点,分析典型基础例题,查漏补缺,夯实基础。

针对基础较扎实的学生,利用"空中课堂"复习课的课堂小结从单元视角梳理知识框架。教师先让学生通过自主建构思维导图对固体压强、液体压强和大气压强等知识进行梳理;再在课堂上通过典型例题进行查漏补缺;最后利用"空中课堂"复习课的课堂小结,引导学生从单元视角寻找固体压强、液体压强和大气压强之间的联系,形成系统的知识框架。

针对基础较好的学生,利用"空中课堂"复习课的问题链提升思维能力。教师引导学生从单元视角寻找固体压强、液体压强和大气压强之间的联系,形成系统的知识框架;再利用"空中课堂"复习课的问题链,选取学生在学习压强知识过程中的难点和易错点,例如针对液体对容器底部的压强变化量与容器对桌面的压强变化量这种易混淆的知识点进行进一步的讨论和分析,从而提升学生的思维能力。

八年级作业不仅在校本作业难度梯度上进行分层,还在实践性学习作业中针对不同层次与需求的学生设计了相应的作业内容,以巩固知识与技能,培养学习兴趣,提升科学思维,体现育人价值。

低层次实践性学习作业的目标是巩固基础知识,强化基本技能。因此设计

---

① 本案例由风华初物理教研组提供,撰稿人为郭正青。

了以思维导图为主的作业形式,让学生自主梳理单元知识结构。

中等层次实践性学习作业的目标是能应用学科知识解释问题,因此设计了二选一的实践性学习作业。(1)漫画物理。收集生活中的物理问题(如为什么理发剪刀和铁皮剪刀形状不同? 为什么滴在地上的污渍越久越难擦干净? ……),利用4—6格漫画图解其中的物理知识。(2)忆党史,话科技。百年党史也是一部壮丽的科技发展史,请查阅资料,了解与物理相关的航天、军事、核电等重大项目,并选择一个你最感兴趣的话题(如蛟龙号、嫦娥五号、祝融号等),制作科技小报。富有趣味性的作业激发了学生的学习兴趣,培养了学生查阅资料、解决问题的能力。

高层次实践性学习作业的目标是能应用学科知识解决问题,因此也设计了二选一的实践性学习作业。(1)物理学与工程实践。了解人体结构和动作中的杠杆原理,制作研究对象的模型,用杠杆的相关知识进行具体分析,拍摄视频展示,并在视频中具体说明结构与功能相适应。(2)物理学与社会发展。科技的腾飞离不开新材料的发展,请选择一个与材料有关的课题(如怎样挑选一件保暖的羽绒服? ……),并提交一份实验报告。要求:实验报告中包含“提出问题”“做出假设”“制订计划”“收集证据”“解释问题”“表达交流”等要素。挑战性的作业提升了学生的科学思维,促进了学生的深度学习。

通过教学和作业上的差异化设计,基于学生的个体需求和能力,真正以学生为本,促进了教师教学方式的转变。教学及作业的分层不仅满足了不同学习水平学生的学习需求,促进了学生的个性化学习,还激发了学生的学习兴趣,提升了学生的自主学习能力。

(二) 内容结构改造的范式

内容结构改造的范式主要采用学科内整合与跨学科融合的思路。在各学科协同开发的过程中,教师可以从多学科的角度交流教学资源、谈论教学内容、思考教学方法,使各学科的理念、知识、方法互相交流、渗透。因此,课堂出现了综合化倾向和研究型色彩。比如,生命科学和美术学科的教师就曾自发地开展结合,开展了细胞核小制作的学生探究活动。

案例

生命科学和美术学科关于细胞核小制作的跨学科设计①

根据生命科学课程标准的要求，学生需要知道部分生物体结构。其中，只有花的结构能直接用肉眼观察；花的子房、叶表皮、叶横切、真菌需要借助放大镜或者光学显微镜才能观察；肾单位、细菌和病毒由于体积微小，其结构在光学显微镜下也是无法看到的，这使学生认识生物体结构增加了难度。生命科学教研组几经讨论，想到了通过模型制作的方式增强学生直观、感性的认识，同时促进学生从具体形象思维发展到抽象逻辑思维，进而加深对生物体结构的理解。受学校彩泥拓展课的启发，我们选择超轻彩泥作为制作材料，且超轻彩泥操作简单，材料准备起来也较方便。

首先，分别以叶表皮、叶横切、花的结构和肾单位为制作内容展开了第一轮模型制作。教师在课上先讲解生物体结构，再指导学生进行模型制作。

在第一轮模型制作过程中，我们发现学生制作的模型在科学准确性方面出现的问题比较少，基本上都能体现出生物体结构的主要特征。比如，花的模型能体现出花柄、花托、花萼、花冠、雄蕊和雌蕊的结构。借助模型制作的过程，学生对这些抽象、难以理解的生物体结构逐渐开始产生兴趣，并且在亲自动手制作的过程中，加深了对生物体结构的印象和理解。模型的制作，可以反映出制作者对生物体结构观察的细致程度。然而，学生往往运用简单的搓、压等技巧，只能制作出主要的结构，而子房中的胚珠等细微结构无法通过模型制作出来。无法制作，学生就不会去认真观察这些细微结构，导致对学生的观察能力等关键能力的培养无法得以落实。此外，缺乏彩泥制作技巧也使得作品的美观度大打折扣。对于肾小体结构，学生几乎没有用到彩泥制作中的搓、压等技巧，而是采取类似摊面饼的方式，将彩泥直接糊在底板上。缺少彩泥使用技巧是影响学生作品表现程度和对生物体结构观察细致程度的主要因素。

提升彩泥制作技巧是解决问题的关键。那么，去哪里寻求技术上的支持呢？我们想到了和美术学科结合。首先，给美术教师培训和生物体结构相关的

---

① 本案例由风华初生命科学教研组提供，撰稿人为江一蓓。

知识;其次,美术教师自行制作模型,并列出在模型制作过程中需要用到的技巧种类;再次,生命科学教师在课上对生物体结构进行讲解;最后,由美术教师在美术课上教给学生相应的彩泥使用技巧,并带领学生制作模型。

按照这个解决办法,我们开展了以叶表皮、叶横切、花、微生物的结构为载体的第二轮模型制作。第二轮模型制作的整体效果比第一轮更美观精致,一些细小的结构也在模型上得到了体现:在花的结构模型中,学生使用了搓、压、揉、捏、粘等技巧,将子房中的胚珠结构制作出来了。学生的彩泥使用技巧逐渐娴熟,促进了学生将原本忽略、无法制作出来的结构表现出来,也在一定程度上促进了学生更加细致、深入地观察生物体结构。

虽然第二轮模型制作在效果上表现惊艳,但美中不足的是学生的空间思维能力还没有被激发,导致他们在对结构的细节性处理上还不够准确、恰当。比如,在花的结构模型中,学生在美术教师的指导下参考了教材里的图片,制作出的效果是子房内部的胚珠等结构在子房的表面。但实际上,教材里展示的是子房内部的剖面图,因此子房内部的胚珠等结构应该位于子房内部而不是在它的表面。

考虑到美术课上的彩泥制作技巧比较简单,学生在制作过程中对生物体结构、结构的空间组合关系产生的疑问还是需要生命科学教师来解决。因此,第三轮模型制作对教学顺序做了相应调整:首先,由美术教师在制作模型之前教给学生相应的彩泥使用技巧;然后,生命科学教师在课上讲解生物体结构;最后,美术教师组织学生利用之前学习的彩泥使用技巧进行模型制作。

在上述案例中,来自不同学科的教师形成了学科建设共同体,打破了学科壁垒,有针对性地将学科进行整合,致力于共同解决问题。

（三）课程重构的范式

课程重构的范式在于基于办学特色和软硬件资源,加强课程内容与环境建设的关联,形成与校区文化相匹配的特色校本课程。风华初将 SET 课程与西校区的创新实验室、未来教室、古船模、机器人、车模等科学及航天航空领域主题功能教室的建造相结合,形成了以"帆"为品牌的特色课程;在南校区则尝试探索将融媒体课程与开放式图书馆、融媒体中心、屋顶生态园等智能生态主题功能教室的建造相结合。

表 1-1-9　学校四大中心课程建设

中心	课程	素养维度
SET 课程中心	纸飞机、帆的奥秘、DIS 实验、车模竞速、3D 打印	科学精神
SAIL 课程中心	戏剧、阅读、彩泥	人文底蕴
融媒体中心	新闻课堂、德育课程、道德与法治、媒介素养	社会学习
屋顶花园(芳华园)	生命科学、地理、科学	实践创新

 案例

帆的奥秘①

初中生对于科学知识有非常浓厚的兴趣,但对于科学研究方法缺乏了解和运用。帆船作为古代劳动人民智慧的结晶,蕴含着许多科学原理,同时我校也以帆船作为校徽,故开始了此课程的设计。通过科学实验的方式探究帆船的行进速度与哪些因素有关;运用科学语言解释实验和生活中的现象;在活动中寻找解决实际问题的方法,提升逻辑思维能力、展示交流能力;在主题活动中展示实事求是的科学态度和团结协作的精神。具体内容如图 1-1-4 所示。

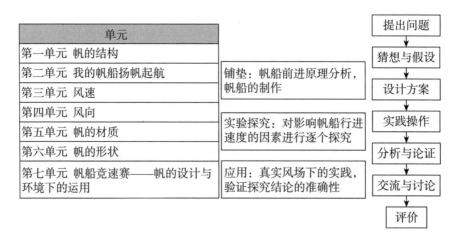

图 1-1-4　"帆的奥秘"课程结构图

---

① 本案例由风华初物理教研组提供,撰稿人为陈士琛。

该课程入选上海市创新实验室课程,由此我校被评为静安区"十三五"科技教育特色学校、全国航空特色学校。我校在科技教育方面获得了出色成绩,我校学生在人工智能、创客、程序设计、创造发明、多媒体等各类科技教育比赛和活动中均有广泛参与和多项获奖。

上述案例中呈现的教学方式的转型反映了从教师个人经验和随机发生的开发状态转变为系统、有目标序列的课程开发和实施模式,体现了从教师个人的偶发灵感向教师团队共研精进的发展。

四、伴随实施过程的评价设计

从习近平总书记在全国教育大会上提出要努力构建德智体美劳全面培养的教育体系,到中共中央、国务院出台《关于深化教育教学改革全面提高义务教育质量的意见》,再到上海市教育委员会发布《上海市初中学生综合素质评价实施办法》,作为基层学校,风华初更加深刻地意识到一个真正科学、有效的评价体系才能为一个学生的终身发展提供不竭的动力,伴随实施过程的评价设计也是推动教学变革的动力。

在这个大背景下,我们迫切需要一套开放、多元的评价体系以记录学生的校园生活,用科学全面的评价维度鼓励、肯定学生,充分关注学生的学习经历。

评价要转变功能,不仅要发挥学习诊断、人才遴选功能,还要基于学生不同的学习和成长经历,发挥引导、教育、激励作用。在此基础上,学校形成对"以学生为中心"的评价的"三个思考",即让学生建立一个积极的自我概念、引导和促进学生核心素养的提升、记录学生富有个性的成长经历。

学校在明确育人目标的基础上,进一步将互联网、物联网等信息技术手段引入学生评价,探索开发了"我的成长帆"学生综合素质评价系统,更有针对性地为教师和家长提供指导和帮助,让每一个学生都找到适合自己成长的有效路径。在开发和应用综合素质评价的过程中,学校是从目标分解与框架、内容与指标、标准与管理体系等方面开展评价设计的。

（一）落实教育价值的目标分解与框架

"我的成长帆"让综合素质评价的内容、形式、载体更多元。从品德发展、学科学习、身心健康、创新实践四个维度出发，将评价融入学生在校日常生活的点点滴滴。围绕爱国、诚信、守法、责任、健康、自信、创新、合作等核心素养的培育，结合学生日常行为和主题活动表现，学校遴选了 55 个可以评估和观察的观测点，通过多点数据汇总的形式，真实地记录了每个风华初学子四年初中生活的成长点滴。

例如，对于品德发展中的"爱国"维度，通过"参加升旗仪式时态度严肃认真，尊重国旗、国徽""热爱班级，热心参与社区活动，有集体荣誉感""积极参与各项爱国主题实践活动""关心国内外大事，经常收听、收看新闻"等表现来观测学生。

学科学习则整合初中学段的全部学科，引导和促进学生学科核心素养的提升，体现学科各自实践性学习特色。

身心健康包括"体质健康、自信、心理、体育"四方面，如图 1-1-5 所示。

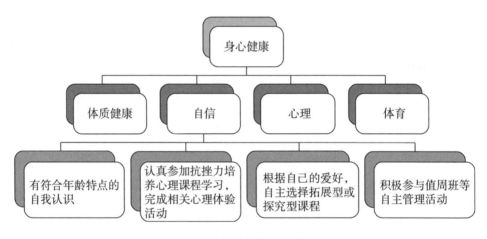

图 1-1-5 "我的成长帆"中的"身心健康"维度结构图

创新实践维度的观测点包括"积极主动学习，大胆发表自己的看法，有一定的质疑精神""参加动手动脑的实践活动，创造和展示自己的作品""积极参与科技节、SET 创新实验课等活动，主动提供创新方案""在生活中热爱科学、勇于探究、不怕挫折"。

（二）形成育人目标引导下的内容与指标

综合评价体系的内容框架引导教师、学生和家长形成全面、科学的教育质量观，充分关注个性差异、课堂生成和学生学习过程等，帮助学生最大限度地发挥潜能，以实现人的发展价值为最终目的。

以发展综合素质为导向的校本评价体系,重点在构建科学的综合素质评价框架,以适应全面育人观的时代诉求,难点在设计合理适切的评价指标。

案例

语文学科中"日常学习情况"的评价指标①

一、我的课堂(占比 50%)

1. 听课情况(占比 10%)

评价标准:

(1) 认真听课,不开小差,积极思考:优秀,即四星。

(2) 较认真听讲,基本不开小差,能进行一定的思考:良好,即三星。

(3) 较认真听讲,基本不开小差,经提醒能改正:合格,即两星。

(4) 不能认真听讲,经常开小差:须努力,即一星。

2. 笔记情况(占比 20%)

评价标准:

(1) 详尽、科学地记笔记,不影响课堂听讲:优秀,即四星。

(2) 较详尽、科学地记笔记,不影响课堂听讲:良好,即三星。

(3) 能记部分笔记,基本不影响课堂听讲:合格,即两星。

(4) 不记笔记,严重影响课堂听讲:须努力,即一星。

3. 发言情况(占比 20%)

评价标准:

(1) 积极发言,发言质量高:优秀,即四星。

(2) 较积极发言或被点名发言时发言质量较高:良好,即三星。

(3) 不积极发言,但被点名发言时基本能回答问题:合格,即两星。

(4) 不积极发言,被点名发言时不能回答问题:须努力,即一星。

二、我的作业(占比 30%)

1. 背诵默写(占比 10%)

评价标准:

———————————

① 本案例由风华初语文教研组提供,撰稿人为卢娟。

(1) 背诵默写完全正确:优秀,即四星。

(2) 背诵默写有小错误:良好,即三星。

(3) 背诵默写有错误,不超过 40%:合格,即两星。

(4) 背诵默写错误多或完全不能按要求背诵默写:须努力,即一星。

2. 书面作业(占比 10%)

评价标准:

(1) 书面作业完全正确:优秀,即四星。

(2) 书面作业有小错误:良好,即三星。

(3) 书面作业有错误,不超过 40%:合格,即两星。

(4) 书面作业错误多或完全不能按要求完成书面作业:须努力,即一星。

3. 作文随笔(占比 10%)

评价标准:

(1) 作文随笔质量高:优秀,即四星。

(2) 作文随笔质量较高:良好,即三星。

(3) 作文随笔质量较一般:合格,即两星。

(4) 作文随笔质量差或不能按要求完成作文随笔:须努力,即一星。

三、我的实践(占比 20%)

1. 阅读积累(占比 10%)

评价标准:

(1) 能按要求完成课外阅读任务,认真做好阅读笔记:优秀,即四星。

(2) 能按要求完成课外阅读任务,阅读笔记质量较高:良好,即三星。

(3) 基本能按要求完成课外阅读任务,阅读笔记质量一般:合格,即两星。

(4) 不能按要求完成课外阅读任务,不能完成阅读笔记:须努力,即一星。

2. 综合学习(占比 10%)

评价标准:

(1) 能按要求积极参与综合学习活动,完成任务质量高:优秀,即四星。

(2) 能按要求积极参与综合学习活动,完成任务质量较高:良好,即三星。

(3) 能按要求参与综合学习活动,完成任务质量一般:合格,即两星。

(4) 不能按要求积极参与综合学习活动,完成任务质量差:须努力,即一星。

"我的成长帆"使评价贯穿在学校整体课程和课堂中。在学科学习方面,从我的课堂、我的作业、我的实践等维度建立分项指标。基于每个年级的学习方法和学习习惯的不同,设置不同的指标权重。如数学学习评价为了确保综合评价方式对各层次学生都能有效,在对各个板块内容进行综合评价的基础上,针对不同年级学生学习习惯的养成、学习能力的达成及学习心理的变化,在各年级对各个板块的评价实行动态权重。通过对课堂表现及平时作业这两个维度的评价培养学生的学习习惯,六年级权重最高,此后逐步降低;学科活动评价则旨在培养学习能力,这一评价维度的权重随年级上升逐渐提高。

通过上述评价设计,教师从单一的知识传授者转变为学生学习的引导者、合作者,学生从被动的知识接受者转变为主动的学习建构者,家长从过度关心考试结果转变为关注学生全面发展。

(三) 构建引导学生自我发展的标准与管理体系

"我的成长帆"能帮助学生全面而客观地了解自我,明晰个人优势特长和发展短板。同时,教师和家长能更有针对性地提供指导和帮助,让每一个学生都找到适合自己成长的有效路径。

学校根据"我的成长帆"的评价内容,设置了"挑战自我之星"等17个价值取向更加多元的表彰和展示平台,激励学生成长。

在公开展示评价中,采用更加多元的形式展示学习成果,如周周演、艺术节、体育节、科技节等,使学生感受到学习的快乐,体验学习取得进步的喜悦,从而建立积极的自我概念。

学科评价按不同学科指标加权平均,再根据规定比例进行合计。德育评价按8个培养目标的相关观测点("日常行为+主题活动")的每日积分累加,最后合计总分,并设置分数底线。

平台设置了分角色的管理权限,包括班主任、学生管理部、校长室。不同角色可以一键看到各自权限内每个板块的数据汇总及各年级中各班级的纵向变化和横向比较情况,使评价更直观、高效、便捷。

通过"我的成长帆",家长可以实时了解孩子的在校情况。每学期末,家长端会收到孩子的四个维度雷达图、班主任评语、学科成绩、主题活动报告等。

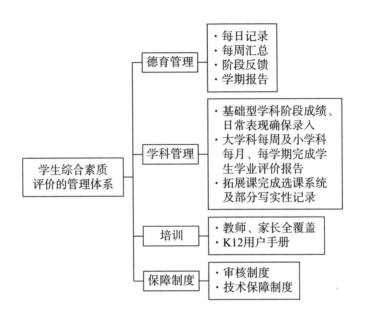

图 1-1-6　学生综合素质评价的管理体系

　　风华初的学生自我发展系统"有目标、有规划、有积累、有路径、有激励、有评估"，用评价体系中的指标与权重激发和调动学生内在动力，为学生更客观地认识自我、完善自我提供依据，助力学生成为最好的自己。

　　风华初通过"从四个维度构建课程立场—统整体现立场的课程结构—深度思考支撑'冰山'的课程实施—伴随实施过程的评价设计"的系统构建，以学校课程文化建设，课程的设计与开发、组织与实施、管理与评价等为载体提升学校的课程教学质量，以促进学生、教师、校长、课程、学校文化的发展为目标，在学校的课程改革探索和实践行动中体现出教育思想、教育哲学及课程理解、规划执行、管理、评价、创造等方面的能力，形成以校长为核心、以教师为基础的持续推动教学变革的学校共同体。

第二节　编制学科活动图谱

深化课程与教学改革对我们提出了许多新要求,"课程意识""核心素养"是其中的两个关键词。教师的课程意识水平对课堂教学改革有主导作用,决定了核心素养在学科教学中的落实程度。学校通过一系列项目式研究的方式提升教师的课程意识和教学水平。

其中"编制学科活动图谱"是涉及范围最广、研究力度最大、取得成果最大的全员参与的大型研修项目,具体包括"学科核心素养及其解读、目标的细化与分解、单元活动的遴选与关联、学生学习成果和产品展示、实践性学习活动评价"五个关键环节。为了兼顾表达的完整性和章节篇幅,本节主要选择物理教研组的典型案例,并尽可能多地呈现其他学科课程的编制成果。

一、学科核心素养及其解读

核心素养体现了党和国家在新时代的人才培育需求,学校根据实际学情和学生发展需求,因地制宜地进行合理的校本化解读,从而使教师更加深刻地理解课标和学科基本要求的素养导向。以物理学科为例,具体内容如下。

 案例

物理学科的核心素养及其解读①

《义务教育物理课程标准(2022年版)》指出,义务教育物理课程要培养的核心素养,主要包括物理观念、科学思维、科学探究、科学态度与责任四个方面。

物理观念素养特别强调学生能将所学物理知识与实际情境联系起来,能从物理学视角观察周围事物、解释有关现象和解决简单的实际问题。义务教育物理课程中的物理观念主要包括物质观念、运动和相互作用观念、能量观念等要素。

---

① 本案例由风华初物理教研组提供,撰稿人为邹烨。

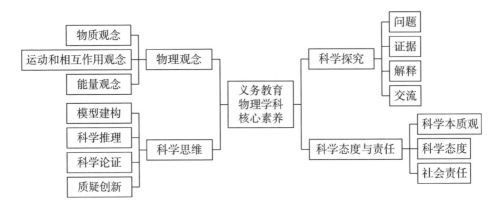

图1-2-1 义务教育物理学科核心素养示意图

科学思维是从物理学视角认识客观事物的本质属性、内在规律及相互关系的认识方式，主要包括分析与综合、抽象与概括、比较与分类等。义务教育物理课程中的科学思维主要包括模型建构、科学推理、科学论证、质疑创新等要素。

科学探究是指基于观察和实验提出物理问题、形成猜想与假设、设计实验与制订方案、获取与处理信息、基于证据得出结论并做出解释，以及对科学探究过程和结果进行交流、评估、反思的能力。义务教育物理课程中的科学探究主要包括问题、证据、解释、交流等要素。

科学态度与责任是指在认识科学本质和了解科学、技术、社会、环境之间关系的基础上形成的，探索自然的内在动力，严谨认真、实事求是、持之以恒的品质，热爱自然、保护环境、遵守科学伦理的自觉行为，以及推动可持续发展和实现中华民族伟大复兴的使命担当。义务教育物理课程中的科学态度与责任主要包括科学本质观、科学态度、社会责任等要素。

在这四个方面中，物理观念代表知识的内化，是其他核心素养的基础；科学思维和科学探究是关键能力；科学态度与责任是必备品格。四个方面相互依赖、共同发展。

由于初中物理学科的学习更注重在实验探究过程中对能力的培养，因此，关于物理学科实践性学习活动的关键能力的界定基于科学探究中的问题、证据、解释、交流等要素，以《上海市初中物理学科教学基本要求》中的"学科核心能力矩阵"为依据，教研组把关键能力定为以下几项：设计与操作、证据与论证、表达与交流。

设计与操作是指能根据发现的问题提出问题，形成猜想与假设，并能制订简单的科学探究方案,确定实验步骤,会选用合适的实验器材进行组装和调试。

证据与论证是指有控制实验条件的意识,会通过实践操作等方式收集信息,初步具有获取证据的能力;能分析、处理信息,得出结论,初步具有对科学探究过程和结果做出解释的能力。

表达与交流是指能书面或口头表述自己的观点,能自我反思和听取他人意见,具有与他人交流的能力。

二、目标的细化与分解

在提取课标和学科基本要求的关键内容后,将其进一步分解成便于教师理解和操作的具体目标,使教师能增强对学科育人功能的认识。根据不同学科需求和教研组的研究经验,可以采用两种分解方式:一种是对照关键能力进行分解,如语文、地理、艺术等;一种是按照年级进行分解,如物理、化学等。

(一)对照关键能力进行分解

如语文教研组在充分分析语文学科核心素养以及核心素养与关键能力的关系的基础上,开展了对初中语文学科核心素养的解读。依据《义务教育语文课程标准(2022 年版)》中核心素养指导下的总目标,按照不同学段进行目标分解,如表 1‐2‐1 所示。

表 1‐2‐1　语文学科核心素养年级分解目标

学科核心素养	解读学科核心素养	细化分解目标
文化自信	1. 文化认同:体会中华文化的核心理念,理解、认同、热爱中华文化; 2. 文化积淀:对经典文本熟读精思、日积月累,拥有丰富高雅的文化记忆; 3. 文化理解:领会中华文化的生命力和先进性,理解、借鉴不同的优秀文化,懂得尊重和包容; 4. 文化参与:关注并参与当代文化传播与交流,提高社会责任感	六年级:感知中华文化的源远流长、博大精深,积累优秀经典文本
		七年级:积累优秀经典文本,理解、认同、热爱中华文化,增强文化自信
		八年级:能初步理解、包容不同的优秀文化,尊重文化多样性
		九年级:树立积极向上的人生理想,主动参与文化传播与交流,增强社会责任感

（续表）

学科核心素养	解读学科核心素养	细化分解目标
语言运用	1. 识记、储备并整理语言材料； 2. 强化语言直觉和感受,积淀语言的感性图式,优化语言的生成品质； 3. 感受并发现国家通用语言文字的运用规律,在具体语境中体验语用知识的生成过程,并逐渐融入个体的语用知识结构； 4. 在真实的语言交际环境中,进行有效的人际沟通和社会交往	六年级:识记、积累语言材料,感知语言材料之间的关联,能进行口头交流和完整的书面表达
		七年级:丰富语言积累,初步建立语言材料之间的联系,较为顺畅地进行口头和书面表达
		八年级:理解语言运用规律,初步建立语感,能根据语境进行有效的表达
		九年级:建立良好的语感,在真实的语言交际环境中,进行有效的人际沟通和社会交往
思维能力	1. 在理解、运用语言的过程中发展思维能力； 2. 尽量展露语言学习过程中所隐含的思维过程； 3. 按照学生思维发展的规律提升思维能力	六年级:能在阅读、表达等实践活动中运用联想和想象,提升形象思维能力
		七年级:能有依据、有条理地表达观点,在语言运用中培养逻辑思维能力
		八年级:在阅读和写作中提升逻辑思维能力,提高语言运用能力和思维的深刻性
		九年级:能自觉分析和反思自己的言语活动经验,提高思维的批判性、独创性
审美创造	1. 审美感受是对语言文字感性形式的一种直接观照； 2. 审美理解是将语言美在头脑中呈现并直觉把握其意义的过程； 3. 审美鉴赏是以独特的审美价值观对语言文字的内涵和特征做出价值判断的过程； 4. 审美欲望是在美的认识过程中引发的爱的情感； 5. 审美表现是对文本中有价值的信息进行假设、推想、创造的过程	六年级:初步感知语言文字作品中蕴含的文字美、情感美
		七年级:能初步欣赏不同时代、不同风格的语言和文学作品,理解其思想情感
		八年级:具有正确的价值观、高雅的审美情趣和高尚的审美品位
		九年级:能表达自己对美好事物的情感、态度,表达自己心中的美好形象,具有创新意识

（二）按照年级进行分解

以物理学科为例,根据各年级学生已有的学习经历、认知水平等进一步分解学科关键能力,要求能体现年级特征,并在能力要求上逐步提升,体现能力提升的序列化。物理学科关键能力各学段的分解目标如表1-2-2至表1-2-4所示。

表1-2-2　"设计与操作"年级分解目标

年级	分解目标
八年级上	在教师的指导下,依据问题与假设,能用控制变量、等效代替、转换等方法,根据所提供的实验器材,提出实验方案;能利用说明书,学习基本工具、仪器的使用,对提供的实验仪器进行组装与调试,进行实验操作
八年级下	在教师的启发下,依据问题与假设,能用建模、分析推理等方法,制订研究方案;能根据实验方案并通过合作学习,提出所需的仪器和设备等条件,确定实验步骤,选择收集与处理数据的方法;能根据研究方案,选用实验仪器,组装与调试实验设备和装置
九年级上	能依据问题与假设,设计实验方案;能陈述方案所设计的物理概念与原理;能自主对多种实验方案做出合理、恰当的评价与选择;能根据实验方案和实验仪器,组装与调试实验设备和装置;能看懂说明书,学会基本工具、仪器的使用

表1-2-3　"证据与论证"年级分解目标

年级	分解目标
八年级上	能在教师的指导下,通过观察与实验,收集实验现象和数据,按照给定的表格记录现象和数据;能对收集到的实验现象和数据等进行简单的归类和比较;能用文字或图像等形式对实验结果进行描述和解释;有对实验过程和结果进行评估的意识
八年级下	能在同伴的帮助下通过观察与实验,收集实验现象和数据,能选择和记录必要的现象和数据;能选用表格和图像等多种形式整理和表达数据,反映数据之间的关系;能用文字、公式、图像等形式对实验结果进行描述和解释;能对实验过程和结果进行评估,提出改进的设想
九年级上	能自主通过观察与实验,收集实验现象和数据;能设计表格并记录必要的现象和数据;能排除实验过程中的常见故障;能借助信息化手段处理相关数据;能尝试运用建模、分析推理等物理思维方法,对实验过程和结果进行分析、评估,提出改进的设想

表 1－2－4　"表达与交流"年级分解目标

年级	分解目标
八年级上	在实验过程中，能在教师的指导下进行分工与合作，能倾听同伴的意见，改进实验方案；能在教师的指导下撰写实验总结文本
八年级下	在实验过程中，能通过同伴协商进行分工与合作，能表达自己的见解，能倾听同伴的意见，改进和完善实验方案；能与他人合作完成实验报告
九年级上	在实验过程中，能在团队中进行合理的分工与合作，能独立提出自己的见解，能接受他人合理的建议，改进和完善实验方案；能自主完成实验报告，并能借助多媒体进行交流展示

三、单元活动的遴选与关联

在大单元的视角下，根据解构出来的目标遴选实践性学习活动。各活动并不是各自指向零散的某一能力，而是相互关联在一起，最终共同指向一个完整的能力要求，促进教师形成全面育人意识。

活动的遴选主要基于三个标准。首先，单元活动目标紧扣年级分解目标。如牛津上海版初中英语八年级上册第六、七单元主阅读篇章的内容为一则科幻故事，具有开放式结尾，为续编故事结尾提供了较多的可能性。该单元活动目标与年级分解目标高度一致，因此被选入结构图单元活动中。其次，单元活动内容贴近学生生活。如教师在牛津上海版初中英语七年级下册第五单元的演讲活动中，结合了学校校训，要求学生寻找身边优秀人物的共性，努力"做最好的自己"。在培养学生语言能力的同时，有机渗透情感态度与价值观教育。最后，单元活动形式以学生动手为主。如牛津上海版初中英语八年级下册第五单元活动要求学生制作消防安全宣传小报，学习火灾自救的知识和技能，与学生实际生活密切相关，要求学生在真实情境中用英语完成真实的任务。

活动之间的关联分为两种情况。一种是平行并列，即每个单元活动单独指向某个年级的某个分解目标，各自独立。如生命科学学科的"观察人体基本组织""测量人体生理数据""模拟现场心肺复苏"活动分别指向"结构与功能相统一""科学思维和实验方法""科学生命观的形成"这三个关键能力维度。其中，

"科学思维和实验方法"能力维度又细分为观察思考、提出疑问、做出假设、设计实验或调查方案、实施探究、分析数据、阐释结论等。对此,该能力维度涉及的实践性学习活动又具体指向了上述能力选项中的若干关键能力。

另一种是螺旋式上升,即每个年级设计的活动虽然都指向该年级的核心素养,但活动对于能力要求的难度依次递进。实践性学习活动的遴选与设计还体现了不同关键能力中能力难度呈递进、螺旋式上升的要求。以生命科学学科的"结构与功能相统一"为例,其中包括"观察人体基本组织"和"肾单位/肾小体模型制作"活动。前者是从细胞层面理解"结构与功能相适应",后者则是从器官层面理解"结构与功能相统一"。因此,上述活动设计体现了能力难度的逻辑递进与螺旋式上升。同理,另两个维度中涉及的实践性学习活动均体现了该关键能力中的螺旋式上升关系。

 案例

物理学科的实践性学习活动遴选①

物理学科实践性学习单元活动采取以学科关键能力为出发点,通过同一实验主题以不同问题为导向进行实践性学习活动序列设计,通过由浅入深、由课堂内延伸到课堂外的实践性学习活动,激发学生的学习兴趣,逐步提升其学科关键能力。

一、活动的遴选

初中物理研究力、热、声、光、电等现象,在这五大块内容中按关键能力的年级分解目标进行有目的的遴选,最终形成涉及不同阶段的主题活动。遴选的标准主要有以下三点。

(1)活动内容要以实验为主要载体,激发学生的学习兴趣。实验教学不仅是物理学科课程标准规定的重要教学内容,还是培养创新人才的重要途径。教研组把实验作为物理实践性学习的重要研究内容,与相关教改要求高度匹配,体现了"学以致用"的育人价值。

---

① 本案例由风华初物理教研组提供,撰稿人为邹烨。

（2）活动内容要能体现序列性,实现关键能力的年级分解目标。通过同一实验主题以不同问题为导向进行实践性学习活动序列设计,要求设计的活动内容能体现同一实验主题的活动内容序列,针对的关键能力在同一年级不同学习层次或不同年级同一学习层次逐层递进,形成螺旋式上升。

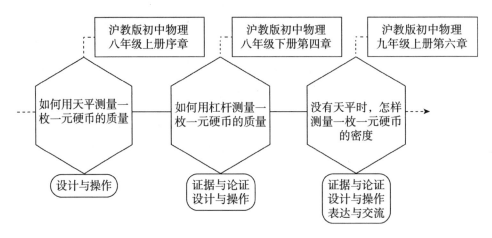

图1-2-2 关于"力学"的实践性学习活动设计

（3）活动内容要能体现"知行合一、以知促行、以行促知",最终提升学生的思维品质。要求活动能把课内和课外、校内和校外的活动紧密地结合起来,由课堂内延伸到课堂外,让学生实现课程活动与实践活动相结合。

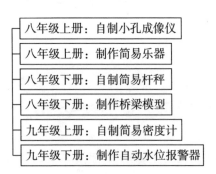

图1-2-3 "制作类"实践性学习活动设计

二、活动的关联

物理学科实践性学习活动强调真实的问题情境,每个主题的开展均以基础课程教材教学为基础,体现主题相关、能力拓展与提升。

例如,力学单元"如何测量一枚一元硬币的质量"系列实践性学习活动是在两个年级的三个学期以同一系列主题为导向设计活动的。比如,八年级上学期是"如何用天平测量一枚一元硬币的质量",八年级下学期是"如何用杠杆测量一枚一元硬币的质量",九年级上学期是"没有天平时,怎样测量一枚一元硬币的密度"。每个活动都涵盖了三个关键能力,但所培养能力的侧重点是不同的;每个活动要求学生能达到的能力水平层级随着年级的增长呈螺旋式上升趋势;每个活动尽可能使每个学生能达到的关键能力水平在自身能力的范围内得到完善和提升。

三、活动的设计

物理学科实践性学习活动强调真实的问题情境,每个活动序列一般安排在相关知识点学习完成后的 1 至 2 个课时,约占基础型课程的 10%。因此,有充分的学习时间以保障活动的实施。

物理学科实践性学习活动的设计强调活动的过程和结果具有一定的开放性和多样性。由于个人生活经验和学习积累有差异,因此每个学生对物理学习的兴趣与期望、对客观世界认识的程度与方式及动手能力等必定有所不同。因此,活动的设计要基于课程标准,面向全体学生,尽量满足大多数学生的发展需求。

四、活动的形式

"小课题"的活动形式是物理实践性学习活动的一个主要形式,往往可以促进学生间的合作与交流。它使得学生经历收集信息和得出结论的过程,学生在此过程中学会一些探究物理问题的方法。学生在实践中具有很强的自主性,教师仅仅起引导作用。

物理学科实践性学习活动综合学生的学习基础、能力特长、性格、性别等因素,按照"互补互助""协调和谐"的原则组织学生进行小组合作学习。把个人自学、同桌商量、小组讨论、全班交流等形式有机地结合起来,建立课堂内外师生互动、学生个人学习活动、学生小组合作活动等多种形式并存的交往型、开放式的组织形式,培养团结合作、互相竞争的精神。

四、学生学习成果和产品展示

实践性学习活动周期长、环节多，可以根据活动的目标与内容及学科本身的特色，选择多样化的成果呈现形式，如制作作品、撰写报告、主题演讲、学习讨论、角色扮演、主题小报等。同时，组织展示活动，提供多元化的展示平台，如网络媒体、班级交流会、宣传板报、校级展演等。这既是对学生前一阶段的学习活动进行反馈，又是为下一阶段的活动作铺垫。教师通过设计多样化的学生学习成果和产品形式，拓宽学生的知识、技能与方法向能力转化的渠道。

如物理学科，培养学生的展示交流能力不仅仅在于调动学生参与活动的积极性，更为重要的是，要把成果展示的过程建构成一种互动学习的过程，使之成为学生掌握知识、发展思维、培养能力的有效途径。因此，教师要认真研究，制订出相应的措施，努力提高学生的自主学习能力，鼓励学生大胆地将自己的学习成果展示出来。

物理学科实践性学习活动的成果展示可以是课外小制作的展示，如利用光学原理的小孔成像仪、万花筒、潜望镜等；也可以是课堂实验活动，如学习活动卡展示、实验报告展示；也可以是某一课题小组利用多媒体进行展示，如上传实验过程视频、小组或者个人实验活动的PPT展示；还可以是TED演讲等形式。

 案例

简易供氧器制作①

同为实验学科，化学教研组开展了以化学为主导的跨学科实践性学习活动设计与实施。氧气的性质和制取是初中化学的核心知识。通过对氧气的学习，学生第一次从化学的视角认识周围的世界，对后续学习其他物质有很强的借鉴和参考作用。因此，化学教研组设计了"简易供氧器制作"实践性学习活动。该活动综合体现了"物质的性质与应用"和"物质的化学变化"学习主题的大概念和核心知识，包含学生必做实验"氧气的实验室制取和性质"，涉及"化学与社会

---

① 本案例由风华初化学教研组提供，撰稿人为谢志雄。

跨学科实践"学习主题中化学与材料、化学与健康的相关内容,帮助学生建构元素观、变化观等化学观念。

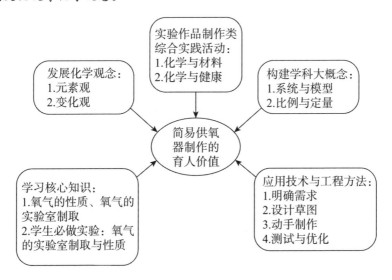

图 1-2-4　简易供氧器制作的育人价值

　　该活动以氧气的制取为学生学习的核心成果和产品,综合考虑使用环境和使用对象的特定需求,挑选合适的原料(氧气制取原理和装置的选择),根据要求(如供氧器材质、密封性、装置尺寸、压强控制、气体流速等)完成供氧器的设计与制作。

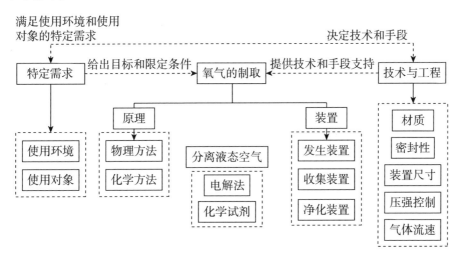

图 1-2-5　简易供氧器制作的活动内容结构

供氧器的制作是一个综合、复杂、开放的跨学科实践性活动,不仅要关注运用的原理,还要关注压强控制、气体流速、材料选择、作品制作等,涉及物理、数学、生命科学、劳动技术等多个学科的相关知识。同时,要引导参与多种实践活动,自主反思,不断改进,提升合作解决问题的能力,激发创造力。

本活动以"如何设计制作简易供氧器"为主导性问题进行活动设计。如图1-2-6所示,"简易供氧器制作"这一跨学科实践活动由前期准备、方案制订、装置制作、作品发布四大环节构成,后三个环节都涉及学生学习成果与产品制作。

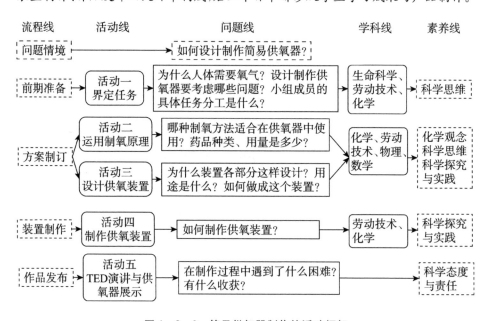

图1-2-6 简易供氧器制作的活动框架

方案制订阶段包括两个活动:活动二"运用制氧原理",课内完成,用时1课时,围绕"哪种制氧方法适合在供氧器中使用? 药品种类、用量是多少?"这些子问题展开;活动三"设计供氧装置",课外完成,用时1课时,围绕"为什么装置各部分这样设计? 用途是什么? 如何做成这个装置?"这些子问题展开。这两个活动涉及化学、劳动技术、物理、数学等学科知识,培养的是化学观念、科学思维、科学探究与实践等素养。

装置制作阶段对应活动四"制作供氧装置",课外完成,用时1课时。本活动围绕"如何制作供氧装置?"这个子问题展开,涉及劳动技术、化学等学科知识,培养的是科学探究与实践素养。

作品发布阶段对应活动五"TED演讲与供氧器展示",课内完成,用时1课时。本活动采用TED演讲的形式,小组展示、交流和评价制作供氧器的过程,反思和总结供氧器的设计和制作经验,提炼解决作品制作类问题的思路与方法,培养的是科学态度与责任素养。

五、实践性学习活动评价

实践性学习活动图谱中的评价部分包含两方面内容。一是对学生的学习成果和产品进行评比,检验活动是否达成了预期目标。如艺术教研组有针对性地运用教材与校园资源,利用重要节庆、纪念日、校园文化艺术节等开展艺术作品展、优秀作品展演等活动,增强学生艺术学习的广度、深度与强度。

再如上文提到的学生学习成果和产品,既从作品本身(原理、装置、展示效果)进行评价,又从协同合作、表达交流等角度进行评价。每个评价维度分成三个等级(合格、良好、优秀),具体评价标准如表1-2-5所示。

表1-2-5 "简易供氧器制作"评价量表

评价维度	评价等级			总评
	合格	良好	优秀	
协同合作	体现小组合作,有简单的任务分工,成员合作完成部分任务	分工较为明确,能阐述每个成员的具体贡献;展现较充分的合作,成员合作完成各项任务	分工明确合理,能阐述每个成员的具体贡献;成员积极协同合作完成各项任务,成员之间及时沟通,互相帮助,共同克服困难,根据项目情况调整任务分工	
表达交流	汇报思路不清晰,展示形式单一	按照一定的思路呈现项目成果;展示形式比较丰富,语言表达比较流畅	按照清晰的思路呈现项目过程和成果;展示形式丰富多样,语言表达流畅	

（续表）

评价维度		评价等级			总评
		合格	良好	优秀	
作品	原理	仅从元素守恒角度运用制氧原理，未考虑原理、装置和实际需求之间的关系，未考虑定量问题	能阐明原理与装置之间的关系，多角度（物质状态、反应条件、物质变化、能量变化、反应速率）地综合考虑并运用合适的制氧原理；考虑定量问题但未进行定量计算	能阐明原理与装置、实际需求之间的关系，多角度（物质状态、反应条件、物质变化、能量变化、反应速率）地综合考虑反应原理，评价不同反应并运用合适的制氧原理；根据质量守恒定律计算制氧剂的用量和配比	
	装置	模仿实验室制取氧气的装置，有气体产生装置、收集装置和净化装置	模仿供氧器作品，有气体产生装置、收集装置和净化装置，局部可调控（如即开即用、速率调控等）或局部一体化设计	自主创意设计供氧器，综合考虑原理（试剂用量、压强、物质变化、能量变化等）与实际需求（流速、氧气纯度、温度、湿度、安全、环保等）之间的关系，实现装置的整体可调控及一体化设计	
	展示效果	能产生氧气，持续时间短，速率太快或太慢，作品整体不美观	能产生速率适中的氧气，但持续时间较短，作品整体比较美观	能产生持续时间长、速率适中的氧气，作品整体美观	

二是通过评价量表开展过程评价，尊重学生在实践性学习活动过程收获、体验的差异性，同时也要有效促进学生对整个活动过程进行反思。实践性学习活动的评价设计促使教师形成新时代的人才观，对素养发展有更深的理解，在教学中更加注重培养学生的意志品质。如历史学科提出活动评价的依据不仅包括最后结果的呈现，还要结合实际学情，学生在学习过程中对历史的感知和理解的状态，提出、解决、分析问题时的进展、成效等方面来观察分析，得出相应的结论。因此，在结构图的设计过程中，教师可根据活动主题内容和成果类型的不同，设计不同类别的评价方式，如历史小报告作品评价、演讲作品评价、口

头评价、小组互评等。借助教师评价及学生自评、互评，进一步完善活动中的相关细节，及时与学生进行交流和反馈。这也是确保通过实践性学习活动设计真正促进学生能力素养提升的关键所在。

物理学科实践性学习活动的评价设计①

实践性学习活动的学习评价应以学生发展为本，基于核心素养。其目的主要在于促进学生学习和改进教师教学，充分发挥评价的诊断和激励功能。《义务教育物理课程标准（2022 年版）》对于学习的过程性评价，要求构建"主体多元、形式多样"的评价体系。评价学生在真实问题情境中的表现，不同的评价者可能有不同的价值判断标准。为了更加客观、全面地评价学生核心素养发展状况，除了确立细致、可操作性强的评价指标外，还要充分发挥学校、教师和学生等不同角色在评价中的作用，从不同视角进行评价。与物理知识相比，核心素养的构成要素具有更强的综合性、情境性、内隐性和适应性，应采用定量评价与定性评价、结果评价与过程评价、大规模测试评价与日常性积累评价相结合的方法，保证评价结果的准确性和改进策略的有效性。因此，在实践性学习活动中采用"实验方案设计、实验操作情况、合作交流情况"等形成性评价和"自评、互评、师评、总评"多元化评价各有侧重或相互结合的方式，以促进学生学科素养的提高和教师专业素质的发展、物理教学的改进。

例如，八年级第一学期"如何用杠杆测量一枚一元硬币的质量"的活动评价主要是形成性评价。

学生通过活动评价单对自身和他人的实验过程和结果进行有理有据的有效评估。活动评价主要围绕实验方案设计、实验操作情况、合作交流情况三方面进行，总分为 10 分。设计的活动评价单既在课堂中建构了学生活动的支架，又对学生在此次活动中的关键能力表现进行了有效评估。

---

① 本案例由风华初物理教研组提供，撰稿人为邹烨。

表 1-2-6 "如何用杠杆测量一枚一元硬币的质量"活动评价单

评价内容	评价标准(满分 10 分)	得分
实验方案设计	实验方案完整,能用所选的杠杆进行测量(2 分)	
	利用杠杆平衡条件设计实验数据记录表格,且需要测定的物理量设计准确(2 分)	
实验操作情况	能正确使用实验仪器,力臂的测量方法简便准确(2 分)	
	方案设计有考虑到减小误差且方法有效(1 分)	
合作交流情况	积极讨论,能设计多种方案解决问题(2 分)	
	积极公开交流实验成果(1 分)	
总分		

在实践性学习活动中,组内成员相互启发,实现思维与智慧上的碰撞。学生既是组织者,又是实践者,同时也是自我评价者。在整个评价过程中,不仅要关注学生的实验过程,还要注重成果展示,要体现评价主题多元化和评价标准多样化。

例如,九年级第一学期"没有天平时,怎样测量一枚一元硬币的密度"的活动评价主要是总结性评价。

本活动设计评价单的主要评价内容涉及实验报告、交流展示两部分,包括科学性、美观性、创新性、反思性等方面,总分为 10 分。评价主体是多元的,对每个小组的学习成果采用自评、互评及师评相结合的方式,分数占比设置为 30%、30%、40%。具体评价内容如表 1-2-7 所示。

表 1-2-7 "没有天平时,怎样测量一枚一元硬币的密度"活动评价单

评价内容	评价标准(满分 10 分)	自评	互评	师评	总评
实验报告	科学性:实验数据分析合理,误差分析合理有依据(2 分)				
	美观性:实验报告图文并茂,设计感强(1 分)				
	创新性:实验方案新颖,富有创意,实验仪器装置有改进(1 分)				
	反思性:能对实验结果进行反思,并提出减小实验误差、改进实验的切实可行的操作办法(1 分)				

（续表）

评价内容	评价标准(满分 10 分)	自评	互评	师评	总评
交流展示	逻辑性：实验成果汇报条理清楚，逻辑思维严密(2分)				
	真实性：实验成果汇报真实，能客观评价实验方案的优点和不足(1分)				
	完整性：实验内容汇报结构清晰、内容完整(1分)				
	目标性：达成实践性学习活动目标，能应用相关知识测出一枚一元硬币的密度(1分)				

在活动中，通过同伴、教师等多主体参与评价过程，督促学生投入活动的每一个环节并能反思不足，提出改进方案。学生通过评价进一步理解和应用所学知识，能通过重新建构知识来解决问题，其学科关键能力也能得到提高。通过总结性评价，教师也能对学生是否达到预期的教学目标和学生的学习成果做出较全面的总结性评价。

在现有的课程体系内，国家课程的实施时间占比最多。国家层面对于育人方式变革提出的具体要求需要在国家课程的校本化实施过程中落地，最终需要在教师的常态课堂中得到呈现。教师如何理解学科课程的育人功能，如何理解学科课程与其他课程的关系和联结，形成完整而科学的课程意识，这是在实践中推动教学变革的难点问题。学校引导学科教研组以编制 15 门学科的实践性学习活动结构图为载体，形成全员参与教育研究的文化氛围，使教师在建构结构图的行动中逐渐增强课程意识，体现了学校管理的智慧。

第三节　慢慢改变教师

对于教学变革，仅仅有意愿是不够的，必须采取有目标的行动，提升教师对育人理念的理解和认可程度，这决定了教学变革能否真正在学校课堂实现。从学校的育人理念到教师的价值认同，需要教师对育人理念进行深入思考和研究，真正领会其中的内涵和意义，并将其融入自己的教育教学工作。因此，学校不仅要积极宣传和推广育人理念，通过各级各类培训和深入课堂的指导，帮助教师深入理解和认同学校育人理念的价值和意义，还要重视发现问题和改进现状的方法，并能以融入学校工作的方式培养教师。

一、"DEI"活动让日常教研不平常

教研活动是促进教师专业发展的重要途径，更是保障课堂教学质量的重要支撑。教研活动的改革与创新，关系到教师教学能力、教研能力、学习能力和反思能力的发展与提升。学校通过积极探索，着力打造高效课堂下的有效教学，关注学生全面成长，提升学校教研活动的品质，建设学校教研品牌，为建设研究型学习共同体探索新的教研路径。学校在总结多年教研活动经验的基础上，提出以"问题发现（前期准备）—策略探寻（现场教研）—行动改进（检验完善）"为基本阶段的"DEI"（Discovery—Exploration—Improvement）教研活动模式，以此推动各学科校本教研活动的深度变革。

"DEI"教研活动可以用"三段七步一反思"的模型来归纳。在日常教研中采用这样的模型，有利于发挥全体教师的实践智慧，使教研活动更有实效性，从而促进教师专业共同体的全员发展。

下面以语文教研组的"从单元视角进行学习任务的设计与安排"为例，具体介绍"DEI"教研活动模式的实施过程。

（一）前期准备：聚焦问题，确定主题

了解师生需求，探索教研主题，是"DEI"教研活动模式中的第一步。语文学

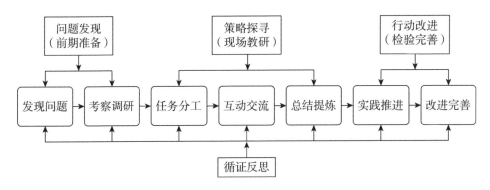

图1-3-1 "DEI"教研活动模式

科全面启用统编教材,全体语文教师面临重新结构化思考学科独特的育人功能,因此需要切实转变教师的课程理念。同时,在"双减"背景下,以提升综合素养为导向,教师需要优化教与学的方式,提升学生的学习效率,构建高效课堂。但是如何转变,如何优化,一线教师缺乏与教学内容相匹配的教学策略。

1. 在教学真实情境中探索教研主题

在实际教学过程中,教师发现有些知识和技能虽然已经教授多遍,但是部分学生在独自阅读时依然会感到束手无策。在有限的课堂时间内让所有学生学习并且巩固消化所有知识是不太可能的。这样的现象和问题,引发了语文教研组教师们的思考。为了提高课堂效率,教研组提出以下设想:是不是可以考虑从教材入手,重新审视自身的教学,寻找一种更为有效的教学设计方案?

2. 剖析问题原因

从发现问题到确定主题,还需要运用调研等实证方法,对研究问题进行全面深入的了解,分析原因,从中梳理出当前首要解决的问题,从而找准教研活动新的生长点。在现场教研活动开始之前,根据需要解决的问题,教研组分析现状、总结原因,从而确定教研主题。

语文教研组通过课堂听课、深入备课活动、参与文本解读等调研发现,传统的语文教学是教师一课接着一课地教,突出的是单篇课文学习的个体性,课文之间缺乏联系。很多知识和技能虽然反复讲了很多遍,但是学生并没有形成整体的思维方式,没有掌握学习语文的方法,更不能真正地实现举一反三,将学得转化为习得。

再结合多次教师访谈及学生问卷调查，教研组确定将"从单元视角进行学习任务的设计与安排"作为校本教研主题。在语文教学实践中，相较于单篇课文教学，单元整体教学在很大程度上可以避免课文教学的随意性和重复性，进而提高语文教学的科学性和有效性。

同时，借助市教委教研室专家的指导，语文学科开展的"单元教学的梳理与探究"项目，让教师更加明确在"双减"背景下，语文教师需要转变教学设计理念，从单一文本解读走向单元整体设计，不拘泥于单篇文本的片面解读，最终实现语文教学从单篇的零敲碎打走向单元的系统整合。

（二）现场教研：智慧共享，解决问题

教研的深度主要体现在问题的有效解决上，而问题的有效解决又依赖于教师参与的深度、专业指导的准度、任务分工的精度等。这需要教研组长科学安排教研活动流程，合理使用教研工具，引导全体教师积极参与。

1. 人人参与的研修任务分工：从随意走向系统设计

语文教研组在确定研修主题后，选择以部编版初中语文七年级上册第三单元为研讨单元。针对该单元的内容，教研组从单元视角对学习任务进行设计与安排，采取了三个思维视角：一是如何进行单元文本解读，连接单元内不同文本的立意和主旨；二是围绕单元主要阅读策略，设计"从百草园到三味书屋"一课的问题链；三是重点对这一单元的共性阅读策略进行探究。思维视角确定后，以备课组为单位进行分工探究……人人参与的任务分工提升了教研的广度和深度。

2. 质疑思辨的分享互动交流：从盲目走向智慧共生

为了提升此环节的效率，首先在备课组内进行信息汇总，由教师代表将备课组内的研讨结果进行分享交流，其余教师进行补充，凸显教师在教研活动中的主体地位。在分享交流过程中，教研组内不断地进行质疑思辨，这是教师之间进行提问和回答的一种多边互动的答辩。在此过程中，教师们逐渐厘清问题及答案，总结出问题解决策略。

3. 汇聚共识的提炼总结：从经历走向策略认同

教师希望教研活动能帮助他们找到解决问题的策略。问题的有效解决体现了教研活动的深度。因此,在思辨的基础上全体教师要一起总结,提炼出解决问题的对策。由于这种对策是经全体教师的共同探讨形成的,因而既具有理论依据,又接地气,易于操作。

通过此次现场研讨,教师们更加明确在"双减"背景下,所有教师都应该及时转变自己的教学理念,不拘泥于单篇文本,从单元视角进行学习任务的设计与安排,建构单元整体教学的有效路径,进而有效实现课堂的提质减负。

(三)检验完善:行动改进,完善策略

"DEI"教研活动模式是一种持续性的实践研究。传统的教研活动以活动的闭幕式为终点,但在"DEI"教研活动模式中,现场活动的闭幕式绝对不是教研活动的终点,而是将教研活动中形成的共识应用于教学实践的起点。教研活动形成的解决问题的对策是否有效,需要在教学实践中加以验证并修正和完善。因此,"DEI"教研活动模式将检验完善作为第三阶段,主要从内化成长、提升迁移和凝聚辐射等方面展开,引导组内教师建立"研究—实践—反思—改进—再实践"的路径,着力将前期的研究成果辐射出去,在实践中提炼教育教学的特色和亮点,进而带动本学科更多教师的发展。

学校始终围绕"加强学科建设"这一主线,引导各个教研组组成团队,制订切实可行的方案,结合本学科特点,通过"DEI"教研活动,采取"课例研讨""教研组活动研讨"的形式促进教师成长。"课例研讨"中既有公开课教学,又有同学科教师、其他学科教师、校内外专家等不同层次的评课议课;"教研组活动研讨"则完整地呈现了教研组"集体备课—教学呈现—组内反思"的过程。通过两类研讨,广大教师在展示中成长、在观摩中成长、在交流中成长、在反思中成长。学校多门学科的教研成果先后在市级展示活动上以不同的形式呈现,得到了广泛的好评。在此基础上,不断彰显学科团队优势,体现学科特色,创新工作思路,改进工作方法,加深教师对学科独特育人价值的理解。

二、让教师像专家一样思考

专家思维的特点在于善于运用策略、自我调节和反思技能,包括经常采用特定的方式方法激励和引导自己的学习;能根据既定的目标,对学习过程实施自我组织、监控、评价和调节;对自己所掌握的知识和技能一清二楚,并能运用恰当的策略发挥它们的作用;善于根据不同的学习任务,选用不同的学习策略和适宜的学习环境,运用内部和外部资源。

首先应该让教师像专家型教师一样研究教学。比如,既要像学科专家一样看待自己的专业知识,又要像教学专家一样研究学习科学和课堂组织,还要像德育和心理专家一样研究学生身心发展规律。然而,这不是依靠行政命令或者一两句口号就能达到的。学校鼓励备课组以小项目研究的方式激发组内教师的研究热情,带动全体教师一起参与研究,形成以备课组为中心的学习场域,让所有教师像专家一样研究课堂。

(一) 传统教学环节的新优化

备、上、批、辅、考是传统的教学五环节,至今仍然是教学的基本范式。在"五育"融合和"双减"的今天,教师又该如何与时俱进地操作这些基本范式? 这就是教学专家的思维方式。学校组织并指导每个备课组以解决教学实际问题为导向,开展提升教学效益的项目研究。如在 2022—2023 学年,九年级数学及八年级英语、历史等备课组关注日常教学的真实问题,设计研修方案,提出解决措施。九年级语文和道德与法治备课组把作业设计作为研修主题,探讨单元作业设计在培养学生学科核心素养中的积极作用,并希望通过加强单元作业设计研究和落实"新题创生",提升组内教师的作业设计和命题水平。还有一些备课组聚焦实践性学习活动,在新课标的指引下,以教学内容为基础,以问题为驱动,充分关注学生的实践主体性和活动评价。

 案例

英语主阅读教学活动设计的优化①

在研修过程中,八年级英语备课组的教师研读了新课标和《全日制义务教育英语课程标准解读》等,参与了关于如何撰写语篇分析的专题培训,从而明确了新课标中教什么、为什么教、怎么教、怎么评等方面的内涵和要求,基于核心

———————

① 本案例由风华初英语教研组提供,撰稿人为顾昀。

素养目标和内容载体设计教学目标,基于语篇分析和学情分析设计阅读课的教学环节,设计恰当的课堂评价,形成以下借助课堂评价优化阅读教学活动的设计策略。

一、指向教学评一体化的阅读课教学设计

研修初期基于课题设计阅读课教学活动的路径为:先思考阅读课要设计什么样的评价活动,再思考设计什么样的课堂活动。但经过几次课堂实践,我们发现,评价活动缺乏文本依据和学情分析,评价内容极易重复,课堂设计无法体现教学评一体化。经过几番研修和讨论,我们认为,评价活动和标准的确立要遵循一定的路径,因此总结了阅读课教学设计流程。

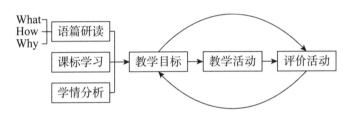

图1-3-2　阅读课教学设计流程

二、主阅读与拓展阅读教学设计的协同

本学期主阅读第1课时的教学目标着重于文本脉络的梳理和文本信息的理解,因而将此类阅读课教学设计的流程总结为:从教(在问题链的引导下,让学生读取细节信息)到学(在黑板上进行思维导图的示范)再到评(根据列出的评价维度进行自评和互评)。这样的课堂更凸显教师的"教""评"和学生的"学",但留给学生"评"的时间较为有限。拓展阅读为了给学生自主阅读和自我表达的空间,压缩了"教"的环节,使得有些能力较弱的学生还未厘清文本脉络就进入了"评"的环节。因此经过反思和研讨,我们认为,可以研究主阅读第二课时的教学设计,既给足学生"学"的时间,也有充足的时间进行"评"。

在传统教学模式下,教师更侧重于对英语基础知识进行教授,开展英语阅读教学更多的是梳理文本信息后讲解相关重点知识。但在本课题的实践中,备课组改变了以往对课堂和教学的看法,深刻意识到课堂教学要以学生为主体,教师的教是为了促进学生的学。教师要先基于核心素养、研读语篇、解构文本并结合学情，再设计教学环节。将教师教学、学生学习和教学评价紧密联系起来，及时发现和解决教与学存在的问题，进而促进初中英语阅读教学有效性的提升，充分发挥"评"对教与学的推动作用，注重每个环节的落实，使学生走向深度学习。

（二）教学要素的校本创生

教学专家的课堂往往体现出科学化、精细化、规范化的特质，强化教学目标的落实、教学效率的提高、教学任务的完成，达到实施素质教育的目的。要让教师像专家一样研究课堂，就要认识到课堂教学由诸多的要素组成，只有各个要素优化了，各个细节的效率提高了，整个课堂的教学效率才会提高。因此，学校组织教研组、备课组以课堂教学改革为主要突破点，在基于课程标准和丰富学生经历的前提下，重点开展了"导、做、议、练、悟"五要素研究，凸显"差异"和"经历"，从主要关注"教"走向更为关注"学"，探索课堂教学"导、做、议、练、悟"模式，丰富学生的学习经历，落实"尊重差异，促进成长"的办学理念。

一是"导"。"导"是指在教学活动或教学内容开始时，教师帮助学生进入个性化学习的方式与过程。教研组、备课组以学科微视频制作和导学单研究的经验为基础，关注学生学习行为导入、新旧知识衔接、知识网络构建等方面的问题。因为导入的设计作为课堂教学的前奏，对教学过程中学生的参与度与学习热情具有很大的影响，所以一定要根据授课内容的框架布局，结合学生生活实际与接受能力，运用现代化教学手段，促进"导"要素的效益最大化。

二是"做"。要丰富学生的经历，离不开多动手的实践。教学过程中突出"做"的环节，就是为学生提供更多自主学习和动手学习的机会。让学生亲历观察自然现象和科学发现的过程，有利于培养学生提出问题、设计试验、动手实验、观察记录、解释讨论、表达陈述的学科核心素养与核心能力。"做"要素的实现不仅完成了对知识的传授，还进一步实现了知识的应用价值，让学生在实践体验中认识、感受到知识的价值，激发他们的创造欲望，培养善于观察、乐于动手、勤于思考、积极探究的好习惯，提高理论联系实际的能力，也为学生的终身学习打下了良好的基础。

三是"议"。"议"是指师生之间、学生之间就某一问题相互交换观点和看法,并针对问题的某些方面进行讨论和探究,体现在共同理解基础上的合作学习。教师要引导不同类型的学生积极参与课堂讨论,并通过开展课堂讨论的形式、载体和实施策略等方面的研究,使得师生互动成为丰富学生学习经历的有效途径。"议"要素的实现不仅仅是让学生就某一个议题进行讨论交流,还要在具体实施过程中注意议题讨论的意义和难度设置。根据学生的意愿,结合学生的特质进行合理分组,及时指导学生进行讨论交流,并对学生的分享汇报进行汇总提升等,从而促进学生对理论知识的理解,实现知行合一。

四是"练"。"练"是指学生为巩固所学知识而进行训练的过程。根据知识内容的巩固需求,创新练习形式,重视学生的差异存在,进行个性化作业设计,为不同学习层次的学生铺设恰当的作业梯度,满足不同层次的学生需求,从而提高作业的有效性,促进学生对所学知识的巩固与转化,并初步尝试大数据背景下的课堂训练、反馈和矫正。这样一方面能真实记录和反映学生的学习经历;另一方面能为不同类型的学生提供适切的自我提升平台。

五是"悟"。"悟"是指学生在教师的帮助下构建起自己的知识体系。学生在教师的指导下,进入实践场所,以任务为驱动,有目的、有组织地进行实践性学习,获取丰富的学习经历。"悟"要素的实现,不仅在于引导学生积极对所学、所见、所闻、所感进行思考与领悟,增强了学生自我构建知识的能力,还进一步促进了学生身心自由、健康、和谐成长。

之所以将"导、做、议、练、悟"称为要素,是因为这五要素不是必须执行的流程或环节,可以依据教学实际进行灵活调整。比如:针对不同学科,侧重点会有所不同,如文科更加注重"做""议""悟",理科更加重视"导""做""练";针对不同的学习内容,操作点也会不同,如语文作文教学的操作重点在"导""议""练",而文言文教学的操作重点则在"做""练""悟"。学生在学习过程中构建出来的知识不仅要用对错的评价标准衡量,还要强调其差异性与多样性。在教学过程中,教师的作用就是引导、帮助学生,尤其是通过对"做"和"悟"要素的研究,促进学生独立学习、合作学习,提高学生自我构建知识的能力,优化学生原有的学习方式,进一步培养学生的实践能力和创新能力。教师角色从单纯的知识传授者转变为答疑解惑、思维点拨、梳理提升的学习指导者。

　　"DEI"教研活动模式、校本专题项目研究和基于技术推动的教学变革,这三类举措结合起来体现了覆盖面广、行动力强、持续性久的特征,让教师在教学和研修的常态中日益成长,有助于充分调动教师的积极性、主动性和创造性,形成学科建设优势和特色,促进学科建设和发展,严格规范实施流程,打造学科品牌,使之成为学校教学变革的内生动力。

表 1 - 3 - 1　教研组"一科一品"汇总表

学科	特色品牌
语文	单元梳理　类化知识
数学	指向学生数学关键能力培养的作业设计
英语	immersion, interaction, inspiration(沉浸、互动、启发)
物理	探索、求知、明理
化学	培养科学态度,提高科学素质
道德与法治	把握核心素养,强化单元设计
历史	关注常态教学,彰显育人实效
科学	在做中学,探究新知
生命科学	3D生物模型制作,形成结构功能观
地理	培养读图技能,形成空间观念
艺术	综合实践,品"艺"识"美"
体育	实践提技能,合作育品质
信息	打造深度学习,落实核心素养
劳动技术	凸显制作项目特点,注重技术操作指导
心理	情理相融,启智润心

第 二 章

勇敢突破学科边界

风华初早在 2015 年就开始了综合主题课程的开发与实施,当时学校集中理念开展了学生发展核心素养研究,认为文化基础是自主发展和社会素养形成和发展的前提,包括科学精神和人文底蕴。科学精神需要学生独立思考和解决问题,这可以促进他们养成创新思维和提升解决问题能力。中学阶段正是学生思维方法养成的关键时期,学校要为学生提供科学精神养成的学习机会和教育环境。人文底蕴则是立德树人的重要内容,能坚定青少年的理想信念,开拓青少年的视野,培养青少年优秀的思维方式。

　　因此,学校认为在注重学生科学知识学习的同时,也要重视人文底蕴的培育,以培养出德才兼备的生力军、主力军。为此,风华初为进一步夯实学生的文化基础,结合学校原有的教育教学工作和学生情况,研发了以某一主题为核心,多学科融合,偏重于学生实践和体验的综合主题课程——以“航”为主题的课程和以“大家”为主题的课程,从而推进学生科学精神和人文素养的培养。这种加强学科间的相互配合,发挥学校综合育人功能,不断提高学生综合运用知识解决实际问题能力的实践路径,与国家政策的发展和国际学习科学的理论演进在底层逻辑上实现了高度一致。

第一节　确定课程主题

在过去的十多年里,学校的校本课程建设经历了兴趣组队的社团活动、拓展课程的学生选修和综合主题课程三个阶段。在前两个阶段,学校的校本课程缺乏整体规划,随意性比较强,主要基于教师自身的兴趣和特长,而非从学校的育人目标出发。教师普遍认为,校本课程就是"在活动中激趣,在激趣中成长",或者是学科知识的拓展。比如,语文教师思考的是国学诵读,数学教师思考的是各类竞赛比赛,外语教师思考的是引进不同国家的教材。这主要是因为传统上教师作为课程的执行者,主要思考"怎么教",而对"为什么教"及"教什么"这些更深层的问题缺乏应有的思考。教师作为课程的领导者,就要站在课程的立场,从学生的发展出发,以更广阔的视域来回应这些问题,不再是稀里糊涂地教,而是要明明白白地教。学校自上而下地制订课程目标,让教师更关注学校育人目标和学生综合素养,明白"为什么教",再组织教师进行综合主题课程内容的开发,就是让教师继续思考"教什么"的问题。

这其实就是推动教师不断思考,让自身的课程认知水平从事实层面("怎么教")提升到价值层面("为什么教"和"教什么"),思想上的跨越需要以课程实践(技术层面的路径)作为载体。

一、从 STEM 到 SET SAIL

STEM 教育不受既有学科教材领域的束缚,带有明显的跨学科甚至超学科的特性。学习者通过各学科的学习,从不同的角度开展主题学习。我们在开展综合主题课程的开发与实施时,正面临国外 STEM 教育在国内迅速推广。虽然有不少学校采取直接引进和购买的方式,但我们却走上了充分借鉴 STEM 教育理念,开展校本创生的发展道路。

STEM 是科学(Science)、技术(Technology)、工程(Engineering)和数学(Mathematics)四门学科的缩写。科学、技术、工程和数学教育经常被称为

Meta - discipline，译为"后设学科"，即该学科是基于与其他学科融合后形成的一个新的整体。这门跨领域的学科将原本分散的学科形成一个整体，这四门学科分别代表科学、技术、工程、数学四种素养。

以 STEM 课程开设最早且相对成熟的美国为例，各界普遍认为，加强 STEM 教育，开展基于项目的学习，有利于培养学生包括批判性思维、合作能力、交流能力和创造能力等在内的面向 21 世纪的技能。要实现这些目标，离不开信息化的强有力支持。

有些学校强调 STEM 教育不仅仅是科学、技术、工程和数学学科的简单叠加，而是强调多学科的交叉融合，把 STEM 教育作为促进学生知识学习与社会生活联结的重要纽带。这些学校更重视学生的研究性学习，促进学生交流和合作等综合能力的培养，通过组织开展课题研究和问题解决推进 STEM 教育。

有些学校把 STEM 教育作为解决学生不爱学习理工类课程的一剂药方，而 STEM 课程同时具备职业培训的功能，因此增加了学习的实践性和趣味性，让学生更好地适应未来社会的需求和挑战。这类学校往往更注重学生实践能力和职业技能的培养。

除了学校积极开展 STEM 教育外，美国、新加坡和日本等国的社会服务机构也积极联系学校，为开展校外 STEM 教育创造条件，但其服务的学校和学生对象却层次分明。如芝加哥公共图书馆专门开展了面向中学生的 YOUmedia 项目，提供专业设备，有专业教师指导，免费为学生服务。学生多来自附近的一般公立中学。费米国家加速器实验室建立了利昂·莱德曼科学教育中心，除了指导当地顶尖高中的学生来实验室开展科学研究外，每年还举办各类科普活动，有近 10 万青少年受益。芝加哥儿童博物馆尽管主要面向 10 岁以下的儿童，但专门开设有 STEM 创意空间，提供各类工具，供孩子在家长的陪伴下废物利用、创意制作各种作品，培养他们对 STEM 教育的兴趣。①

目前，国内各学校的 STEM 教师团队往往来自信息技术、物理、化学、科学

---

① 邢至晖.美国 STEM 教育面向全体学生[J].上海教育，2018(35)：61 - 62.

等多个学科,但在真实的教学实践中,大部分还是分开教学的,并且与数学和科学课程相比,技术和工程课程显得更为多元化和个性化。这主要是因为技术和工程与当今科技发展的联系更为紧密,课程的内容和结构形式会随着科技的不断创新而变化,导致很难形成较为稳定的课程体系。在课程体系中,技术课程以两种方式并行存在:一是作为学生务必掌握的基本能力,融入学生的各个学科学习及生活中;二是通过相关技术课程来实施。STEM课程中的工程学科更倾向于基于科学知识,应用科学原理与方法及合适的技术工具来完成一个项目成品或解决一个问题,属于与实践联系紧密且综合性强的科目。在中小学阶段,学生主要完成科学技术基本概念的积累,只在综合性较强的活动或任务中体现工程思想。STEM课程主要在综合主题课程的基本内涵、构建路径和主题选择三方面带来了以下启发。

一是综合主题课程的基本内涵。虽然各学段的具体表现有些区别,但基本内涵还是一致的。学校将借鉴上述研究成果,在行动研究过程中以跨学科和超学科的融合为突破口。

二是综合主题课程的构建路径。综合主题课程是以某个主题作为设计起点,由主题分析出相关的概念或可探究的问题,再将这些内容按照知识归入各学科领域。现有文献中的综合主题课程更多的是关注学生的活动,关注学生核心素养的较少,因此研究主题的确定需要关注学生核心素养。

三是综合主题课程的主题选择。大致有以下四种类型。第一种是以学生感兴趣的事物为主题。以学生的活动为线索,师生共同设计兴趣课程,强调在运用中提升学生的能力。第二种是以学生生活中的经验为主题。教师从学生的感性经验出发,引导他们从问题入手进行探究。第三种是以社会中的热门话题为主题。此类课程主要是让学生在分析社会现象中学习知识、提高能力。第四种是以时令节庆日为主题。从学校的课程维度出发,结合学校创新实验室的建设,选择符合学生需要、贴近学校实际的主题。

学校充分借鉴了国内外STEM课程的开发与实施经验,开展了SET SAIL综合主题课程开发与实施的研究。具体来说,SET综合主题课程对应学校育人目标里的"科学精神"维度,拟以航空航天技术为核心主题,整合物理、化学、数学、科学、生命科学、劳动技术、地理、美术和信息技术等相关学科进行开发,培养学生的科学(Science)、工程(Engineering)、技术(Technology)素养。SAIL综合主题课程对应学校育人目标里的"人文素养"维度,拟以著名文学家、艺术家、科学家为核心主题,整合语文、美术、历史、思品、音乐等相关学科进行开发,从不同层次提升学生的核心品质——精神、灵魂(Soul),能力、才华(Ability),观点、思想(Idea),语言、交际(Language)。SET SAIL 即"扬帆"的意思,对应学校校徽和校标中"帆"的文化标识。

二、自上而下地选择 SET 课程主题

在 SET 课程中,学校采取自上而下的方式开发以"航"为主题的课程,以航空航天和帆的奥秘作为两大核心内容。开发的路径为:课程与教学研究中心统筹规划—跨学科教师研讨—课程与教学研究中心审核—明确分年级主题—分年级开发—形成综合主题课程的资源包。

在具体开发过程中,课程与教学研究中心通过查阅文献、访谈专家等形式寻找课程设计理论基础,在课程内容框架设计中先对学校原有课程资源和指向科学精神的相关文献进行分析,解构综合主题课程顶层设计的大方向,明确课程开发的具体目标,确立课程方案;再组织物理、化学、数学、科学、生命科学、劳动技术、地理、美术和信息技术等相关学科教师成立课程开发团队,在统一指导下研讨分年级主题,并进一步开展具体内容设计,在课程设计与课堂教学中逐步积累起资源包。

在 SET 课程开发和实施过程中,选择主题的依据是依托学校原有的特色资源,如市级航空航天创新实验室;再从国家课程的学科本体知识出发,如科学课程中与航空航天相关的"飞向太空""太空探索""回到地球"的知识框架,最终确立了围绕航空航天的核心问题开展主题设计,并建构内容框架的思路。课程内容上要注重学科核心概念及学科间的大概念,设计上要注重学生高阶思维能力的培养。接着,教师团队通过协同研究,根据课程方案精选课程资源,并分析各年级的分层目标及不同年级学生的知识基础与身心特点。以年级为单位,每个年级分别设立一个核心主题,分别为:六年级——如何让一张纸飞起来;七年

级——如何在太空中生活;八年级——构建一个供一万人生活的小型城市。各主题教学活动不以独立学科存在,而是要融入核心科目中,具体见表2-1-1至表2-1-3。

表 2-1-1　六年级 SET 课程模块:如何让一张纸飞起来

所属板块	课时	具体内容	涉及学科
实践活动	3	初次放飞纸飞机,收集问题	科学
	3	气候、大气	地理
探究实践	2	密度、势能	科学
	2	飞行器仿生原理	生命科学
	2	主题探究	物理
动手操作	3	造型设计	美术
	3	成果制作	劳动技术
实践活动	3	再次放飞纸飞机,TED演讲	德育

表 2-1-2　七年级 SET 课程模块:如何在太空中生活

所属板块	课时	具体内容	涉及学科
实践活动	2	太空服的组成及作用	科学
	1	月球和八大行星的地理情况	地理
	2	学会用科学记数法表示大数据,了解太阳系不同行星间的距离,了解光速、日地距离等概念	数学
探究实践	2	运用比例知识将不同行星间的距离进行转化,制作有关行星距离的展板	数学
	1	以宇航员的太空生活为例,开展以"失重现象和宇宙知识"为主题的活动	物理
动手操作	4	了解太空服的服饰特点,并根据星球特点设计制作太空服	美术
	3	了解星座知识,掌握星座牙签画的制作方法	劳动技术
实践活动	3	服装设计,TED演讲	德育

表 2-1-3　八年级 SET 课程模块：构建一个供一万人生活的小型城市

所属板块	课时	具体内容	涉及学科
实践活动	2	了解金星、木星、火星、土星、月球环境对人体的影响	生命科学
	1	了解直线与圆、圆与圆的位置关系的数学知识	数学
探究实践	2	观看海上日出、日全食等自然现象的视频，探究其与数学知识之间的联系，并制作海上日出、日全食的展板	数学
	2	了解太空环境对生物的影响	生命科学
	1	了解太阳系八大行星的物理环境，探究适合人类居住的星球和必备的环境因素	物理
动手操作	3	了解太空环境特点，设计制作太空城市模型	美术
实践活动	3	"我的太空城市"模型制作，TED演讲	德育

三、自下而上地选择 SAIL 课程主题

SAIL 综合主题课程引领学生在"悦读"中走近"大家人物"（李白、苏轼、达·芬奇等），了解他们的生平、思想、生活态度、人生价值观及其在各领域中取得的伟大成就等，再运用综合的表现方式呈现出对"大家人物"的了解。

学校采取自下而上的方式开发 SAIL 课程的主题，具体路径为：学生调查问卷—教师研讨—明确分年级主题—分年级开发—形成综合主题课程的资源包。

（一）了解学生需求

学生是校本课程研究开发的参与者，对校本课程的开发最有发言权。他们根据自己的兴趣、动机、个性、特长，对校本课程做出自己的选择，并对校本课程的建构、完善、提升提出自己的要求。因此，学校首先进行学生需求的问卷调查，了解学生"人文素养"的学习起点、目标诉求、喜欢的学习方式等。

调查数据显示，学生对"人文素养"的提升有较大的需求，大多数学生在进入初中前就有过阅读名人故事或传记的经历，对在文学、历史、艺术和科学等方面的杰出人物显示出浓厚的兴趣，倾向于选择合作探究、跨学科学习、多种方式

演绎等形式。

（二）形成年级目标

基于此，各学科教研组长参与集中研讨，确定了学校 SAIL 综合主题课程的分年级目标，为后续"大家人物"遴选和活动设计奠定了基础。

SAIL 课程的六年级目标：阅读"大家"作品，感受人文魅力，提升审美情趣，培养人文情怀。在人文作品的体验学习中，欣赏作品的内涵和结构，了解作品的创作过程和时代背景，尝试提炼与作品相关的核心知识。

SAIL 课程的七年级目标：探究"大家"作品，提升发现和欣赏人文之美的意识和能力，分析作品的独特风格。融入生活经验，扩展多元视野，尝试从不同角度重构相关知识体系，能陈述个人对作品的不同意见，逐步形成较为成熟的个人观点。

SAIL 课程的八年级目标：自主选择、统整阅读或欣赏"大家"作品，运用科技与资讯，扩充学习领域，自主规划、组织探究与实践。基本具备欣赏和评价人文之美的能力，理解文化艺术的多元性和包容性。根据观点表述的需要，围绕中心，选择恰当的表达方式较有逻辑地进行观点表述，提升表现与创新能力、沟通与分享能力，拓展和升华人文素养。

（三）遴选"大家人物"

在确定目标后，在学校课程部门的牵头下，各学科教研组长、骨干教师通过多轮研讨，确定以"大家人物"为主题进行课程开发。

SAIL 综合主题课程内容上既可结合学科教材内容，如语文、历史等学科教材中出现的人物或作品，也可跳脱于学科教材的范围，遴选"大家人物"。中外历史上涌现出非常多的优秀人物，到底该选择哪一位呢？经多方面考虑，基于人文素养的培养目标，最终确定"大家人物"的人选，有李白、达·芬奇、莎士比亚等。这些世界历史上赫赫有名的人物来自不同领域，都有着不平凡的经历和杰出的成就。这样设计有一个突出的特点：能赋予学生宏大的视野，也为学生进行跨学科系列学习提供更多的可能性。学生通过深情拥抱传统文化，走近文化名人，理性铭记他们及其作品，用古老的馨香启迪心智，点亮人生的火花。

比如，李白综合主题课程、苏轼综合主题课程和达·芬奇综合主题课程学习模块如表 2-1-4 至表 2-1-6 所示。

表 2-1-4 李白综合主题课程学习模块（14 课时）

模块	主要内容	涉及学科	学习方式	活动展示	课时
模块一	学习诗歌《送友人》《月下独酌》；学习文言文《铁杵磨针》；阅读《李白传》片段	语文	课堂学习 诵读 感悟	诗歌诵读 舞台剧表演	4
模块二	李白作品英译赏析	英语	拓展学习	课本剧	2
模块三	演绎李白的音乐人生；吟唱《静夜思》	音乐	课堂学习 社团活动	演唱	3
模块四	李白作品欣赏；唐朝服饰礼仪	历史	拓展学习	唐朝服饰礼仪秀	3
模块五	对于顺境、逆境，我们该怎么面对——从李白的人生谈起	思想品德	拓展学习	辩论	2

表 2-1-5 苏轼综合主题课程学习模块（10 课时）

模块	主要内容	涉及学科	学习方式	活动展示	课时
模块一	学习《饮湖上初晴后雨》《江城子·密州出猎》《浣溪沙·簌簌衣巾落枣花》	语文	课堂学习	吟诵	3
模块二	苏轼作品英译赏析	英语	拓展学习	课本剧	1
模块三	苏轼生平及作品分析	历史	探究学习	人生地图	2
模块四	从苏轼的三起三落看如何对抗挫折	思想品德	拓展学习	演讲	2
模块五	欣赏由苏轼作品改编的流行歌曲：《明月几时有》（有多个版本，不同作曲）、《定风波》	音乐	演奏 演唱	歌舞剧	2

表 2-1-6 达·芬奇综合主题课程学习模块（10 课时）

模块	主要内容	涉及学科	学习方式	活动展示	课时
模块一	赏析《最后的晚餐》	语文	课堂学习	演讲	2

（续表）

模块	主要内容	涉及学科	学习方式	活动展示	课时
模块二	结合牛津上海版初中英语八年级上册第五单元，通过使用百科全书，查找有关达·芬奇的介绍内容	英语	拓展学习	撰写人物小百科	2
模块三	学习文艺复兴时期的历史与达·芬奇的成就	历史	探究学习	TED演讲	2
模块四	学习达·芬奇名画中的构图技巧	美术	拓展学习	绘画	2
模块五	人才成长中的科学精神与人文精神——从达·芬奇说起	思想品德	拓展学习	辩论	2

（四）分级开发资源

校内课程资源是实现课程目标、培养学生人文素养的最基本、最易获取的资源。课程资源的开发与利用首先要着眼于校内课程资源。校本课程的研究与开发主体是教师，他们最了解学生的知识、能力和兴趣，并能集中各方面的资源优势，其研究与开发的课程也最容易被学生认可和接受。因此，学校组织各年级相关学科教师，以各年级的"大家人物"为中心组织课程内容，同时梳理学校已有的课程资源，为综合主题课程的开展提供有力的支持和保证。

各学科教师结合年级特征和学习要求，聚焦人文素养培育目标，梳理已有课程资源。例如，语文学科中有李白的诗歌作品，历史学科中有中国唐代历史，与李白所处时代的历史背景相匹配；道德与法治学科中有相关品格培养的内容，英语学科关注对比、夸张等修辞手法的学习，美术学科强调用多种艺术手段（剪影等）表现人物形象。基于以上课程资源，各学科教师初步确认课程框架和模块主题，进行跨学科融合探索，使学习者从不同层次提升核心品质。同时，明确综合主题课程的开设顺序和课时，分配规划教学模块和课时，跨学科分配教学任务和开发教材，选择并确定配套的活动方式和成果展示方式，形成案例、视频等课程资源包。

以构建综合主题课程为载体，学校注重引导教师增强课程意识、扩大课程文化视野、提升创生课程的能力，如根据学生的特点选择合适的教学内容的能力，围绕学生和学科特点对课程加以拓展的能力，课程资源规划、安排、整合的能力等。

第二节　模块化实施

学校的特色课程设计在借鉴相关理论研究的基础上，能基于一个中心主题，然后根据国家课程要求梳理与此主题或活动相关的科学大观念或主导概念，进行横向贯通式的课程开发，将课程内容分成不同模块，既有关于科学知识的内容，也有对技术应用的实践活动及对社会现实问题的探讨与反思。此外，课程实施不能仅仅局限于综合主题课程的教与学，还要从实施中总结经验，提炼行之有效的实施策略，并及时在实施过程中进行反思、发现问题，不断完善课程结构。

一、课程理解与实施

在项目实施前的调研中，我们发现教师认为项目推进过程中最大的困难一是没有专门的教材，二是没有上这门课的时间，三是难以评价学生。这正好对应了课程内容、课程实施和课程评价三方面。在我们全新的校本课程开发过程中，教师开始自发地站在课程管理者的角度思考问题。

产生以上问题的原因如下：（1）课程标准中的学科拓展部分，往往因为考试不考或者操作难度大，被教师有意无意地忽略了；（2）教师普遍没有长课时和短课时的概念，认为一门课程一定有完整和明确的周节数；（3）教师没有意识到以问题探究为载体、以探究型学习为主要学习方式进行的课程非常强调学生的自主实践和体验，学生的学习时间远远超出课堂上的教学时间。

如何既能确保学生学习校本课程的时间，又能使学生的学习有效开展，表面上是管理层课程安排和课程管理的问题，本质上是教师对三类课程的理解和实施的问题。

首先，学校明确了课时由基础型课程用于拓展综合类学习的部分课时、拓展课的部分课时及德育活动和社团类活动的部分课时组成，让教师在不断体验长课时和短课时的过程中,明白教学形式要服务于教学对象和教学内容。

　　其次,学校以长课时和短课时的授课方式安排学时。SET SAIL 综合主题课程分年级实施课程内容,长课时和短课时相结合,通过对有限的课内时间进行精心安排,学生探究学习的质量和效率得以提高。每学年的第一学期实施 SAIL 课程,第二学期实施 SET 课程,具体在每学期中灵活安排学时。另外,小组化学习和导学单的应用,让教师能充分利用课外时间,指导学生开展个性化学习活动,使学生进行课题探究的时空更为广阔。

　　以 SET 课程中的"我是航母上的飞机设计师"主题课程为例,该主题的实施时间为每学年的第二学期,在校内开展教学实践的时间共 4 课时。其中,"观察航母上的舰载机""科学探究:纸飞机形状与飞行距离的关系"在课内进行,各 1 课时;"纸飞机竞赛"采用校内课后竞赛的形式,2 课时。在其他时间,学生根据自身实际情况,灵活安排学习时间,完成教师布置的各项学习任务及填写"学习日志""合作清单自我评价"等学习任务单。

 案例

"我是航母上的飞机设计师"的学习任务单

学习日志

班级_____　　　姓名_____　　　学号_____

_____月_____日

1. 今天体验了一下"航母上的飞机设计师"的角色,我的感受是:

_____

2. 在进行实验探究的过程中,我遇到了以下困难:

_____

3. 以上困难是否解决了?

□ 解决了,我的方法是:

_____

☐ 没解决,是因为:

_____

4. 是否参与了 Science Board 制作或者 TED 演讲?

☐ 我参与了 Science Board 制作,我的感想是:

_____

☐ 我参与了 TED 演讲,我的收获是:

_____

合作清单自我评价

班级_____   姓名_____   学号_____

一、实验设计

☐ 能科学合理地设计实验方案。

☐ 能设计出实验的大致框架,但存在一些细节上的问题。

☐ 对实验方案没有头绪,无法设计大致框架。

二、实验操作(根据自己的组内分工填写相应的评价)

1. 组长:组织组员有序规范地完成实验,记录实验结果,合理分析实验数据。

☐ 好   ☐ 中   ☐ 差

2. 操作员:用弹射器规范弹射纸飞机。

☐ 好   ☐ 中   ☐ 差

3. 测距员:准确读出纸飞机的飞行距离,并将结果告诉记录员。

☐ 好   ☐ 中   ☐ 差

4. 记录员:能将结果如实记录下来。

☐ 好   ☐ 中   ☐ 差

5. 汇报员:在全班面前汇报本小组的实验结果。

☐ 好   ☐ 中   ☐ 差

小组化学习和导学单的应用是教师在应对校本课程实施过程中产生的智慧,如六年级的某 SET 课程的导学单设计如下。

案例

"探究影响纸飞机滞空时间长短的因素"导学单

班级_____ 日期_____ 成员及分工_____

一、提出问题

纸飞机是一种最简单的飞行器,如何才能使纸飞机飞得又高又远? 下面,让我们一起探讨影响纸飞机在空中停留时间的因素都有哪些。

二、形成假设

我的假设是:_____

猜想1:纸飞机的滞空时间可能与空气温度有关。

猜想2:纸飞机的滞空时间可能与风力大小有关。

猜想3:⋯⋯

三、制订计划

1. 需要的器材:_____

2. 我的设计方案(步骤):_____

3. 我的设计说明:本实验的变量是_____

四、收集证据

根据设计方案实施实验(3—6次),记录纸飞机的滞空时间,并将收集的数据填入数据记录表,也可以通过拍照或摄像记录现象。

表 2-2-1 数据记录表

变 量 　　　次 数　 时间(s)	第1次	第2次	第3次	第4次	第5次	第6次

(注:可以根据实际需要增加行、列)

五、处理信息

比较实验结果，我的结论是：＿＿＿＿＿＿＿＿＿＿＿＿＿＿＿＿＿＿

通过这个实验，我还产生了新的问题：＿＿＿＿＿＿＿＿＿＿＿＿＿＿＿

二、围绕核心内容进行单元架构

在整体育人观的导引下，综合主题课程不只是涉及相关学科的加法，而是对学科、学习、生活、学生、社会的有机整合。教学过程也不能只是不同学科教师在各个环节开展活动"拼盘"，而要走向深度合作，积极探究科学概念背后的原理和思想方法，用融合式的项目、主题、任务或工程等统领整个教学过程。

虽然明确了课程设计的要求是达成主题中心，但许多教师在课程设计阶段不能有意识地识别学科中的概念关联及实现概念融合，导致他们过度关注各学科的事实内容和基本技能的达成。有时候，设计出的课程可能只在形式上呈现出多门学科的事实性知识的组合，很难真正揭示与呈现不同学科之间的联系，从而难以促进学生对一个科学大概念所涉及的不同学科的知识进行深入理解。因此，学校尝试在每个课程模块的具体设计中采用单元设计的思路，发挥"主题单元"关联多门学科的优势。

以"如何让一张纸飞起来"为例，这一模块涉及科学、地理、生命科学、物理、美术、劳动技术、德育等学科。比如，探究实践板块涉及飞行器仿生原理的内容，因此学生需要探究纸飞机的形状对其飞行距离的影响。由生命科学教师牵头负责，组织相关学科教师设计了"探究纸飞机的投掷角度如何影响飞行距离和滞空时间"单元教学。在设计中，教师团队紧紧围绕《中小学综合实践活动课程指导纲要》提出的要求，让学生亲身经历各项活动，在"动手做—实验—探究—设计—创作—反思"的过程中进行体验、体悟、体认，在全身心参与的活动中发现、分析和解决问题，体验和感受生活，发展实践创新能力。

案例

"探究纸飞机的投掷角度如何影响飞行距离和滞空时间①"单元设计

一、活动目的

1.通过实验探究的方法了解纸飞机的投掷角度与飞行距离和滞空时间之间的关系。

2.以小组合作的形式制作纸飞机并进行实验探究,提高动手实践能力和团队合作意识,培养勇于探究的科学精神。

二、活动资源

A4 大小的彩纸、玻璃胶、秒表、弹射器、iPad 等。

三、活动过程

表 2-2-2　活动过程表

活动过程	师生活动	技术运用及设计意图
提出问题	1.教师引导学生思考影响纸飞机飞行距离和滞空时间的因素有哪些,鼓励学生用 iPad 上的思维导图软件进行记录。 2.教师播放战斗机在航母甲板上起飞过程的视频,学生认真观看视频。 3.教师引导学生思考:航母甲板有什么特点?为什么向上翘起?学生观看视频,思考并回答:甲板向上翘起,给战斗机一定的起飞角度,使它能更好地起飞。 4.教师提出驱动性问题:纸飞机的投掷角度与飞行距离和滞空时间之间是不是也有联系?(引出课题)学生思考并做出猜想。	借助 iPad 上的思维导图软件,帮助学生思考影响因素,培养学生的发散性思维。

① 本案例由风华初物理教研组提供,撰稿人为陈士琛。

（续表）

活动过程	师生活动	技术运用及设计意图
设计实验	1. 教师提出驱动性问题：如何设计一份科学的实验方案？学生思考讨论，设计实验方案。 2. 教师展示学生的实验设计，强调控制变量、重复实验、对照实验三大实验原则。学生展示交流，并完善自己的实验方案。	
实验验证	【实验准备】 1. 教师组织学生组内分工，说明各成员的任务。学生组内分工，明确各自的任务。 2. 教师指导学生用 A4 大小的彩纸制作纸飞机（参考活动卡后的纸飞机折叠教程）。学生小组合作折叠、制作纸飞机。 【实验探究】 1. 教师组织学生进行实验探究：借助弹射器使纸飞机以相同的速度，从三个不同角度进行投掷，每个角度重复三次实验。利用场地中的标尺记录纸飞机的飞行距离，用秒表记录滞空时间。 2. 指导学生用 iPad 拍摄自己小组的纸飞机形态及飞行情况。 3. 指导学生将实验结果记录在活动卡上。	用 iPad 拍摄纸飞机形态及飞行情况，作为之后交流环节的材料支持。
结果交流	1. 教师组织学生交流实验结果和进一步的发现。学生小组交流：飞行距离最远的弹射角度是_____，滞空时间最长的弹射角度是_____。我还发现了一些有趣的现象：_____。 2. 教师组织学生完成活动卡，并进行学生评价。	展示探究成果，开展多元化教学评价。

本单元涉及的科学大概念问题是"为什么观察与实验是科学探究的基础？"，围绕单元核心问题"我国首艘国产航母完成首次出海试验任务，如果我是一名航母舰载机设计师，我该如何为航母设计飞机呢？"，教师团队设计了三个子问题：(1)航母上有几种飞机(舰载机)？ (2)舰载机的外部形态与其功能之间

有什么联系?(3)纸飞机的形状与飞行距离之间有什么关系?整个单元指向科学探究中的观察与实验,没有单独按照学科进行知识拆分,而是将不同学科的相关知识综合在一起设计问题探究环节。

三、赋予学生任务角色

学科深度融合还要将学生的发展置于中心位置,科学的任务设计和驱动则是关键。学校借鉴了项目化学习方式中的"任务角色",即在学习过程中,教师赋予学生完成某项任务的特定角色,如主持人、设计师等,这不仅可以激发学生的学习兴趣,还能提高他们的自信心和责任感,从而促进学生自主学习。

一方面,教师在任务安排时应该考虑到学生的个性差异,让学生觉得自己的所作所为很有意义,从而激发他们的学习兴趣;另一方面,让学生在任务角色中担负起某项任务的责任,在完成任务的过程中就能学会积累经验,发掘潜能,从而增强自信心和自尊心。任务角色能让学生意识到自己在学习中的责任,使他们更加积极主动地参与学习,展现出良好的领导能力、协作能力。

例如,航空航天主题课程模块下的"我是航母上的飞机设计师"单元赋予学生"飞机设计师"的角色,以团队合作的方式让学生开展探究,在实践中发展学生的科学素养、创新精神、动手实践能力和团队合作意识,感受"飞机设计师"的职业体验。在这个过程中,学生还可以进行团队合作、实践操作和总结分享,以提高自己的沟通表达能力、组织能力和管理能力,同时增强自身的社会责任意识。

 案例

"我是航母上的飞机设计师"单元教学设计①

项目主题:我是航母上的飞机设计师　　　　　　年级:六年级

一、项目概述

通过"我是航母上的飞机设计师"综合主题实践活动,学生在驱动性问题的

---

① 本案例由风华初生命科学教研组提供,撰稿人为江一蓓。

引领下,开展设计、制作、实验等研究性学习,以团队合作的方式探究纸飞机的形状对其飞行距离的影响。

二、项目目标

1. 知道纸飞机的形状与其飞行距离之间的关系。

2. 通过探究实验,学会运用科学方法解决问题,培养科学思维能力和小组合作意识。

3. 在活动中提升动手实践与创新能力,体验"飞机设计师"职业。

三、教学过程

活动一:观察航母上的舰载机

活动模式:课中

课时:1课时

驱动性问题:航母上有几种飞机(舰载机)?

1. 出示航母上舰载机的照片,指导学生观察并思考航母上有几种飞机(舰载机)。

2. 交流:(1)航母上舰载机的类型;(2)舰载机的外部形态与其功能之间有什么联系。

活动二:探究纸飞机的形状与飞行距离的关系

活动模式:课中

课时:1课时

单元问题:如何为航母设计舰载机?

1. 提出问题

(1) 播放视频:舰载机在航母上起飞(弹射起飞)。

(2) 引出问题:作战半径长是一架舰载机的必备性能。我国首艘国产航母完成首次出海试验任务,如果我是一名航母舰载机设计师,我该如何为航母设计飞机呢?

2. 做出假设

(1) 组织学生讨论:纸飞机的形状与飞行距离之间有什么关系?(从机头、机翼、机尾讨论)

（2）引导学生提出自己的猜想：飞机的机头越尖，飞行距离越长；机翼的面积越大，飞行距离越长；在机尾上制作几个升降舵，能增加飞机的飞行距离。

3. 设计实验

（1）指导学生小组合作，设计一份"纸飞机的形状与飞行距离之间的关系"的实验方案。

（2）交流与完善：借助希沃授课助手展示并交流学生的实验方案，强调控制变量、重复实验、对照实验三大实验原则在实验设计中的运用，引导学生设计并完善自己的实验方案。

4. 数据采集

（1）动手制作：指导学生小组合作，用彩纸折叠、制作纸飞机。

（2）合作实验：组织学生合作探究，借助弹射器、卷尺等实验工具进行实验探究，并将实验结果填写在活动卡上。

5. 分析数据并得出结论

借助希沃授课助手展示实验数据，组织学生交流实验结果，最终得出结论，为飞机的造型设计提供建议。

6. 反思、修改、再设计

（1）组织学生根据实验结果和实验中发现的问题，修改完善自己的纸飞机。

（2）思考为什么观察与实验是科学探究的基础。

7. 学生评价

借助 iPad，为自己和其他成员的表现打分评价。

活动三：纸飞机竞赛

活动模式：课后

课时：2 课时

驱动性问题：我们的纸飞机能脱颖而出吗？

1. 每班派出"飞行距离最长"的最佳表现小组在年级组内进行试飞竞赛。

2. 举办最佳飞机造型设计家评比活动。

3. 各组根据实验现象得出结论，通过 Science Board、TED 演讲等形式交流活动成果，并开展反思。

4.竞赛表现突出的小组作品将被送往航空协会，由专家评审，根据结果最终选出最佳飞机设计师。

四、评价计划

1.项目前期：(1)借助学情调查表，了解学生在学习之前的知识、能力情况；(2)通过学习日志，了解学生在项目化学习活动中的困难及他们的想法、感受，了解活动前后学生能力的水平变化，教师得以及时调整教学。

2.项目中期：(1)借助观察合作清单，明确自己的任务；(2)开展合作清单自我评价，检测学生在活动中的表现，敦促学生认真积极对待；(3)运用项目评价量规A，考评学生在方案设计、实验操作、活动纪律、合作交流等环节的表现，培养综合素养。

3.项目后期：(1)运用产品(纸飞机)评价量规B，评价纸飞机在飞行距离、飞机造型、创意设计三方面的表现；(2)运用项目评价量规C，评价学生在TED演讲、Science Board中的表现；(3)进行活动反思总结，发展学生的元认知。

在"我是航母上的飞机设计师"单元的整个学习过程中，学生还要撰写学习日志，记录自己的学习经历，包括"明确目标—制订行动计划—记录学习内容—记录学习成果—反思学习过程"。学习日志是记录学习经历的重要工具，可以引导学生反思自身的学习状况，探索适合自己的最佳学习方法。

在SAIL课程中也是一样，学生可以扮演历史上的不同角色，如李白、杜甫、苏轼等人生经历丰富的"大家人物"。教师要鼓励学生提出敏锐且有价值的问题，并运用查找史料、权衡证据、筛选论点等科学方法来解决这些问题，让学生把从课堂上学到的知识运用到各种生活场景中。通过开展对话表演，构建轻松的语言环境，让学生在课堂上大胆开口表达。这样有利于培养学生从不同视角发现、分析和解决问题的能力，提高人文素养，形成正确的世界观、人生观和价值观。

在综合主题课程中，教师的引导主要体现在基于现象、主题或者某一话题，融合多个学科涉及的相关知识,给予学生重要的信息提示。在得到教师的引导后,学生一般以团队合作和任务分工相结合的形式进行探究,从不同知识领域对同一现象进行解读。同时,教师鼓励学生充分表达自己的知识和经验,积极提问并探寻答案。在出成果阶段,学生要将所学知识和在探究中获得的信息、数据等进行整合,并基于此得出结论。

四、分年级递进开展

以"航"为主题的综合课程贯穿所有年级,但活动对不同年级学生的要求有较大的差异,呈现出螺旋式上升的趋势。在低年级,活动实施主要体现为对科学领域基础知识的学习与训练;在中年级,活动要求学生掌握更深层次的知识和技能;在高年级,活动则更多地注重学生创新能力的培养。但无论何时,以"航"为主题的综合课程的核心目标都是培养学生的科学精神,促进学生提升创新能力和培养团队合作精神,以满足现代社会对科技人才的需求。

这就要求课程实施必须有整体性思维,因此教师不仅要跨学科合作,还要跨年级合作。当教师间的自然合作成为一种常态时,更利于课程的整合实施。为此,学校通过横向跨学科团队建设和纵向教研组研究本学科内容,营造良好的合作氛围,激发教师的合作意识;提供合作平台,促进教师专业发展,为教师合作奠定基础。这样可以避免学科知识体系目标未达成、跨学科教学融合中不同学科内容不达标。

以六年级李白综合主题课程为例:

第一单元是赏析李白的诗歌。引导学生学习李白的作品《送友人》,理解诗歌自然美和人情美融合的艺术特色,体会诗人真挚的感情和乐观豁达的生活态度。

第二单元是赏析李白作品英译。指导学生品读李白作品的名家翻译,体会英语表达的语言魅力,理解比喻、夸张等修辞手法。

第三单元是鉴赏李白给我们带来的人生启示。引导学生通过探究,了解李白的生平,做到知人论世,进一步理解李白诗歌背后的思想意蕴;通过鉴赏探究,领略李白的人格魅力,陶冶自己的精神世界;学会利用网络、文献进行研究,培养分析能力和表达能力,培养正确的世界观、人生观和价值观。

第四单元是我为李白剪个影。引导学生通过探究,综合运用观察图片、分析、动手制作等方式,学习剪影的制作方法,为李白剪个影。

八年级学生可以自主选择莎士比亚综合主题课程学习模块或达·芬奇综合主题课程学习模块。学生在导师的指导下,通过个人或小组合作的方式开展主题探究,完成学习任务单,形成成果作品。

在课程开展过程中,不同学科的教师在遵循自身学科特点的基础上,寻找与"大家人物"的交叉点,合理而有效地开展符合学生学情、有利于提升学生学科综合素养的课堂教学活动。在人文作品的体验学习中,欣赏作品的内涵和结构,了解作品的创作过程和时代背景,尝试提炼与作品相关的核心知识。通过阅读"大家人物"作品,感受人文魅力,提升审美情趣,培养人文情怀。学校还提倡个人主动选择和体验课程,鼓励学生自主学习。

学校在推进综合主题课程建设时,重视规范化管理,明确课程研究的目标、内容与步骤,以"引导—探究—成果"作为教与学的基本模式,将参与学生一一记录在案,并及时给予评价和反馈,同时将开设探究型课程也纳入相关教师的绩效考核中,确保探究型课程的顺利开展。因此,学校既着眼于发挥教师在课程设计中的主导作用,又强调学生在课程习得过程中的主体作用。教师在这一基本路径下,可以根据实际教学内容、教学方式进行调整和完善,帮助学生在科学领域获得多样化的知识,培养学生的创新思维、实际应用能力和适应未来社会所需的技能。

五、评价更为全面综合

在综合主题课程中,评价的关注点不在于学习结果,而是未来的继续学习能力;评价的根本目的是促进学生发展,引导学生学会自主学习。教师根据综合性学习评价的基本原则,通过设计精细化的观测点,体现对学生能力培养的不同要求,设计不同的评价单,进行全面、综合的评价。

表 2-2-3　SET SAIL 综合主题课程评价单

评价内容		评价标准			评价等第
		A 优秀	B 良好	C 须改进	
团队合作水平	资料收集	积极参与	能参与	从不参与	
	方案设计	积极参与	能参与	从不参与	
	活动展示	积极参与	能参与	从不参与	
	方案实施	积极参与	能参与	从不参与	
探究能力水平	方案设计及实施	全部自主完成	大部分自主完成	基本自主完成	
		实验方法正确	实验方法基本正确	实验方法不正确	
		方案有较大创新	方案有创新	方案无创新	
		有完整、详细的记录	有部分记录	无记录	
		结论正确	结论基本正确	结论错误	
		发现新问题并进行进一步探究	发现新问题但未进行进一步探究	没有发现新问题	
表达交流水平	科学展板	图文详尽	有图有文	图文只有其一	
		展示内容详细，无科学性错误	展示内容较详细，无科学性错误	展示内容简单或有科学性错误	
		对活动有较深的感悟	对活动有所感悟	对活动无感悟	
	TED 演讲	语言表达能力强，用词无科学性错误	语言表达能力较强，用词基本无科学性错误	语言表达能力一般或用词有科学性错误	
		能落落大方地表达，台风好	能较自然地表达，台风较好	基本能表达，台风一般	
		能结合视频、图片等形式进行多方面的展示	能结合视频、图片等形式进行部分展示	没有结合视频、图片等形式进行展示	
总体评价：					

从整体上说，教师将学生在 SET SAIL 校本课程中的平时表现、学习成果和展示活动（TED 演讲）整合起来进行评价，一定程度上推动了教师改变传统的

将考试和分数作为唯一的评价方式，拓展了学生综合评价的维度。教师开始关注学生参与活动、合作探究、交流展示的表现，也在一定程度上深化了教师对学科德育的理解。"我的纸飞机"项目学习评价的相关内容见表2-2-4至表2-2-6。

表2-2-4 "我的纸飞机"项目学习评价一览表

评价主题	我的纸飞机评价量规(初中)
评价类型	评价量规
说明	学生在合作完成小组项目时，使用这个评价量规，可以使他们对自己的造型设计和制作能力、实验探究能力及合作反思能力进行评价
使用指南	使用这个评价量规评价纸飞机的造型和飞行效果
适用年级	六年级
类别	作品
子类别	合作
关键词	飞机造型、飞行时间、飞行距离、TED演讲、Science Board

表2-2-5 "我的纸飞机"项目评价量规A

评价指标（权重）	三星级★★★	二星级★★	一星级★	生评 自评	生评 互评	师评
设计方案	能科学合理地设计实验步骤和数据表格，并能具体罗列测量条件、测量工具等	能大致设计出实验步骤和数据表格，但存在一些细节上的问题	对方案设计没有头绪或者分歧很大			
实验操作	可以规范进行实验操作，准确并如实记录实验数据	实验操作比较规范，实验数据基本准确	实验操作不规范，没有如实记录数据			
活动纪律	能遵守纪律，积极思考和讨论，不大声喧哗，不随意投掷纸飞机	能遵守纪律，认真思考，偶尔会大声讨论，但可以马上改正	没有做到遵守纪律，有大喊大叫或者随意投掷纸飞机的行为			

（续表）

评价指标 （权重）	三星级★★★	二星级★★	一星级★	生评		师评
				自评	互评	
合作交流	小组分工明确、合作默契，能积极分享、交流组内的成果和一些有趣的现象，可以仔细倾听其他小组的想法	小组分工基本明确，合作比较默契，能简单汇报小组的实验结果，认真倾听其他小组的想法	没有与同学合作完成活动，没有认真倾听其他小组的想法			
总体评语						

表 2-2-6　"我的纸飞机"产品（纸飞机）评价量规 B

评价指标 （权重）	三星级★★★	二星级★★	一星级★	生评		师评
				自评	互评	
飞行距离	纸飞机飞得很远，超过了班级大部分同学	纸飞机的飞行距离和班级大部分同学差不多	纸飞机的飞行距离和班级大部分同学相差较远			
飞机造型	折叠的纸飞机平整挺括、左右对称	折叠的纸飞机比较平整挺括、左右对称	折叠的纸飞机不平整挺括，左右不对称			
创意设计	能设计出新颖而有实用意义的纸飞机，并且能帮助纸飞机飞得更远	纸飞机的造型普通	纸飞机的设计借鉴了其他小组的想法			
总体评语						

表 2 - 2 - 7 "我的纸飞机"项目评价量规 C

| 评价指标
（权重） | 三星级★★★ | 二星级★★ | 一星级★ | 生评 | | 师评 |
				自评	互评	
TED演讲	能在 TED 演讲中清晰、全面地解释要表达的观点	在提示和指导下，能通过 TED 演讲解释表达的观点	不能解释要表达的观点，以至于别人不理解			
Science Board	展板图文并茂，栏目分布合理，有吸引力，条理清晰；为展板起了一个与内容相符并能吸引人的标题；图片清晰明确	展板有标题，有栏目设计，条理比较清晰，但图片还不够清晰	展板混乱，图片清晰但似乎没有目的性			
总体评语						

　　教师还注意到评价的过程性和数据化。如表 2 - 2 - 3 所示，表格中共有 16 个评价小项目，若其中有 10 个项目评价均为 B 及以上，或有 7 项及以上为 A，则总体评价为 A；有 7 项及以上为 C，则总体评价为 C；介于两者之间，则总体评价为 B。从每个评价点来看，也有明确的细则，如"团队合作水平"主要考查学生在"探究影响纸飞机滞空时间长短的因素"的活动前、中、后各个时期的合作参与度，其中参与次数 70% 及以上为 A，参与次数 50% 及以上为 B，不到 50% 为 C。"探究能力水平"主要考查学生在设计、实施"探究影响纸飞机滞空时间长短的因素"活动方案阶段是否能自主进行方案设计，方案是否科学、有创新，实验是否有可操作性及延续性。

　　学校也认识到综合主题课程的学生评价还要进一步提升科学性和完整性。评价指标的确定、观测点的选择、评价模块的组合要进一步提升质量，评价等级的操作性描述应更具体，对不同等级应制定标准化的要求。评价结果应纳入学校的学生评价系统，作为开展综合素质评价的重要内容。同时，可以通过网络平台让家长看到学生的学习经历和展示成果，促进家校育人的合作交流。

　　学校通过 SET SAIL 综合主题课程的开发与实施，推动课程统整，形成有阶梯、分层次指向人文素养的跨学科校本课程，以此作为学生核心素养培养的重要载体；突破了学科边界，打破了学科壁垒，探索了融合课堂。同时，以学生的兴趣、需要和能力为基础，关注学生与自然、社会、生活的联系，对课程进行优化，联动课堂内外，帮助学生形成积极进取的生活态度，创生出以培养具有中国情怀、国际视野的学生为目标的新课堂。

第三节 基于目标一致性的主动优化

在形成课程模块之后,学校经过两轮实施,发现课程碎片化的现象比较严重,有的课程内容重复出现,不同学科教师之间的衔接也出现了问题。在研读了课程方面的理论著作,邀请专家进行诊断后,我们认为问题的核心其实就在于课程目标,因为目标统领着课程内容、学生活动设计、课程资源等其他要素。

学校开展了基于目标一致性的课程优化行动,按照以下三个步骤梳理课程目标结构:首先,根据学校人才培养总体目标确定综合主题课程的课程目标,明确 SET SAIL 综合主题课程需要培养的关键能力;其次,根据不同年级学生水平、活动主题、学校资源逐级分配课程目标,并厘清活动内容和学生要达到的能力程度,从而完善目标结构序列;最后,根据不同的活动主题、学校资源、学情逐级梳理每个年级的课程目标。

以 SET SAIL 综合主题课程中的 SET 课程六年级目标和 SAIL 课程七年级目标为例,改造后的课程更好地实现了纵向衔接与横向贯通。

 案例

SET 课程六年级目标[①]

年级目标:通过"如何让一张纸飞起来"的探究实践活动,学生基本了解解决实际问题的方法,提高观察、描述及解释说明问题的能力,发展勇于探究的科学精神。

课时安排:7 课时

课时目标:

第 1 课时——向谁学习飞翔?(生物)

1. 通过观察图片和模型、阅读文字、比较数据,知道鸟类适应空中飞翔的生理结构特点,提高观察及描述能力,感受生物体的形态结构与环境相适应的特点。

2. 通过小组讨论、合作修改纸飞机的外形特点,能解释纸飞机的形态结构

———————————

① 本案例由风华初不同学科教研组共同提供。

及其与利于空中滑翔之间的关系。

第 2 课时——我的纸飞机如何起飞?(物理)

1. 通过观察、分析,能说出力的概念,并能分辨施力物体和受力物体。

2. 通过观察演示实验,归纳力能产生的作用效果。

3. 通过小组讨论,知道纸飞机在投掷过程中的受力情况,发展勇于探究的科学精神。

第 3 课时——环境对飞机飞行的影响(地理)

1. 通过比较、分析,知道地形对纸飞机飞行产生的不同影响,能说出最有利于飞行的地形,并解释其中的原因。

2. 通过观察图片,能说出不同风向、风力,并能解释风向、风力对纸飞机飞行的影响。

3. 通过观察卫星云图,描述不同地区的天气情况,并能解释天气情况对纸飞机飞行产生的影响。

第 4 课时——起飞时需要怎样用力?(物理)

1. 通过实验探究,知道力的三要素对力的作用效果产生的影响。

2. 通过交流讨论,能解释力的三要素与纸飞机的飞行距离之间的关系。

3. 在体验探究实验的过程中,提高动手实践和归纳总结能力,发展勇于探究的科学精神。

第 5 课时——我的纸飞机(美术)

1. 体验纸飞机的制作过程,基本学会折叠机、乌贼机、战斗机三种纸飞机的折叠方法,提高动手与设计能力。

2. 在欣赏、实践操作的过程中,体会动手设计制作纸飞机的乐趣。

第 6 课时——我的研究(科学)

1. 通过纸飞机竞飞比赛,能说出影响纸飞机滞空时间的因素。

2. 通过合作,设计“影响纸飞机滞空时间的因素”实验方案,知道控制变量、重复实验、设置对照在科学研究中的应用。

3. 在活动过程中感受合作学习,体会利用理论知识解决实际问题的喜悦。

第 7 课时——我的纸飞机如何飞得更久?(数学)

1. 通过计算平均值和绘制折线图,知道处理实验数据的一般方法。

2.能主动运用所学知识处理纸飞机滞空时间的实验数据。

 案例

SAIL 课程七年级目标①

年级目标:探究"大家"作品,感受作品的独特风格,提升发现和欣赏人文之美的意识和能力。在对作品的学习中融入生活经验,扩展多元视野,能陈述个人对作品及其时代的理解,表达不同意见,逐步形成较为成熟的个人观点。

课时安排:6课时

课时目标:

第1课时:从苏轼被贬黄州时创作的三首诗词入手,了解其坎坷的仕途,知道其仕途起伏与王安石变法的关系;阅读、分析各类史料,提升收集历史信息和处理历史材料的能力;感受时代对个人命运的影响。

第2课时:有感情地诵读苏轼的三首诗词,学习作者写景、状物、叙事、抒情相结合的写作手法,体会苏轼遣词炼句的妙处,感受其作品的魅力。尝试用思维导图、树形图等方式概括和呈现苏轼作品的风格,感受作者的豪迈之情与壮志难酬的感慨。

第3课时:进一步查找苏轼诗词中关于美食的内容,知道文学艺术作品反映时代背景,也反映社会生活。查阅史料,对各类史料进行分析归纳,总结北宋社会生活的概况及特点,尝试从不同角度重构相关的知识体系,探究宋代人衣食住行的基本情况。感受中国文化是一脉相承的,它对于今天乃至未来都有深刻的影响,初步形成对民族文化的认同感。

第4课时:反复诵读,领略苏轼豪放雄迈的词风。通过作者被贬黄州期间的心情变化,感受他的旷达情怀,培养在逆境中豁达乐观的人生态度。尝试从不同角度分析苏轼创作这些作品时的心境,陈述个人对作品的理解,并表达不同意见,认同其宠辱不惊的人生态度。

---

① 本案例由风华初不同学科教研组共同提供。

第 5 课时:在《水调歌头》的旋律欣赏、韵律吟诵中感受诗词的韵味,体会中国古典舞的独特魅力,了解中国古典舞的概念及其审美特点,知道中国古典舞中的手、眼、身、法、步。在欣赏、模仿、观察、比较的过程中,感受中国古典舞的审美特点——圆;体会古典舞中手、眼、身、法、步与呼吸的配合。热爱中华优秀传统文化,增强民族自信心与自豪感。

第 6 课时:在欣赏、模仿、观察、比较与合作交流中,为《水调歌头》创编动作组合,并在手、眼、身、法、步与呼吸的配合中完成创编动作的展示与表演。了解并掌握中国古典舞中"摇臂""双晃手""小五花"的规格与要领。在《水调歌头》的舞蹈创编与实践中学习中国古典舞,体会中国古典舞的独特魅力。

一、纵向衔接

从纵向来看,建设课程目标体系能将学校人才培养总体目标层层分级,细化到每一个具体的课程中,从而准确、有效地达成课程目标。同时,建设课程目标体系能使不同年级之间的课程目标定位层层递进,体现逻辑上升的关联性。

表 2 - 3 - 1 "如何让一张纸飞起来"的活动目标修改对照表

上位目标	通过"如何让一张纸飞起来"的探究实践活动,学生基本了解解决实际问题的方法,提高观察、描述及解释说明问题的能力,发展勇于探究的科学精神。	
下位目标	原稿	引导学生通过探究,综合运用观察图片和模型、分析和比较数据、阅读资料的形式,学习鸟类适应空中飞翔的生理结构特点,并且将这些结构特点选择性地用在纸飞机的外形设计上。
	修改 1	1. 通过观察、对比鸟类和鲨鱼、跑车、战斗机、动车的图片,知道鸟类适应空中飞翔的体形特点; 2. 通过分析比较数据、阅读文字、观察图片,知道鸟类翅膀与滑翔之间的关系; 3. 通过观察、对比图片和动物模型,知道鸟类飞行需要的动力来源; 4. 通过观察、比较图片和动物模型,知道鸟类减轻自身体重的结构特点; 5. 通过阅读文字、分析数据,知道鸟类的循环系统、呼吸系统和消化系统等适应空中飞翔的生理特点; 6. 通过修改纸飞机的外形特点,能说明利于空中飞翔的纸飞机的结构特点。

（续表）

下位 目标	修改 2	1. 通过观察图片和模型、阅读文字、比较数据，知道鸟类适应空中飞翔的生理结构特点，提高观察及描述能力，感受生物体的形态结构与环境相适应的特点； 2. 通过小组讨论、合作修改纸飞机的外形特点，能说明纸飞机的形态结构及其与利于空中滑翔之间的关系。

由表 2-3-1 可见，原稿中的课程目标存在主体错位、目标模糊宽泛等问题。经过第一次培训，教师就该板块的课程目标进行了规范性修改（修改 1）。修改 1 是根据"向谁学习飞翔"中的每个活动环节书写的，学习目标的表述和原稿相比更加规范。然而，从上位目标和下位目标的对比中可以看出，修改 1 中的上下级学习目标并不相匹配，上位目标中的"解释说明问题的能力"等学习要求没有在下位目标中得以体现。经过第二次培训，教师在修改 1 的基础上进行了第二次修改（修改 2）。和修改 1 相比，修改 2 将一些琐碎、重复的学习目标进行了整合，将原来的 6 条合并为 2 条。如表 2-3-2 所示，上下位目标基本是互相对应的，体现了学习目标一致性的要求。

表 2-3-2 "如何让一张纸飞起来"的活动目标一致性检核表

序号	上位目标	下位目标
1	提高观察能力	提高观察能力
2	提高描述能力	提高描述能力
3	提高解释说明问题的能力	能说明纸飞机的形态结构及其与利于空中滑翔之间的关系
4	发展勇于探究的科学精神	
5		感受生物体的形态结构与环境相适应的特点

SAIL 课程修改前也存在未注意与上位目标之间的一致性的问题。如表 2-3-3 所示，以 SAIL 课程"苏轼"的第 2 课时为例，修改后的目标增加了"尝试用思维导图、树形图等方式概括和呈现苏轼作品的风格"，契合了上位目标中的"能陈述个人对作品及其时代的理解，表达不同意见，逐步形成较为成熟的个人观点"。同时，在表述上也符合"通过什么内容或方式学习和展现，知道做什么，达到什么程度"这一基本格式。

表 2-3-3　SAIL 课程"苏轼"的第 2 课时目标修改对照表

修改前	修改后
学习作者写景、状物、叙事、抒情相结合的写作手法,体会苏轼遣词炼句的妙处,感受词中流露的作者的豪迈之情与壮志难酬的感慨,提高欣赏古诗词的能力。	有感情地诵读苏轼的三首诗词,学习作者写景、状物、叙事、抒情相结合的写作手法,体会苏轼遣词炼句的妙处,感受其作品的魅力。尝试用思维导图、树形图等方式概括和呈现苏轼作品的风格,感受作者的豪迈之情与壮志难酬的感慨。

二、横向贯通

从横向来看,建设课程目标体系能帮助课程开发者厘清同一级别上各个板块课程目标的不同侧重点,避免产生同级课程目标重复的情况,使得整个课程目标体系定位科学、合理、有效。

在对 SET 课程"如何让一张纸飞起来"的 7 个课时进行梳理时,我们发现原本的课时安排在前后逻辑上比较混乱,因此进行了前后顺序的调整,使六年级纸飞机课程的前后逻辑性更强。

表 2-3-4　SET 课程"如何让一张纸飞起来"的课时调整对照表

课时	原来的顺序	现在的顺序
1	向谁学习飞翔?(生物)	向谁学习飞翔?(生物)
2	我的纸飞机如何起飞?(物理)	我的纸飞机如何起飞?(物理)
3	环境对飞机飞行的影响(地理)	环境对飞机飞行的影响(地理)
4	我的纸飞机如何飞得更久?(数学)	起飞时需要怎样用力?(物理)
5	起飞时需要怎样用力?(物理)	我的纸飞机(美术)
6	我的研究(科学)	我的研究(科学)
7	我的纸飞机(美术)	我的纸飞机如何飞得更久?(数学)

SAIL课程"苏轼"的第1课时目标修改前存在同级目标之间的重复情况，修改后的表述聚焦基础课程之外的延伸及其与第1课时之间的关联，删减了基础课程中已有的目标，增加了"了解其坎坷的仕途，知道其仕途起伏与王安石变法的关系；阅读、分析各类史料，提升收集历史信息和处理历史材料的能力；感受时代对个人命运的影响"。以便进一步探究"大家"作品，扩展多元视野，为在之后的课程中陈述个人对作品及其时代的理解和表达观点作铺垫。

表 2-3-5　SAIL课程"苏轼"的第1课时目标修改对照表

修改前	修改后
1. 了解宋代人衣食住行的基本情况，了解宋代繁荣的城市生活概况，知道宋代丰富多彩的节日生活。通过阅读，了解宋代社会生活的概况及特点，培养收集历史信息和处理历史材料的能力。 2. 通过对宋代社会生活的学习，认识到中华优秀传统文化的传承性及其对今天乃至未来的深刻影响，从而形成对民族文化的认同感。	从苏轼被贬黄州时创作的三首诗词入手，了解其坎坷的仕途，知道其仕途起伏与王安石变法的关系；阅读、分析各类史料，提升收集历史信息和处理历史材料的能力；感受时代对个人命运的影响。

三、自我优化

在综合主题课程的开发与实施过程中，还需要对课程进行完整的效果评估，作为课程完善的依据。学校邀请专家入校指导，组织教师开发课程评价的工具，形成课程开发与实施的效果检验机制，提升校本课程品质。

经过多年的持续优化，学校形成了相对完整的综合主题课程结构，完成了多门综合主题课程的开发，丰富了学校课程体系，并初步形成了综合主题课程开发和管理的模式路径，编制了与之配套的教师手册和学生手册（各10本），积累了较为成熟的综合主题课程开发与实施经验。

比如，SET SAIL综合主题课程体系采用的是跨学科的团队教学。由不同学科的教师组成一个教师团队，联合开设一门课程，协同完成教学。这让教师在跨学科的基础上重新思考校本课程的建设：不再仅仅从学科知识出发，而是从学生的生活和需求出发，改变课程分科多、综合性少、学科边界过于分明的现状,从学生终身学习的角度开发与实施校本课程。各学科教师逐渐形成了以下四方面的共识。

首先,综合主题课程不同于以某个学科或某名教师为核心开发的特色校本课程,而是通过自上而下的课程领导和多门学科教师的协同合作,获得课程设计的最优化效益。以往的活动设计常常会出现为活动而活动的情况,目标性不强,活动可能流于形式,对教学的帮助不大。风华初的综合主题课程的设计流程始终紧扣学校顶层设计的目标,在活动的各要素中,目标具有统领作用,所有要素都与活动目标存在内在逻辑关联。总的来说,活动各要素首先是为活动目标服务的,进而也是为单元目标服务的。课程目标是自上而下进行课程开发的核心,因此课程开发始终以教学目标为中心进行反复修改和调整。这种研究思路可以使教师在设计具体内容时关注“目标—内容—评价”的一致性问题,保证校本课程的科学性,同时也有助于提升教师的专业能力。在互相交流的过程中,各学科教师会发现相似或相近的教学内容,思考如何围绕一个共同主题,实现互相融合,形成整体,这无形中提高了教师对学科衔接的掌握能力。

其次,综合主题课程关注核心素养的培育,有助于教师更加全面、深入地了解学生的个性特长,促进学生充分发展。课堂活动给予学生的选择余地有限,而综合主题课程则会给予学生与主题有关的一些探究方向。学生可以挑选自己感兴趣的方向进行深入探究与思考,从而更积极主动地参与其中,充分发挥能动性。完成探究活动的过程能让学生亲身感受如何获得知识与技能,进而提升学生的自主探究能力。学科间的交流有助于引导教师更加深入地理解本学科的核心素养及完整的学生发展核心素养,纠正教师对学生发展目标的认知偏差,使其认识到学生之间的差异性及不同的发展需求,从而采取多样的方式满足不同学生的个性化学习需求。特别是可以发现一些调皮捣蛋的学困生的个性特长,使其在综合主题课程中大放异彩,帮助这些学生增强学习基础型课程的信心。

再次,综合主题课程的开发与实施经历有利于教师形成综合化教学与全面育人的意识,在日常教学中主动思考,改进自身的教学方式。在跨学科研究过程中,教师从多学科的角度交流教学资源、谈论教学内容、思考教学方法,使各学科的理念、知识、方法相互渗透，因此日常教学中也出现了综合学习倾向。在综合主题课程中，面对复杂的问题探究情境，学生需要建构知识网络，并综合运用所学知识，自行组队进行探究，自选实验器材，对自己的实验猜想进行论证与反思，最后利用多媒体手段交流展示实验成果。在解决问题的过程中，为学生提供训练观察实验、动手动脑及表达交流等能力的机会，从而提高他们的探究能力。

最后，教师融入综合主题课程开发与实施的管理过程，有助于教师更好地理解学校顶层的课程设计理念，落实育人目标，同时也提升了教师的课程管理与创生能力。在研究过程中，学校经常组织教师进行头脑风暴式的研讨。教师们逐渐增强了课程开发与管理的主体身份意识，不再仅仅是课程的执行者，而且学会站在课程管理的角度思考问题、解决问题，能对主题设定、目标陈述、内容选择、课时安排、学生展示活动方案乃至整个课程方案的规划提出自己的意见，大大增强了参与课程建设的积极性与自信心。无论是进一步打通三类课程还是回归学科的实践性学习活动设计，无论是在理念转变还是路径设计上，教师都显得更加得心应手。

 案例

用舞台剧连接德育活动、拓展课程与社团活动①

舞台剧是开展德育活动常用的一种形式，涉及声音、朗诵、肢体、造型、配舞、配乐、舞美、灯光、道具等要素。我们按照学生在舞台上最终呈现的学习成果形式展开逆向设计，以"如何'做'一场宣传党史的舞台剧"为驱动性问题，将项目化学习分解为核心项目、辅助项目和支持项目三个层次，连接了德育活动、拓展课程与社团活动，更加凸显了综合学习的特征。

1. 核心项目：艺术、语文、历史等跨学科学习

将核心项目分解为六个项目子任务，通过声音、朗诵、肢体、造型、默剧等表现形式，培养学生的艺术感知能力、艺术创意表达等艺术核心素养。通过脚本、台词等文本撰写及服装选择，培养学生的文化传承与理解、审美鉴赏与创造等

---

① 本案例由风华初德育团队提供，撰稿人为金雷。

语文核心素养及唯物史观、时空观念、史料实证等历史核心素养。

表2-3-6 核心项目子任务分解表

序号	项目子任务	承担角色
1.1	如何演绎革命青年面对"白色恐怖"时奋力抗争的场景？	爱国青年
1.2	如何呈现英雄无惧及苦难群众奋勇争先的形象？	人体道具
1.3	如何慷慨激昂地呈现陈然的《我的"自白"书》？	革命先驱
1.4	如何用独幕剧的形式再现《金色的鱼钩》中人物的革命精神？	红军战士
1.5	如何再现纺织女工下岗再就业成为优秀空嫂的故事？	纺织女工与空嫂
1.6	如何表现爱国人士的时空穿越？	爱国人士

2. 辅助项目：音乐、舞蹈、武术等跨学科学习

将辅助项目也分解为六个项目子任务，通过音色达成、队形变化、音乐配置、武术指导、伴舞表演等多种戏剧辅助表现手法与手段，培养学生的情感体验、文化理解等音乐与舞蹈艺术核心素养。通过功架、套路等形式，培养学生的运动能力与习惯等体育核心素养。

表2-3-7 辅助项目子任务分解表

序号	项目子任务	承担角色
2.1	如何利用不同的管乐器音色，配合伴奏音乐传递不同的情绪表达？	配乐师
2.2	如何利用有序的队形变化，用"十米红布"等道具呈现出不同的舞台布局？	布景师
2.3	如何利用鼓点配置和人声加强传达，表现革命的燎原之势？	配乐师
2.4	如何利用武术的形式，呈现革命斗争的紧张氛围？	武术指导
2.5	如何利用舞蹈中的队形、表演、表情，呈现快乐校园的生活场景？	舞蹈演员
2.6	如何利用舞蹈中的队形、表演、表情变化，表达对祖国的赞美之情？	舞蹈演员

3. 支持项目：劳动技术、美术、书法、信息等跨学科学习

将支持项目分解为九个项目子任务，通过灯光布置、动画、道具制作、书法设计、舞美设计等形式，培养学生的技术意识、图样表达、物化能力等劳动技术核心素养和美术表现、审美判断、创意实践等美术学科核心素养，以及个体在形成问题解决方案的过程中产生的信息意识、计算思维等核心素养。

表 2-3-8　支持项目子任务分解表

序号	项目子任务	承担角色
3.1	如何利用不同灯光交替变换展现不同的人物心境，从而达成不同的叙事效果？	灯光师
3.2	如何利用 PPT、iMovie 等在音频与动画同步的基础上形成美观的动画、调色及元素布局？	动画师
3.3	如何利用不同材质的材料和色彩搭配，制作新青年标语牌？	道具师
3.4	如何利用狂草书法展现新青年的奋斗精神？	书法设计师
3.5	如何让"花球"变为会发光的"星星火炬"？	舞美设计师
3.6	如何制作纺织机并将其作为舞蹈道具？	道具师
3.7	如何选择符合时代背景的建筑、事件或人物，制作以"上海解放"为主题的宣传海报？	海报设计师
3.8	如何通过扎染的方式，用植物染料仿制符合改革开放时期布艺色彩和材质需求的布艺道具？	布艺师
3.9	如何选用不同的颜料，并在扇面上用花卉图案进行布局和美化？	设计师

综合主题课程重在对学生关键能力的培养，教师引导学生发现自身兴趣、学会主动学习，掌握基本的探究方法，建构自己的课程学习体系。在促进学生个性化发展的同时，也进一步丰富和拓展了学校的课程资源。学校还计划未来进一步鼓励高年级学生对个人感兴趣的"大家人物"开展广泛的实践探索，自下而上地构建更为开放的综合主题课程，强调学习者的主体地位，在学生层面实现课程创生。

第 三 章

深度植入系统思维

传统的课时教学以一节课作为一个闭环，全部学习任务都要在这一节课内完成。因此，课时教学常常聚焦具体的学科知识，组织相对简单的活动。但是，长期的课时教学容易使学生陷入一个个具体的知识点中，只见树木不见森林。落实核心素养目标，需要大一些的主题或项目来承载，需要相对复杂和综合的学习任务来承担。这就需要教师根据素养导向的目标，在日常教学中深度植入系统思维，整体构建单元，从课时教学走向单元学习。

2015年下半年起，市教委教研室启动综合改革基地校工作。风华初作为研究基地，重点探索推进国家课程校本化实施和落实学科教学基本要求的途径和方法。多年来，学校围绕单元教学开展实践研究，积累了大量的单元设计案例，开发了单元教学设计工具，转变了教师教学理念，变革了课堂教学方式。

第一节　抓住教学设计的"牛鼻子"

研究伊始,学校进行了针对单元教学设计的问卷调查。其中一项针对教师使用课程标准的问卷统计结果显示,大部分教师在进行教学设计时不知道如何使用课程标准,缺乏落实课程标准的路径,教学目标与课程标准之间存在断层。马扎诺认为,当前我们正面临着一场时代转型下的教学革命,这场变革从目标开始改变。精准教学不是像以往所定义的那样,只是扎实地教授知识与技能,而是指向培养学生解决真实问题的高阶能力,这意味着教师们正面临着巨大的挑战。

为了帮助学校全体教师解决单元教学设计这一问题,各教研组展开研究,发现单元教学目标设计是单元教学设计的关键,是一个系统且复杂的过程。

一、基于素养的单元教学设计

素养是建立在我们对世界的认识、对自我的认识和对他人的认识之上的,所以教育目标模型既有情感维度(包括对世界、自我、他人的情感、态度和价值观),也有认知维度(包括对世界、自我和他人的认识)和技能维度(在现实世界中的行动),并且从行为的角度将三个维度有效地加以整合。[①]

素养目标统合了认知维度、情感维度和技能维度,这就决定了它的构成必然是复杂的。随着理论研究的不断深入,多年来的教学实践也让教师对目标设计有了更为立体的认识。在今天素养导向的教育改革背景下,我们需要对以往的实践经验进行总结和反思,在此基础上进一步剖析素养目标的构成,从而更合理地设计单元教学目标,使单元教学目标真正起到有效引领教学的

---

① 刘微.大概念教学:素养导向的单元整体设计[M].北京:教育科学出版社,2022:81.

作用。

素养导向就是以素养为目标。正是目标的改变，才会带来一场赖格卢特和卡诺普所说的"范式层面的变革"。因此，设计素养导向下的单元教学目标是撬动课堂转型的一个支点。

从课程到标准，是课堂落实核心素养的基本原则和出发点，是教师首先要学习和研究的内容。单元教学目标从课程标准出发，结合特定的内容对目标进行细化。对学生来说，无论是知识的达成还是能力的发展，都是对学生学业进行过程性评价的重要依据。单元教学目标是单元教学活动所期待的学习结果，是教学过程的出发点和归宿。从内容来说，学科教学包含领域、模块、主题、单元、章节和课时等，单元处于教学内容的中观层面；从课程标准的细化来说，是从课程标准到年级目标再到单元目标、课时目标，单元目标是课程标准的下位和课时目标的上位，是落实课程标准的重要中介。单元目标是对课程标准的逐级分解，有一定的共性和个性。通过学情分析，对照学生的实际情况，发现其中的差距，在差距的基础上确定适切的目标；通过分解课时目标和课时安排，提出教学设计建议，开展学生活动设计、作业设计、评价设计和课程资源的编制，可最大限度地保证单元目标的落实。因此，单元教学目标具有传递性、适切性、递进性。

在成为上海市综合改革基地校的期间，学校参与了市教委教研室的单元教学指南编制研究。从课程中观层面的单元视角，帮助教师在零散的单课知识点的基础上建立单元概念，提取单元教学设计的共性要素。比如，学校基于素养的单元教学设计的基本规格包括单元目标、单元活动、单元作业、单元评价等要素的设计。在单元教学设计的各要素中，单元目标的设计是其他要素的基础与前提。从上往下看，它在"学段目标—年级目标—单元目标—课时目标"中起着承上启下的作用，这正是教师以前所忽略的一环。正因如此，才会出现在实际教学中用九年级的终极标准替代年级目标的问题。从下往上看，它统领着课时目标下的教学设计建议、学生活动设计、作业设计、评价设计和课程资源，各要素之间是逐层传递的。

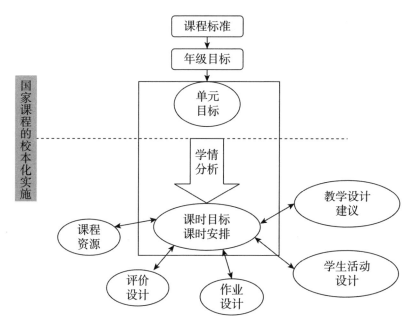

图 3-1-1　单元教学设计要素

　　明确单元目标后，为了达成单元目标，就必须要考虑到学生的实际情况。不同学校甚至不同班级的学生要达成一个相同或近似的单元目标所花费的时间和精力必然是不同的。因此，在制订课时目标和课时安排之前要进行学情分析，而在学情分析的基础上制订课时目标和课时安排，提出教学设计建议，开展学生活动设计，编制作业和进行评价，正是各个学校对国家课程校本化实施的关键。

　　在课程标准的统领之下，不同单元之间会呈现出随年级而层层递进的特性，如对于语文学科"记叙文阅读"中的"分析词句的作用"，教师根据四个年级学生学习能力的不同，形成六年级"分析词句在局部语段中的作用"、七年级"分析词句在结构上的作用，以及对于表达中心思想的作用"、八年级"判断词句在文中的作用，说明其对于表达中心思想和作者写作意图的作用"、九年级"反思词句在表情达意、表达中心思想和作者写作意图的作用"这四个层层递进的单元目标。

二、单元教学目标从哪里来

美国著名教育学家布鲁姆认为,"科学地确定学习目标是教学的首要环节","有效的教学始于知道希望达到的目标是什么"。可见,教学目标是教师期待学生学习的结果,是课堂教学设计和教学过程检验的标准,确定什么样的教学目标直接影响着课堂教学的始终。因此,单元教学目标的制订是单元教学的起点。

教学目标到底应该从哪里来?评价教学目标是否合适的主要依据是什么?如何评估单元教学目标制订得是否合适?要想回答这些问题,以下三条原则不容忽视。

一是整体性原则。教学的最终目的是育人,从整体性出发制订单元教学目标,就是强调要定位于人的培养,立足核心素养来制订单元教学目标。整体性还体现在课程目标、单元目标、课时目标是一个目标体系,彼此要有连贯性,形成统一的整体。

二是主体性原则。单元教学目标是对学生要达到的单元学习结果的描述,目标是由学生来实现的,因此单元教学目标的制订要从学生的视角出发。单元教学目标应难度适中,既符合学生的认知特点和已有经验,又处在学生的最近发展区。单元教学目标要关注学生的个体差异和不同需求,要有层次、有梯度,使得学生有选择的空间。

三是可操作性原则。单元教学目标要描述具体,能实施,能测量。忌空话、套话,设计出能落实、可评价的单元教学目标,教师知道教什么、教到什么程度,学生知道学什么、学到什么程度。

单元教学目标是教学活动的主体在学科的单元教学活动中所要达到的预期结果和标准,它在整个教学目标体系中起到承上启下的作用。单元教学目标既是对课程目标的分解,又是对课时目标的总览。要确定单元教学目标,必须从课程标准、教材内容和单元价值等方面进行考量。

单元目标的制订往往有两条路径:一条是自上而下地根据课程标准继续分解年级目标,另一条是自下而上地分析、梳理、整合和提炼教材内容,最终从知识与技能、过程与方法、情感态度与价值观三个维度进行梳理,有时也会采用两者结合的方式。

 案例

"梨园金曲"单元教学目标的制订路径①

"梨园金曲"单元包含2个课时:第1课时是"国粹经典绎人间百态(京剧)",第2课时是"南腔北调展地域风姿(豫剧、越剧)",采用了自上而下的单元教学目标的制订路径。

第一步,根据人文单元主题"梨园金曲"确定单元核心概念:中国传统戏曲表现形式的共性特点与南北地方戏曲的唱腔差异。

第二步,根据核心概念,确立单元理解线索:国粹经典绎人间百态——以京剧为例;南腔北调展地域风姿——以豫剧、越剧为例。

第三步,根据理解线索,确立单元基本问题:以京剧为代表的中国传统戏曲以怎样的艺术表现形式和行当分类展现其独特的艺术魅力?戏曲流传地的地域环境、方言语调对地方戏曲旋律曲调、唱腔风格产生了怎样的影响?怎样使自己的模仿表演符合不同戏曲剧种唱腔、念白等的风格韵味和角色形象?

第四步,根据基本问题,确定教学作品并进行分析(作品体裁、风格、情感、形象等):第1课时的教学作品包括《我一剑能挡百万兵》《拾玉镯》《卖水》《三岔口》,第2课时的教学作品包括《天上掉下个林妹妹》《谁说女子不如男》。京剧《穆桂英挂帅》中穆桂英的唱段作品分析包括唱腔明朗铿锵、嗓音尖细明亮、演唱音区较高、身段刚柔相济、表情与眼神多样,表现了穆桂英(旦角)出征前的自豪心情和有责任有担当的家国情怀。

第五步,根据作品分析,对照分年级目标,梳理本单元涉及的相关条目:感受与欣赏音乐要素、音乐体裁与风格,对标年级目标,具体包括辨析不同乐段或作品中音乐要素的表现特征,分析评价音乐要素在表达情感、表现情境与形象中的作用,辨别常见的中国戏曲、曲艺的表现特点。

---

① 本案例由风华初艺术教研组提供,撰稿人为孙英梅。

第六步，根据梳理的年级目标相关条目，按照学科教学基本要求撰写：辨析越剧、豫剧唱腔中旋律形态、装饰音等音乐要素的表现特征，辨析中国传统戏曲唱、念、做、打的艺术表现形式及京剧的四大行当。

第七步，合并同类型条目，汇总形成单元目标：（1）辨析中国传统戏曲唱、念、做、打的艺术表现形式及京剧的四大行当，阐述其在经典唱段中对塑造人物角色、展现故事场景、表达情感内涵的作用；（2）辨析越剧、豫剧唱腔中旋律形态、装饰音等音乐要素的表现特征，阐述地域人文、方言音调等对南北地方戏曲旋律曲调、唱腔风格的影响；（3）知道京剧、越剧、豫剧的起源及几位戏曲表演名家，并阐述观点；（4）以基本符合相关戏曲剧种唱腔、念白韵味的方式，词曲正确、流畅地模仿唱、念戏曲经典片段。

第八步，根据单元目标，制订课时目标：以单元目标1为例，运用观看视频、倾听对比、模仿体验等方式，结合教师提供的选择性提示，正确判断京剧经典选段中的演员嗓音特点、演唱音区与念白分类，并能阐述唱段中唱、念、做、打的艺术表现形式特征及其对塑造行当角色、展现故事场景、表达情感内涵的作用；结合观看视频、交流概括，认识京剧行当分类的依据，正确判断京剧唱段中角色的行当。

在英语学科中，常采用自上而下和自下而上相结合的方式确定单元教学目标。下面以牛津上海版小学英语六年级上册"Picnics are fun"单元教学目标为例，具体阐述如何制订单元教学目标。

 案例

"Picnics are fun"单元教学目标设计①

一、充分研读课程标准

课程标准规定了学科教学的目的、任务、内容及基本要求，它是进行教学、评价教学质量的依据，也是制订教学目标的依据。

———————————

① 本案例由风华初英语教研组提供，撰稿人为万萍。

二、借助辅助工具,梳理单元教学内容

教师从语言知识、语言技能、学习策略、思维品质、文化意识、情感态度与价值观等方面,运用单元教材内容梳理工具,细致地剖析教材内容,全面掌握单元教材的教学内容。

三、挖掘单元价值

在制订单元教学目标时必须先解决"为什么教"的问题,即单元学习价值的分析。单元学习价值即明确教师本单元用教材教什么,学生学完本单元后能用学到的知识做什么,包含语言、情感态度与价值观、文化三方面。

综合以上几点,"Picnics are fun"单元教学目标确定的依据和单元教学目标见表3-1-1。

表3-1-1 单元教学目标和确定依据

	确定依据	单元教学目标
课程标准	能就简单的话题提供信息,表达简单的观点和意见; 能使用常见的连词表示逻辑关系; 能在不同情境中正确使用时态; 能简单描述事件; 能谈论计划与安排等话题。	能用恰当的时态和句型谈论和描述一次野餐的准备内容,并能用原因状语从句阐述所做选择的理由。
教材内容	运用工具梳理单元教材内容。	
单元价值	从学生前备知识方面分析,一般将来时和一般现在时是学生已知的知识,但学生在特定的情境中正确使用这两个时态可能是难点。同时,学生对于计划这一话题有一定的了解,能写出野餐计划,但是计划的安排缺乏逻辑思维支撑,也缺乏个性。	

四、合理划分课时

课时的划分要基于学情分析,即基于学生的认知基础,基于教学重难点,基于课程核心能力的合理分配。

1. 分析学生的认知基础,确定起点

学生对于"野餐"这一话题比较熟悉,因而在教授本单元话题之前,可以从激活学生已有的背景知识入手,引导学生全面地思考野餐准备内容及相关理由。此外,本单元大部分语言知识对六年级学生来说并不陌生,在小学已有过初步的学习经历,但是学生较少能把"野餐"这一话题与节约、环保、分享等价值观关联起来,计划的安排缺乏逻辑思维支撑,也缺乏个性。

2. 依据单元教学计划,突破学习重点和难点

在单元教学计划中,应当把重难点分配到课时教学中,通过课时教学的重难点突破来达成单元教学的重难点突破。

表 3-1-2　单元重难点

| 重难点 | 教学重点 | 1. 能用"Shall we... /Let's..., Would you like some..."等询问他人意见的句型,提出意见和想法;
2. 能用原因状语从句阐述所做选择的原因。 |
| | 学习难点 | 写出富有个性的野餐计划。 |

3. 课程核心能力的合理分配

语言综合运用建立在学生语言技能、语言知识、情感态度、学习策略和文化意识等素养整体发展的基础上。教师应将课程核心能力的要求合理地分配到各单元各课时的教学中。

4. 确保课时目标的累计不小于单元目标

完成购物清单是本单元教材上原有的写作任务,它未能达到单元教学目标中的要求。因此,教师依据单元教学目标,重新设计本单元写作教学内容和任务,增加了1课时的写作课,以呼应单元教学目标,也起到了落实单元教学重点、突破学生学习难点的作用。

表 3 - 1 - 3　单元课时安排、主要内容和课时目标

课时安排	主要内容	课时目标
第 1 课时	READING　（P62） Planning a picnic	1. 能用"Shall we …/Let's …"表达建议； 2. 能用量词表达食物的数量； 3. 能通过阅读对话提取关键信息。
第 2 课时	READING (P63)	1. 能用"tasty、salty、sweet、sour、bitter、spicy"等形容词描述食物的口味； 2. 能用原因状语从句阐述理由。
第 3 课时	READING (P64)	1. 能通过列清单的方式汇总信息； 2. 能通过文本特征识别诗歌体裁。
第 4 课时	WRITING　（P65） Preparing for a picnic	1. 能用"How much …"句型对价格提问； 2. 能用购物预算单汇总价格信息。
第 5 课时	LISTENING AND SPEAKING　（P66） Having a picnic	1. 能用"May I …"征求许可； 2. 能用"No, thanks."拒绝提议。
第 6 课时	Writing：Preparing for a picnic	1. 能表述一次野餐的准备内容； 2. 能简单阐述所做选择的理由。

5. 制订个性化的课时教学目标

单元目标一般是客观的,是基本要求,而课时目标是个性化的,即不同学校、不同班级应该有不同的课时安排。

在针对单元教学的研究过程中,各学科在单元教学目标制订方面逐步形成了具有自身学科特点的目标制订路径。比如,科学学科形成了以下路径:第一步,研读课程标准;第二步,分析学生情况,包括学生的学习基础和学习过程中的难点问题;第三步,解析核心内容,根据教材及学科教学基本要求,分析单元核心内容及要求;第四步,撰写教学目标。

以科学学科的"科学入门"单元教学目标设计为例,阐述单元教学目标制订路径。

"科学入门"单元教学目标设计①

1. 分析单元学情

表3-1-4 "科学入门"单元学情分析

学习基础	六年级学生在小学期间学习过自然科学，对于某些仪器已经有了一定的认识，如尺、酒精灯、秒表等，但是了解得并不全面，并且语句的专业性也不够。对于量筒、温度计等仪器，学生几乎没有学习基础。
认知水平	六年级学生普遍动手能力不强，对于实验仪器的具体操作需要落到实处，不能简单地照本宣科。教师应引导学生多上台操作，在实际使用过程中找到知识的漏洞，将学习落到实处，从而实现知识的迁移。同时，六年级学生逻辑能力差，在学生自主设计实验方法时，教师要多加鼓励并正确引导，使其更有条理。
学习难点	学会设计科学探究方案，并能正确动手操作常用的实验仪器和完成探究方案，及时记录整个科学探究过程。

2. 解析单元核心内容

表3-1-5 "科学入门"单元核心内容解析

内容与水平			单元核心内容			
			内容1	内容2	内容3	内容4
			认识科学	实验室活动	基本技能	科学探究
知识与技能	知识	知道(A)	探究活动是科学的主要特征；科学发现、发明与社会发展的关系	实验室的功能和主要仪器名称；实验室活动的基本规范和安全守则	试管、滴管、酒精灯、刻度尺、量筒、电子天平、温度计、停表等实验仪器；质量、程度、体积、温度、时间的单位	科学探究的基本要素
		理解(B)				区分科学探究的相关要素
		应用(C)				

---

① 本案例由风华初科学教研组提供，撰稿人为李丽华。

（续表）

内容与水平			单元核心内容			
			内容1	内容2	内容3	内容4
			认识科学	实验室活动	基本技能	科学探究
知识与技能	技能	初步学会（A）	分辨科学发现和技术发明	紧急、简单处理实验意外事故的方法	根据实验要求选择合适的实验仪器	
		学会（B）			使用电子天平、刻度尺、量筒、温度计和停表测量质量、液体体积、温度和时间的方法；移取与混合液体的方法及酒精灯的使用方法	设计简单的科学探究活动方案,记录或描述科学探究过程
		设计（C）				
过程与方法		经历（A）	通过参与简单的探究活动,对科学探究产生兴趣			
		尝试（B）				
		运用（C）				
情感态度与价值观		体验（A）	科学家求真务实、团队协作、锲而不舍的探究精神	养成良好实验行为习惯的重要性		
		认同（B）				
		形成（C）				善于倾听、乐于分享、团队协作的习惯

3. 撰写单元教学目标

表 3 - 1 - 6　"科学入门"单元教学目标

单元目标描述	学习水平	对应基本要求
了解探究活动是科学的主要特征。	A 知道	1.1
了解科学发现、发明与社会发展的关系。	A 知道	1.1
感受科学家求真务实、团队协作、锲而不舍的探究精神。	A 体验	1.1
能说出常用仪器的名称。	A 知道	1.2
知道实验室活动的基本规范和安全守则，感受养成良好实验行为习惯的重要性。	A 知道 A 体验	1.2
初步学会紧急、简单处理实验意外事故的方法。	A 初步学会	1.3
学会使用电子天平、刻度尺、量筒、温度计和停表测量质量、液体体积、温度和时间的方法。	B 学会	1.3
学会移取与混合液体的方法及酒精灯的使用方法。	B 学会	1.3
知道科学探究的基本要素，能在具体情境中区分科学探究的相关要素。	A 知道 B 理解	1.1 1.4
学会设计简单的科学探究活动方案。	B 学会	1.4
学会记录或描述科学探究过程。	B 学会	1.4
养成善于倾听、乐于分享、团队协作的习惯。	C 形成	1.4

三、纲举目张的单元目标撰写

单元目标是学习结果的预期。当前许多国内外学者在一定程度上达成了这样的共识：单元教学目标的作用应该是预期学习结果，因为最终的学习成效是要通过学生的学习结果呈现的，预期学习结果更有利于教师明确教学的方向。威金斯等人提出的逆向设计中的"逆向"指的就是要首先明确预期学习结果。他们认为，课堂、单元和课程在逻辑上应该从想要达到的学习结果导出，而不是从教师所擅长的教法、教材和活动导出。[①]

---

① ［美］格兰特·威金斯，［美］杰伊·麦克泰格.追求理解的教学设计［M］.2 版.闫寒冰，宋雪莲，赖平，译.上海：华东师范大学出版社，2017：69.

　　所谓预期学习结果,也就是"学完这个单元后,学生能获得什么样的学习成果,形成何种素养"。这一方面告诉我们,预期学习结果一定是以学生为逻辑主语的,可以阐述为"学生学到了什么",而不是"教师教了什么";另一方面,预期学习结果是指"学到了什么",而不是"学了什么"。

　　马杰认为,一个完整的教学目标应该由行为表现、行为条件和行为标准三个要素组成。所以,单元教学目标应该要回答"要求学生做什么""根据什么标准来做""做到什么程度算合格"这样三个问题。

　　具体单元教学目标的制订和具体单元内容有关,表述时则有一些比较通用的词语,因此选取合适的动词也很关键,但课程标准是最为重要的参考。一般来说,课程标准不仅给出了相应的表现动词,还描述了程度。比如,《义务教育语文课程标准(2022 年版)》指出,"能从多角度揣摩、品味经典作品中的重要词句和富有表现力的语言,通过圈点、批注等多种方法呈现对作品中语言、形象、情感、主题的理解"。《义务教育数学课程标准(2022 年版)》指出,"理解有理数的意义,能用数轴上的点表示有理数,能借助数轴体会相反数和绝对值的意义,初步体会数形结合的思想方法"。《义务教育生物学课程标准(2022 年版)》指出,"结合研究结果,运用物质与能量、进化与适应等生命观念,分析生物资源生产或应用等社会性科学议题中有待解决的问题,并作出合理的判断"。

　　格朗伦德与布鲁克哈特指出,教师应该以创造性的眼光来撰写目标,要学会分析、学会拓展,用积极的态度来编写适合自己的教学目标。因为"内容"各不相同,所以这里主要谈谈"表现"的写法。一方面,要使用更准确的动词。比如同样是理解,如果涉及历史的发展,用"梳理"这个动词会更好。另一方面,句式的表达要灵活。比如动词有时还可以用一句话来表示,如"将言语表述转化为数学形式"指的也是"领会"。这也再一次告诉我们,单元教学目标的撰写要尽可能贴合教学需要,准确表达学习的预期结果,而不仅仅拘泥于使用某些特定的字词。

　　单元教学目标的由三部分构成,即内容(学习什么内容)、表现(要做到什么)、程度(达到什么样的要求)。我们通常用名词来陈述内容,用动词来陈述表现,用形容词来陈述程度。因此,可以用一个公式来表示其构成:单元教学目标

＝内容＋表现＋程度。

各学科也可以从课程标准中寻找一些和学科相关的表述，比如"用定义推导出诱导公式""观察光在不同介质中的偏转""尝试续写或改写文学作品"。

在撰写单元目标时，目标的详略程度可以根据需要进行控制和调节。比如在撰写技能目标时，可以详尽地把步骤写出来，从而使目标更加明确，如"能分析具体的任务要求，选定主题并确定合适的说明文类型，搜寻和筛选资料并加以整合，再根据类型采用不同的说明方法正确地加以表达"。这些详尽的步骤也可以体现在过程设计中。

 案例

"资产阶级民主革命与中华民国的建立"单元目标设计①

"资产阶级民主革命与中华民国的建立"单元具体包括四课内容，分别是"革命先行者孙中山""辛亥革命""中华民国的创建""北洋政府的统治与军阀割据"。从教材内容看，本单元上承第一、二单元，下启第四单元"新民主主义革命的开始"，着重围绕孙中山、袁世凯等代表人物及辛亥革命的内容、性质、影响等方面展开，体现了在近代中国救亡图存的时代背景下，资产阶级革命派这一社会阶层的探索及尝试。

依托单元课程内容，对照课程标准和教学基本要求，确定了"从时代特征、社会地位、文化背景、思想认识的视角，解释和评价历史人物"这一课程目标。在课程目标细化为单元教学目标的过程中，我们重点以目标中的行为动词为抓手，进一步细化分层，因而将单元教学目标设计为"初步从时代特征、社会地位、文化背景、思想认识的视角，解释和评价历史人物；从具体国情、世界大势、关键冲突等视角，理解重大历史事件；初步学会运用偶然与必然等常用概念和范畴，对重大历史事件进行归纳与比较，凸显重要特征或历史大势"。

如表3-1-7所示，我们根据单元教学目标和学情分析，设计了本单元的课时划分和课时目标。

---

① 本案例由风华初历史教研组提供，撰稿人为薛怡。

表3-1-7 "资产阶级民主革命与中华民国的建立"单元的课时划分与课时目标

课时	课型	目标
1	新授	从家庭、职业、经历、时代发展、思想认识的角度认识孙中山的思想变化,进而理解其革命探索与实践,并从时代特征、社会作用等视角评价其作用和影响
2	新授	从偶然与必然的视角诠释辛亥革命
3	新授	从时代特征等视角解释和评价历史事件
4	新授	从时代特征、民众观念、文化传统等视角分析袁世凯复辟帝制遭到举国反对最终失败的原因

具体来看每一课时,在"革命先行者孙中山"一课中,我们可以选择孙中山作为代表人物,以他的家庭、职业、经历、时代发展、思想认识的变化作为切入点,理解历史人物的作用与影响。通过教师示范,引导学生从时代特征、社会作用等视角解释和评价历史事件并进行建模,初步培养学生借助史料分析归纳提炼史学思想方法的意识及能力。由于这一课是本单元的第一课,我们在将单元教学目标细化到课时目标的过程中,更偏重于"理解""解释"这两个较为浅显的维度。伴随着课时进程的推进,在本单元的最后一课"北洋政府的统治与军阀割据"中,同样以袁世凯作为贯穿始终的历史人物,串联起这一时期的相关史事,对于厘清本课的脉络线索起到了重要作用。在实际教学中,教师可以围绕这一历史人物,结合从不同类型、不同视角下对于袁世凯进行评价的史料,再次进行史学思想方法的训练。借助教师之前的示范和学生所建立起的史学思想方法的模型,引导学生模仿教师运用史学思维方式,尝试从时代特征、民众思想等视角评价历史人物,从而有效解决新情境下的历史问题,做到从"理解"、"解释"再到"评价"。

总之,研究单元教学目标,能引领学科教学方向,能帮助教师规范教学行为,是科学、系统、规范地落实课程标准的重要策略。研究课时目标和课时安排是细化单元教学目标、落实单元目标的有效保障。紧紧围绕课程标准,研读教材,在单元视角下制订单元教学目标,是进行单元教学的第一步,也是最重要的一步。只有这样,教师采取的教学行为才能始终围绕目标进行。

第二节　如何实现内容重组

传统教学主要是按照教材内容一课时一课时地教，每课时的内容虽然同属于一个单元，但却是相对独立的，会使得学生在每一课时里学到的知识和技能呈现碎片化倾向，无法将知识串联起来且做到融会贯通，对于知识的学习都只是停留在记忆和理解的层面。随着新课程方案、新课标的颁布，学科核心素养成为学校和一线教师关注的重点。核心素养如何落地？新课程方案中的一句话揭示了问题的答案：明确课程内容选什么、选多少，注重与学生经验、社会生活的关联，加强课程内容的内在联系，突出课程内容结构化，探索主题、项目、任务等内容组织形式。

新课标强调，要整合课程内容，推进综合学习，探索大单元教学。在大单元、大概念等的统领下，可以实现教师教得少而学生学得多，是走向"轻负担高质量"的路径。有限的课时与不断增多的知识之间存在矛盾，摈弃细枝末节和烦琐而细碎的知识学习，抓住重点与中心，使学习内容结构化。不能有机联系的知识缺乏生长力；能有机联系的知识不仅便于记忆，更利于学生在旧知的基础上学习新知，当他们遇到新情境与新问题时可以迁移应用，指向学生核心素养培育。

因此，教学改革要打破传统的教学方式，以学科核心素养为指引，在遵循课程重构的目的性、综合性和开放性的原则下，按照学习单元主题所涉及的情境、目标和内容的不同，重构学习单元。

一、重新定义"单元"

单元教学是在学科核心素养的指引下，对单元的学习内容进行系统规划和设计，让学生在知识的重构中形成较为完整的知识体系。在单元教学时，教师要立足对教材的分析，打破知识壁垒，关注板块之间、课时之间和单元之间的联系，实现知识整合教学，强化学生的结构性思维。

单元设计的迭代研究，其原有的界定是：单元是基于一定的目标和主题，将教学内容中具有关联性的要素加以组织的最小的教学单位。华东师范大学的崔允漷教授认为"单元"是指依据统摄中心,按学习的逻辑组织起来的结构化的学习单位,是实现素养目标的一种微型课程计划。

基于目前学校和一线教师的实际情况,我们认为,"单元"是指基于学科核心素养、学生认知规律和学科知识逻辑体系建构的最小的学科教学单位,"单元教学"体现在对学科单元学习内容进行二度开发和整体设计。

例如,语文学科的"单元"类型分为以下三种:一是教材中的阅读写作单元,一般由教读课、自读课和写作课构成;二是教材中的"活动·探究"单元,如八、九年级教材中的新闻、戏剧、演讲、诗;三是重组单元,即把一类文本重组构成单元,如六年级下册的《北京的春节》、七年级上册的《济南的冬天》、八年级上册的《昆明的雨》和课外篇目《端午的鸭蛋》可以组合构成散文单元,用以形成学习散文的阅读路径。

案例

部编版初中语文八年级下册第五单元的阅读与写作解析①

本单元收入四篇各具特色的游记作品,集中在一个单元中,既能突出体现游记的基本特点,又能展现其多样性风貌,这样的编排贯彻了从八年级上册教材主张的"文体学习"的主线,旨在通过对游记这一常见文学体裁的集中学习,帮助学生了解游记这一文体,知道游记的基本要素,掌握阅读游记的一般思路。在这四篇游记中,《壶口瀑布》《在长江源头各拉丹冬》是两篇教读课文,《登勃朗峰》《一滴水经过丽江》是两篇自读课文。根据统编教材对于不同课型的要求,在教读课中,我们要落实语文学科知识,如游记的基本要素等;学习这一文体阅读的基本方法,如阅读游记的一般路径。在自读课的教学过程中,一般不出现新知,它要求学生对教读课中所学习的阅读方法进行迁移、试验及运用,运用已有知识、能力来判别、赏析、评价文本内容和表现形式,逐步提高洞察能力。

虽同为自读篇目,从一篇有旁批、一篇无旁批的编排中不难看出编者对两篇自读课文教学功能的安排是有所不同的。自读课文的旁批及阅读提示是为

---

① 本案例由风华初语文教研组提供,撰稿人为石雨霁。

学生自读文本而搭建的思维支架，学生在这些阅读提示的指引下，试验在教读课中学到的方法，而没有旁批的自读课文更能检验学生自主运用学到的方法进行阅读实践的效果。

文体的特征是这几篇课文的共通之处，是要落实的新知识。四篇课文虽同为游记，但风格迥异，因此在进行单篇教学设计时要抓住这些文本内容的独特性。在这四篇课文中，《壶口瀑布》是一篇采用相对传统写法写成的游记，给学生了解游记基本要素提供了很好的文本资源，这篇课文的教读能带动讲读课文的自主阅读。如果说《壶口瀑布》是教材编者选定的确立规范的典型文本，其他三篇课文则是"变"，各具独特之处，有助于开阔学生视野，引导学生从不同角度了解游记类型多样、写法自由的特点。比如《在长江源头各拉丹冬》游踪详尽，游玩过程中的所感与所见相交融，而且所见之景罕见，生发的情感也是极具主观性。《登勃朗峰》作为初中学段唯一一篇入选教材的外国游记作品，具有鲜明的小说化色彩，有助于学生打破对游记的刻板印象。从对《一滴水经过丽江》的学习中获得的不仅仅是欣赏文学的能力，学生对于丽江的风土人情及历史文化也有了更深入的了解，另外，独特的视角、新颖的构思也是本文的特别之处。

在学习本单元之前，学生们已有学习写景散文的经历，具备阅读写景散文的基本能力。七年级上册第一单元为写景散文单元，预期达成的学习结果是能通过品味语言，概括景物特点，体会景物之美；关注作者抒情、议论的语句，理解景物描写背后所寄寓的情思，知道借景抒情、托物言志等常见手法。这都为游记文体的学习打下了良好的基础，同时也是本单元教学仍要贯彻的内容。但游记虽从属于散文，但想突出或彰显的并不一致，两者的异同点就是学生学习新单元内容的困难之处。

语言的特征即文本的个性，本单元课文的语言也极具特色，比起七年级的写景散文，本单元课文的语言特点更为复杂，常常是集多重风格于一文，并不好"定位"，更难以用一两个词语简单概括。因此，教师要在教学中抓住这一点，纠正学生可能存在的"贴标签"的不良阅读习惯，培养学生细读文本的能力。

此外，作为一个游记单元，本单元与八年级上册第三单元的古代山水游记散文及本学期学习的游记名篇《小石潭记》形成呼应，组合起来，有助于展示古今游记散文的发展变化。

基于以上分析,确定以下单元教学目标:(1)了解游记的特点,梳理游踪,分析写景的角度和方法,了解游记的多样风格;(2)分析积累游记多样化的语言,把握景物的特点,理解作者表达的感悟与思考;(3)丰富见闻,增长知识,开阔眼界;(4)了解游记的写作方法,完成游记写作。

重组单元是指打破教材原有的单元结构,保留课时内容,在不改变教材编排主线的前提下,按照一定的逻辑,将原本不同单元的内容组织在一起,形成一个新的单元。教师从忠实于教材编辑顺序到统整和重构内容,关注学科知识和技能的结构化,由零散走向关联,由浅表走向深入,由远离生活需要走向解决实际问题。下面以历史学科七年级重组单元"文物与江南文化"为例进行具体说明。

 案例

"文物与江南文化"重组单元①

本单元包含中国历史七年级上册第 2 课、第 18 课和中国历史七年级下册第 3 课、第 9 课、第 14 课、第 19 课。本单元各课时所属各自然单元的编排其实都是源自课程标准和史学研究的历史分期,以时序为历史演进的主轴,但这未必等同于覆盖了所有历史知识间的多维联系。因而基于某一特定概念或主题,我们有必要在课程标准所规定的课程内容的基础上,对教科书的教学内容及要求进行重组,将其整合为一个新的单元。

在新单元建构过程中,首先要遵循知识建构的通感通性原则。本单元围绕"中国古代江南地区的开发"这一核心概念,将分散于各课的本体知识内容有序地集合在一起。通过将"猪纹陶钵""南朝青瓷莲花尊""南朝青瓷刻花单柄壶""明代青花扁壶"等一系列能反映江南文化的历史面貌与精神的多项文物作为历史长河中的"点状载体",力求在本单元中汇点成面,揭示江南文化在历史长河中从融合形成到演进发展的这一过程,进而完成本单元的内容主旨。

其次在重构单元的过程中,教师也必须要基于学生认知过程中的生成体验

---

① 本案例由风华初历史教研组提供,撰稿人为梅子杰。

原则进行合理设计。本单元的时空范围聚焦于中国古代的江南地区，距今时间跨度较大，涉及的相关史事较多，内容庞杂。此阶段的初中生也能通过多种便捷的渠道，从海量的史料中获取相关历史信息。以此为契机，在校内开展社团主题展览，更有助于学生整合已有知识展开深入探究，形成结构化的认识和更为明晰的历史线索与脉络。

此外，教师在单元建构的过程中还要关注目标质量的分解渐进原则。依据《义务教育历史课程标准(2022年版)》中的相关表述，本单元需要知道中国古代遗留至今的各类史料是了解和认识中国古代历史的证据，并最终能初步理解中国历史上的江南开发这一重要史事的意义，运用唯物史观做出合理的解释与简要评价。可对七年级学生而言，刚接触历史这门学科不久，对于学科知识的掌握程度和学科关键能力的实际运用还未达到理想预期。想要在这样的学情基础上落实"历史解释"这一核心素养，并同时实现"理解""解释""评价"三个不同维度的目标内容，这并不现实。因而在本单元的教学设计过程中，教师尝试从"物质生产活动是人类生存和人类社会发展的基础"这个角度出发，引导学生初步理解江南文化的发展自然受到经济发展的影响，在此基础上归纳总结江南文化精神内核中精致高雅、兼容并包的特点，最后依托所学知识对"这一区域文化为华夏文明和民族文化的形成与发展所起到的作用和影响"这一主题展开简要探讨。这样的设计思路既考虑到了我校现有的学情状况，也着眼于培养学生历史学科核心素养的需要，循序渐进地促进他们历史思维的发展。

通过以上案例分析可见，内容结构化背景下的教学强调单元学习。以发展学生学科核心素养为追求，运用整体性和系统性思维对单元学习内容进行有逻辑联系的整合和组织，设计相应的情境任务，整合相关的学习资源，让学生在经历和完成学习任务的过程中习得知识和技能，并基于知识和技能的运用发展概念性理解，借助概念的迁移和协同思考发展解决现实问题的能力。

二、开展结构化的学习活动

结构化就是按照一定的结构关系对知识进行排列组合，再渗透到学科的逻辑关系中。强调结构化的目的是把零散、无序、碎片化的想法排列成有序的逻辑组合,这样能更好地提高学习效率,从浅表走向整合,从脱离生活走向真实问题的解决。

单元教学设计是一种结构化的设计。单元结构化不仅是知识和技能的结构化,更是学习活动的结构化,是基于核心素养,在大主题或大概念、大情境、大任务的统领下,整个单元学习活动趋于条理化、纲领化。单元结构化是一种高阶思维的呈现样态,折射的是一种整体层面的、系统科学的认知方式。

单元设计的系统整体规划,具体来看,是以大任务、大情境、大活动开展相关的学习活动,以整体的目标任务为驱动力,促进学生迁移应用,发展学生的学科核心素养。在这背后,一定要立足于课程整体理念和思维来进行单元设计,一个单元就是一个学习事件,是一个完整的动人故事。

单元开发和设计路径中的关键环节就是要根据目标和核心问题设计核心任务。这个任务的完成过程是对概念进行深入理解的过程,也是从概念性理解上落实学习目标的过程。

 案例

"土地和太阳的歌者"专题系列文章推送
——以《艾青诗选》阅读学习活动为例①

"'土地和太阳的歌者'专题系列文章推送"是九年级语文第一学期第一单元的实践性学习活动,属于语文统编教材"名著导读"单元主题学习。在活动中,学生需要综合运用听说读写能力,通过团队分工与合作,完成各项活动任务,锻炼表达能力和思维能力,进而提升审美能力和创造能力。

本单元教学目标为:(1)说明诗歌节奏、句式特点,分析诗歌个性化的语言;(2)体会诗歌的情感,朗读时通过重音、停连、节奏等传达诗人的思想感情;(3)分析借景或借物表达情志的写法。

单元活动目标从属于单元教学目标,由此,确定本单元学习活动目标为:(1)了解艾青的生平,分析艾青的诗歌,了解他不同时期的作品风格;(2)学习诗歌,尝试创作诗歌,筹办诗歌朗诵会;(3)在班级公众号上完成"土地和太阳的歌

---

① 本案例由风华初语文教研组提供,撰稿人为王悦琳。

者"专题系列文章的推送。

通过系列活动设计,完成《艾青诗选》整本书阅读的学习。在学习过程中,借助小组合作,完成撰写艾青的简历及大事件、制作《艾青诗选》的读书卡片、绘制思维导图、创作诗歌、举办诗歌朗诵会等各项活动。最后通过交流,修改完善创作的诗歌和文章。活动的流程将从以下三方面展开。

1. 准备阶段:学生分组,完成小组成员分工,分配任务。

2. 实施阶段:各小组查阅资料,撰写诗人的简历或大事记;学习艾青的代表诗歌,制作相关读书卡片;了解艾青的诗歌风格,完成思维导图;创作诗歌,举办班级诗歌朗诵会;交流成果,整合内容,制作推送文章。

3. 反思阶段:各小组将开展自评与互评,并思考从本单元学习活动中取得的收获与反映出的不足,从而检验活动成效。

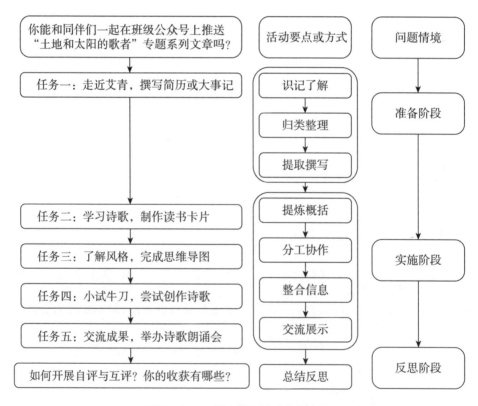

图 3-2-1　单元学习活动实施流程

依据语文学科特性,以上单元学习活动流程由三个要素构成——活动任务的设定、活动要求或方式、活动阶段。首先,流程图中的五个任务构成了实践性学习活动的学习路径。在教师的引导下,学生围绕"问题形成"与"问题解决",通过分工合作,共同在班级公众号上完成"土地和太阳的歌者"专题系列文章的推送。其次,"活动要求或方式"是学生在完成各项学习任务时所要采用的方式,其背后指向的是"语言的建构与运用""思维的发展与提升""审美的鉴赏与创造""文化的传承与理解"四大学科核心素养。

"'土地和太阳的歌者'专题系列文章推送"单元学习活动的每一个环节设计,都基于明确的学习活动目标。同时,几个活动环节的设计有先后顺序,逐步递进地完成了三个目标。明晰的目标设定,让每一个活动环节都能稳步推进,让学生能扎实地在每个环节有所收获。

在设计单元学习任务和活动时,要从"先记住知识再提高能力"转向"在解决问题中获得知识、发展能力"。在学习过程中,学生获取知识、加深理解和迁移应用是交叉进行的——在理解中尝试应用,在应用中加深理解,建构新的认知。教师要研究如何选择好的情境及设计与学习内容相符的学习任务。好的情境能吸引学生主动学习,引起学生的认知冲突,帮助学生形成正确的认知方法。从实践来看,把"知识内容"转化成"学习任务"是难点,也是教师具有扎实教学基本功的重要体现。

三、实施跨学科单元教学

单元内容结构化不仅仅局限于本学科,囿于学校时空内,而应采取综合化、实践化的积极策略。目前的学科教学大多还是分科设置的,但不能因为分科设置就理所当然地认为所有学科之间没有任何联系。学生的生活是整合、统一的,所以我们要整合不同学科,开展主题学习,让学生能体会到所有学科是关联的,这是建立学科间普遍联系的重要手段之一。随着研究的深入和对新课标的学习,我们也对跨学科单元做了进一步的尝试。下面来看一个跨学科单元主题活动设计的案例。

案例

八年级"意外伤害与急救"跨学科单元主题活动设计①

本单元主题活动是基于沪教版生命科学中"意外伤害与急救"的教学内容，该活动的设计具有鲜明的跨学科特征，既有初中生物学知识的应用和拓展延伸，又与地理学科的地图知识、识图和绘图技能相结合，还融入艺术美化、模型制作等技能。

该单元主题活动设计也基于学生解决实际问题的需要。学生已学习并体验了心肺复苏(CPR)的主要过程，也了解了实施CPR的同时配合自动体外除颤仪(AED)的使用可以大大提高患者的救治成功率。在与急救相关的热点话题和社会新闻中，我们常能看到有关AED的报道和讨论。但是，学生普遍表示："听说过AED却没有见过AED。"学生很容易联想到以下问题：如果突发意外，我在哪里能找到AED？我生活的场所周围有多少AED？此外，上海近年来正在逐步推进在公共场所投放和配置AED。怎样合理分布、配置以达到尽可能高的使用效力，值得探索。

该单元主题活动目标为：(1)了解AED的作用和将其安置在公共场所成为公用急救设备的意义；(2)查找AED的配置标准文献，提升资料收集、信息提取和处理能力；(3)搜寻某地AED的分布情况并绘制地图，锻炼读图、制图能力；(4)对某地周边AED的配置情况进行评估和改进，乐于用所学知识解决实际生活中的问题，提升问题分析和质疑能力、结论阐释和创新能力；(5)加深对生命安全和健康的理解，增强社会责任感。

我们借助以下问题启发学生：如果突发意外，你知道在哪里能找到AED吗？周围有多少AED？哪个AED又离你最近呢？

该单元学习活动描述如下：选择一个特定场所(如：家附近、学校附近、某地铁站、某商场周边、某公园、某旅游景点……)，调查并绘制一幅该场所及周边地区的AED分布地图，并尝试对AED配置的数量、分布合理性进行评估和改进。

---

① 本案例由风华初生命科学教研组提供，撰稿人为俞佳妮。

　　我们对本单元学习活动流程与方法指导进行了如下设计：查找文献资料，了解 AED 的作用和将其安置在公共场所成为公用急救设备的意义；了解 AED 配置的一般标准。通过多种渠道（网络、小程序、导航软件等）搜索某特定场所及周边地区的 AED 分布情况，绘制该场所附近的 AED 分布地图（至少覆盖方圆 2 km 半径的范围）。分析、思考该场所附近的 AED 分布是否合理，在地图上提出相应的建议（比如：所关注的特定场所及周边地区是否有配备 AED？ AED 的数量、密度分布情况如何？ 哪里必须配备 AED？ 在图上标出你认为必须配备 AED 的地方，并说明理由）。可采用多种形式制作地图，如手绘、电脑建模、模型制作等。

　　为了完成该单元主题活动，学生可实地走访研究，也可通过网络资源分析研究。学生可选择自己感兴趣的特定研究场所，也可选择能胜任的方法制作地图，有助于激发自主性和灵活性。本单元活动涉及多个学科，需要学生综合运用所学知识和技能解决问题，是很好的探究课题，有助于引导学生关注社会、医疗健康事业的发展，这在一定程度上提升了学生的自我救护能力和相关意识，体现了主题活动的综合性和实践性。

　　从以上案例可知，单元教学是落实核心素养的有效路径。核心素养的落实需要较大的主题或项目。这容易让人见到整体，形成观念，有利于学生开展深度学习。对核心问题的持久思考与核心任务的深度探究，都决定了教学过程要从课时走向单元。单元教学不是教材章节的机械合并，不是学科知识点的简单整合，而是以落实核心素养为目标，以解决问题为中心，实现学生深度学习的学习单元。在重构后的单元教学设计中，单元核心活动要紧扣单元教学目标，核心任务应立足真实情境进行设计，且应贯穿学习全过程。核心任务可以通过多个子任务不断进阶，因为核心任务是实现教学目标的证据，具有综合性和挑战性，子任务是完成核心任务的关键节点。

　　总之，单元教学以有结构地教促进有目标、有结构、有关联地学。将单元知识系统化，便于学生认知。教师应在充分了解学生知识基础和能力水平的基础上，站在整体化、系统化的高度组织教学，完善和发展学生的认知结构，促进学生在掌握知识的同时融会贯通，形成较完善的认知结构和思维结构。

第三节　从"好累"到"不累"的作业

作业是教学中不可忽视的关键环节。作业不仅是学生课后巩固课堂知识的方式，还是学生多样化认知观念的展现，更是教师诊断和促进学生学习的评估手段。实际上，作业过程是从有教师指导的课堂教学过渡到没有教师指导的学生自主学习的过程。作业对提升学生学业质量、诊断改进教学、发展学生素养等至关重要。

为什么学生会觉得做作业累？我们发现，学生对于作业的消极情感体验涉及"作业多""作业难"这样的表层理由，但更多的是因为作业没意思，这说明学生并非简单地以作业数量及难易程度来确定喜好，而是对于作业内容本身有"质"的要求。

"双减"政策中明确提出，"发挥作业诊断、巩固、学情分析等功能，将作业设计纳入教研体系，系统设计符合年龄特点和学习规律、体现素质教育导向的基础性作业"。因此，教师如何设计与实施体现核心素养导向的作业，不仅是义务教育课程标准颁布后的难点所在，也是落实"双减"政策的关键所在。

以单元为单位整体设计作业，有助于避免以课时为单位的零散、孤立、割裂等现象，也有助于知识的结构化和问题解决的综合化，还有助于核心素养的落实。

首先，单元作业需要设计体现核心素养要求的单元作业目标，单元作业目标切忌罗列碎片化的知识点。其次，基于单元作业目标，结合课时安排，通过选编、改编和创编等形式整体设计该单元的所有作业。单元作业设计需要关注科学性、作业类型、作业难度、作业时间、作业结构等关键要素。最后，确保相关作业题的设计能体现情境性、综合性、开放性等特征。情境既是培养学生核心素养的策略之一，也是检测学生素养水平的重要手段之一。

一、数量减下来，质量提上去

要想减少低效、重复、机械的作业，就必须改变耗时长、容量大的僵化作业训练。"双减"提出要减作业,不过它减的是"过重的作业负担",即并不是不要有学业负担和作业,而是"过重的作业负担"不合适。这意味着控制学生作业量远远不够,质才是重中之重。什么样的作业才称得上是高质量的?单纯设计出几道好题目,不能称之为高质量作业体系。教师要从过去单一评价作业的经验主义中走出来,努力设计出能提升学生核心素养和全面发展学生能力的作业。

如果作业设计得当,学生可以在有限时间内完成针对性更强的作业,达到巩固学业所需、提升学科核心素养的目标。化学教研组依据《上海市初中化学高质量校本作业体系设计与实施指南》,进一步审视和反思作业设计的繁难偏旧和作业实施的固化机械等问题,开展了"减量—提质—优化"的作业研究行动,对学校化学个性化作业进行了修改,努力做到"减量不减质"。

案例

九年级化学学科"碱的复习"课时作业设计①

要设计一份好的作业,首先需要从单元教学的角度统筹分析,整体把握单元教学要求,在分析课程标准和教材的基础上,将单元教学目标合理分解至每一课时,并预设好题目数量、难易程度、完成时间等要素,避免随意把相关习题拼凑成一份作业的现象。比如在编写"碱的复习"课时作业时,教师根据单元作业属性总表,研制了一份课时作业属性表(见表3-3-1),对本课时作业内容进行了预设。

表3-3-1　"碱的复习"课时作业属性表

课时作业目标	学习水平	预设作业数量	预设作业难度	预估作业时间
1. 知道氢氧化钠和氢氧化钙的物理性质和俗名	知道	2	容易	1分钟

---

① 本案例由风华初化学教研组提供,撰稿人为谢志雄。

（续表）

课时作业目标	学习水平	预设作业数量	预设作业难度	预估作业时间
2. 理解碱的化学性质并据此解决除杂、鉴别、检验等常见化学问题	理解	6—8	中等	5—8分钟
3. 能收集证据,证明氢氧化钠溶液能与二氧化碳发生反应	掌握	2	中等	5—8分钟
4. 知道常见碱的用途	知道	2	容易	1分钟

　　确立好课时作业属性表之后,还要对"碱的复习"课时作业中每个题目进行作业目标分析。不符合目标的作业直接删除;有的题目涉及较多非本节课重点内容的知识点,则对这部分题目进行修改;有的题目对某个知识点的要求过高,则对题目进行删减或修改,适当降低难度;有的题目是简单的背诵和记忆,则把这些题目进行整合;同时,新编一些动手类、实践类作业,凸显化学学科特征。

　　首先,对照作业属性表,分析原作业,发现很多作业目标不适切,都是考查酸碱盐的综合知识,超出了本节课的要求,还有很多题目考查的知识点重复,这些都会加重学生的作业负担,需要删除。

表3-3-2　作业删除说明

原题	删除理由
15. 氢气中混有少量 H_2O 和 CO_2,要想得到纯净氢气,可使混合气体依次通过(　　) A. 氢氧化钠溶液、浓硫酸 B. 浓硫酸、氢氧化钠溶液 C. 浓硫酸、澄清石灰水 D. 澄清石灰水、氯化钠溶液	本题考查的主要是除去二氧化碳和水蒸气的先后顺序问题,而不是考查氢氧化钠与二氧化碳的反应,所以本题可删去。这道题可以放在"气体检验与除杂"专题复习中

　　其次,对照作业属性表,发现有的题目基本符合作业目标,但其中部分选项或者问题超过课标要求,需要删减;有的题目难度过大,需要修改以降低难度;有的题目表述比较烦琐,需要精简题干等。

表 3-3-3　作业调整说明

原题	新题	调整理由
19. 只用一种试剂就可以把盐酸、氢氧化钠溶液、澄清石灰水区分开来,该试剂是(　) A. 二氧化碳 B. 碳酸钠溶液 C. 石蕊溶液 D. 氯化钡溶液	19. 只用一种试剂就可以把氢氧化钠溶液、澄清石灰水区分开来,该试剂是(　) A. 盐酸 B. 碳酸钠溶液 C. 无色酚酞 D. 硫酸铜溶液	本题是通过鉴别的形式考查氢氧化钠和氢氧化钙的相关性质,是符合作业目标的,但原题干中还要鉴别盐酸,就有点多余,所以对本题题干进行修改,把盐酸删去,只鉴别氢氧化钠和氢氧化钙即可,同时选项也要随之修改

再次,原作业中有三道题目都是考查氢氧化钠溶液与二氧化碳的反应,这个知识点是本节课的重点内容,需要重点考查,但三道题目的考查内容还不是很完整,所以把这三道题整合成一道题目,并把如何验证氢氧化钠溶液与二氧化碳反应作为主线来设计问题,全面考查整个实验过程,让学生通过完成这道题目再把这个知识点完整复习回顾一下。

最后,原作业中没有实践操作类作业,不能很好地体现化学学科特征,因此重新设计了一个关于食品干燥剂的家庭小实验,要求学生调查海苔或雪饼等零食中的食品干燥剂的成分,并进行实验。同时,记录实验药品的质量或体积及其发生的现象和变化。

通过删除、修改、合并、新编等方法,对原作业进行了较大程度的修改,改动后的作业用时约 20 分钟,实现了作业量减半但作业效果不减的要求。

作业减量提质的精髓就是精准,在作业设计阶段,根据作业属性表的要求,精准地选择合适的题目编选作业,避免题海战术,既减轻了学生过重的学业负担,又让学生高效地巩固了所学知识,提升了学生的核心素养,从而达到减量不减质的目标。

二、向单一的作业说"不"

首先,整体统筹规划。结构决定功能,作业功能的发挥,往往是系统、累积效应的体现，因此作业结构非常重要。作业结构反映了作业目标、内容、难度、类型、能力、时间等方面的整体分布情况。下面以牛津上海版初中英语七年级第二学期"Writing a travel guide"单元作业设计为例，进一步说明优化单元作业结构的重要性。

 案例

"Writing a travel guide"单元作业设计[①]

本单元作业基于单元作业题目属性表，其中4个新授课作业及1个复习课作业紧扣单元作业目标，作业要求明确，题型丰富。作业学习水平分布合理，包含较多指向"理解"水平的作业，减轻了简单重复的机械操练。例如，学生通过读地图填写景点位置的方式，理解"in the centre/south of..."等方位短语的用法，避免了机械操练。

本单元作业设计涵盖了三个板块——Pack my suitcase，Set sail，Go sailing，基于"旅游"的单元主题语境，希望学生在完成作业的同时也能在知识和文化中扬帆远航。板块设定契合"双减"的层次性原则，符合新课标教学建议中的学习理解、应用实践、迁移创新等学习活动的要求，由浅入深、螺旋式地提升学生的能力。以第4课时为例，"Pack my suitcase"板块要求学生梳理和整合if引导的条件状语从句这一知识点，"Set sail"板块要求学生运用if引导的条件状语从句介绍景点，"Go sailing"板块引导学生运用本单元旅游主题背景下已有的语言知识和技能制作景点介绍海报，三个板块体现了对学生学习水平的增进要求。

本单元的作业设计具备一定的开放性和选择性。例如，作业中包含引导学生对地图上的景点进行分类及引导学生结合背景知识以表达个性化的旅游建议。此类作业答案并不唯一，具有开放性。单元作业中包含要求学生利用图书馆网络等资源查找上海景点的相关信息，并给出合理的推荐理由。考虑到此作业在内容上从课内过渡到课外，信息搜索时长因人而异，因此设置为选做作业

---

① 本案例由风华初英语教研组提供，撰稿人为高慧敏、包思嘉、徐雯斐、薛蕴章、晏凤羽、丁文丽。

以控制作业时长,满足学生的个性化需求。

其次,丰富作业类型。高质量作业既包括必要的日常性抄写背诵类作业,也包括体现核心素养要求的书面练习,还包括一定数量比例的跨学科作业、长周期作业、综合实践类作业等。单元作业应该是有助于促进核心素养发展的各种类型作业的结构化组合,而不是单一作业类型的"一统天下"。

以物理学科为例,初中生正处于从形象思维向抽象逻辑思维的过渡阶段,对新奇的物理现象有着强烈的好奇心,喜欢自己动手进行实验制作。因此,可以设计一些运用物理知识进行实验制作的作业。该类作业设计的基本原则如下:内容和要求能体现动手实践、解决问题等能力目标;作业素材贴近学生生活,所需材料容易获取;内容科学,任务层次分明,设计关键点的记录要求。作业指向解决生活中的实际问题,使学生在完成作业的过程中加深对物理概念、规律的理解,并以期能发展学生的物理实践能力。下面以物理学科"浮力"单元的长周期作业设计为例,具体阐明在设计过程中的思考。

 案例

物理学科"浮力"单元的长周期作业设计①

该作业是学生学完"浮力"单元知识后的长时作业——自制简易密度计。通过小组讨论设计出方案,并在讨论方案的过程中对自己的方案进行优化。学生在自选实验器材、设计实验方案的过程中,能用文字、公式、简图等形式对实验过程和结果进行描述和解释;能对实验过程和结果进行评估,提出改进的设想。通过分析密度计上刻度线的特点,检测刻度误差。利用密度计无论漂浮在哪一种液体中,密度计所受的浮力等于密度计的重力,也就是用漂浮条件来测量液体的密度,进一步理解阿基米德原理,感受物理研究中分析、体验、验证等方法,并在完成作业的过程中激发兴趣,养成善于思考、乐于实践的学习习惯,积极关注物理与生活、社会的紧密联系。该作业的核心任务及任务分解如

① 本案例由风华初物理教研组提供,撰稿人为张娇娇。

表3-3-4所示。

表3-3-4 "自制简易密度计"的核心任务与任务分解

核心任务	任务分解
夏天喝不同冷饮时，冰块有时漂浮在冷饮中，有时会沉底。如何制作一支密度计，测量生活中常见液体的密度	如何使吸管在液体中竖直漂浮
	如何在密度计上标明液体密度的刻度
	如何将刻度标在吸管上
	如何检查密度计上所标刻度的误差（饱和食盐水自测密度等）
	如何通过改进使得测量结果更精确

各小组完成初步制作后，可进行组间交流，引导学生检查密度计上所标刻度的误差并进行分析。先利用天平和量筒测出饱和食盐水的密度，这样测出来的密度基本准确，再用制作的简易密度计测量饱和食盐水的密度，与之前所测得的密度值进行对比，看看误差有多大。如果误差不大或者几乎没有误差，就可以用该密度计测量其他未知液体的密度；如果误差较大，就要分析原因，如"密封效果是否不好？是否有水进入密度计中？是否是纸条的位置发生了改变？"，找到原因并进行改进。学生通过交流实验所获得的数据，找出实验中的不足之处，进一步完善实验方案，提升收集证据和表达交流的能力。

完成测量后，可通过问题链的方式，进一步引导学生进行交流和讨论。比如：为什么刻度不均匀？刻度具有怎样的特点？哪种密度计更精确？基于讨论结果，对密度计进行优化。

该作业设计建立在真实的情境下，关注生活，生发有意义的学习。通过自选器材，对实验的过程进行论证与反思，利用媒体手段交流展示作业成果，在解决问题的过程中培养和提高了设计与操作、证据与论证、表达与交流等各项关键能力，进一步巩固本单元所学的内容，重温学习中用到的研究方法。这种习得在大脑中可以留下深刻的记忆，不容易被遗忘。

每个学生对学习有各自的体验和经验，这些体验和经验可能相似，但也带有自身的特色。应该尊重学生的差异，让学生根据自己的实际情况完成作业，将体验中得到的各种感受应用于广泛的分析思维和研究中,使感受和理论结合得更完整,从而提高探究分析思维的能力,掌握分析问题的方法,为解决复杂多变的物理问题打下坚实的基础。

长周期作业应该让学生感受到"很吸引我""很值得为此付出努力",其实施过程中的各个环节应是层层递进、引人入胜的。我们可以将长周期作业组成一条"链",让学生体会到知识的系统性,而不是"东一榔头,西一棒子"。

跨学科、长周期的作业类型要适量、适度和有效,不能"为跨而跨""为长而长",不能流于形式和走过场。学校积极引导教师关注高质量作业体系建设,借助校本作业研修,探索新题创生,丰富作业类型。例如,在"好好作业"平台嵌入实践模块,旨在培育创新精神与实践能力。如语文教研组将枯燥的背默作业转化为有趣生动的九宫格作业,帮助学生积累作文素材。科学教研组设计了一些动手制作的作业,如平衡鸟、简易温度计等。英语和历史教研组将作业与学科月活动结合,开展了"享悦思维风华说(Fenghua Talk)"和"讴歌劳动者,赞美'最可爱的人'"系列活动,其中思维导图、海报设计、团队演讲、影视剧配音等丰富多彩的作业吸引学生踊跃参加,激发学生的创新思维,提升学生的综合素养。

三、如何创设作业的情境

《关于加强初中学业水平考试命题工作的意见》指出,"增强情境创设的真实性、典型性和适切性","提高试题情境设计水平",这给单元作业设计及评价提供了一个很好的思路和方向。相较于过去注重知识记忆的作业,情境化作业对学生能力的检测更为全面精准。这就要求教师在单元教学中要注重情境创设。因此,落实情境教学,提高作业设计质量,帮助学生提升思维,培养解决实际问题的能力至关重要。

作业最好不要是纯学科作业,它应该是包裹在情境中的学科作业。一旦作业包裹在情境中,而且这个情境又和学生直接相关,学生肯定觉得更有趣。通过情境创设,将真实问题置于学生个人体验、社会生活和学科认知的各类情境中,让学生在完成典型任务的过程中综合运用所学知识和技能解决现实中的问题或模拟现实中的问题。

如果一个人习得了一些东西，这些东西就会被内化，人们就期望能在任何适宜的场合运用它们。因此，如果我们希望学生学到有用的知识和技能，具备一些重要品格与关键能力，就要关心学生应该在哪些情境和何种任务中展现核心素养，在作业设计中创设合适的情境和任务，以激发他们用核心素养应对问题的行为。情境创设得好不好，任务设计得是否有效，归根结底要看它们是否激活、强化了学生在情境中运用特定核心素养和具体目标行为解决问题的能力。

 案例

关于"对于个人所得税，你知道多少？"的作业设计①

同学们，你听说过个人所得税吗？你又了解多少呢？

依法纳税是公民应尽的义务。我国相关条例规定：

（1）全月应纳税所得额＝综合所得－5000元基本减除费用－"三险一金"等专项扣除－依法确定的其他扣除－专项附加扣除

（2）应缴个人所得税额＝全月应纳税所得额×税率（分级计算税率）

分级税率（个税免征额5000元）如表3-3-5所示。

表3-3-5 个人所得税额的分级税率

级数	全月应纳税所得额(含税)	税率
1	不超过3000元	3％
2	超过3000元至12000元	10％
3	超过12000元至25000元	20％
4	超过25000元至35000元	25％
5	超过35000元至55000元	30％

---

① 本案例由凤华初数学教研组提供，撰稿人为吴海燕。

（续表）

级数	全月应纳税所得额(含税)	税率
6	超过 55000 元至 80000 元	35%
7	超过 80000 元	45%

依税法规定可知：小明爸爸每月的基本减除费用 5000 元，除此之外，其他所有需要扣除项目共计 6000 元。

（1）如果小明爸爸 2019 年 9 月的综合所得收入是 18000 元，那么他本月应依法纳税多少元？

（2）如果小明爸爸某月依法纳税 345 元，那么他该月综合所得收入应是多少元？

请各小组的成员继续思考并完成以下问题：关于缴纳个人所得税的超额累进税率，你了解吗？个人缴纳了所得税有什么作用？个人所得税对国家和社会有什么意义与作用？

以小组为单位，设计一份电子小报，并选派代表录制视频，交流对于以上三个问题的理解及题目的说题思路。

该作业源自六年级第二学期数学练习册的第六章复习题，经过改编和加工设计了实践型作业任务。通过小组合作查阅资料，学生进一步理解采用超额累进税率计算个人所得税的数学模型，同时感受到了缴纳个人所得税对于个人、社会、国家的意义与作用。

以上案例说明，增加作业的情境性能提高作业的趣味性，有助于激发学生的好奇心和兴趣，为有效学习创造了有利的心理条件。纯粹指向知识与技能的作业属于机械学习，学生通常提不起兴趣。如果将作业与生动、新奇的情境联系起来，任务的趣味性和吸引力会大大增加，学习就会转变成有意义的学习，学生做作业的兴趣会提高，主动性也会增强。

传统作业多指向零散、割裂、碎片化的知识，所引发的认知活动通常只停留在记忆水平，没有激活学生的高阶思维与深度学习。作业一旦嵌入真实情境，因为情境是鲜活、动态和复杂的，完成作业通常需要激活目标以外的知识，也就使知识整合与综合学习成为可能。将学科知识点与课外知识、广阔的生产生活实践相结合，引导学生从"走近"生活到"走进"生活，调动所有的知识、观念与经验去分析问题和解决问题。这是最广泛意义上的综合性学习，是最高水平的综合，它使纯粹的知识学习转变成综合实践活动，使学习不再局限于教材与学校，由"教材世界""教育世界""科学世界"转向真实的"生活世界"。这样，作业引发的学习更真实、有用，也更有深度。以初中物理"电阻原理"学习为例，课后作业让学生思考、探究教室里的电风扇如何调节风力大小及如何运用电阻原理，或者让学生思考并动手试一试将家里的普通台灯改装成可以调节灯光明暗程度的台灯。有了这样的联系，学生不再是简单背诵或机械练习有关的物理知识，他们的主体性和创造性也得到了更大程度上的调动。

作业不仅意味着课堂任务的完成，还涉及与家庭社区交互的活动，因此要将学校作业与学生真实生活联系起来。[①] 要想让学生喜欢做作业，就要深入研究他们的学习习惯、兴趣爱好，并结合新课标设计出让学生乐于接受、感兴趣的作业。

 案例

地理学科七年级作业设计[②]

作业目标：了解上海的行政区划，能在地图上确定学校的位置，通过旅游路线设计，了解上海知名景点及其位置，能通过查阅资料，感受上海的旅游文化，丰富地理学习经历，感受城市让生活更美好，培育乡土情怀。

作业内容：上海"精彩每一天"旅游路线设计

两人一组选择一个主题或自定主题设计两日游路线（一人着重收集资料，一人着重打印设计）。

步骤一：根据主题选择场馆并查找相关资料，将景点图片贴在政区图对应

---

① 方臻，夏雪梅.作业设计：基于学生心理机制的学习反馈[M].北京：教育科学出版社，2014：175.
② 本案例由风华初地理教研组提供，撰稿人为盛晨玙。

位置;步骤二:利用电子地图查找合适的路线与交通方式,安排出行时间;步骤三:汇总资料,设计两日游具体行程及宣传词。

表3-3-6 上海"精彩每一天"旅游路线设计

人名	主题	出发地	必去景点
小岬	初心之地·红色之城	静安寺	中共一大会址
小忆	红色精神·薪火相传	徐家汇	龙华烈士陵园
小炳	百年风华·上海浦东	陆家嘴	环球金融中心
小叮	_____	风华初	_____

背景介绍:上海没有雄伟的名山大川,也没有世界级的历史遗迹,但是前往上海的游客数量仍然连年攀升,上海正以它独有的风韵吸引着无数的中外游客。繁华的商业街市、海派特色的民俗风情、欢乐的节庆活动、现代化的工业及都市农业,共同构成了上海的都市旅游景观。同学们都到过上海的哪些角落?请你们将它们连起来,设计一条属于你的特色旅游路线,为上海的旅游文化添砖加瓦。

以上案例说明,情境创设可以增加作业的实践性,有利于提高学生的解决问题能力。有真实情境与无情境嵌套的作业,在激发学生参与活动的积极性和培养学生核心素养上存在很大不同。依托真实情境的作业通常将解决问题的条件隐含在实践中,需要学生在分析问题性质的基础上识别工具与条件,激活已学知识,必要时还须整合更多知识——包括跨学科的知识甚至教材中没有学习的知识,探寻解决问题的办法,从而提高解决问题能力。相反,脱离情境的作业,主要涉及孤立的知识和机械的技能。当学生走进真实世界时,未必就能将知识迁移到现实生活,也未必能解决真实情境中的问题。教师想知道学生学到的知识是不是活知识,能否在合适的场景中解决问题,就应该关心他们运用所学知识的那些情境,将作业任务嵌套在这些情境中。在作业设计中加强情境性,可以准确反映学生的解决问题能力,为教学反思与改进提供有用信息。

四、让思维活起来

作业在帮助学生提升思维品质的重要性上不言而喻。如果作业以"抄写、背诵、题型训练"为主要形式，就会缺乏趣味性、创新性、实践性，不利于学生思维品质的发展。

不断精心地优化作业的设计，使作业除了达到知识和技能的操练和实践运用的功能外，也要对培养学生的思维品质产生一定的助力。教师要从学生的具体学情入手，在作业设计过程中关注学生的思维进阶过程，设计多元作业形式，逐步提升学生的思维品质。

要关注学生思维品质的培养，让他们在完成作业的同时有个性化表达的机会，有创造快乐及体验成功的喜悦。因此，教师要开发能形成真实思维的作业资源。例如引导学生学会运用报纸、网络等资源收集、查找、发布信息，在作业设计时尽可能设计趋于"真实"的作业内容和任务。从学生的生活实际出发，让他们通过不同的方式创造性地运用所学知识去解决问题，促使学生灵活调用已有的生活经验和知识储备。

以"Writing a travel guide"单元为例，本单元作业设计聚焦于学生逻辑思维与创新思维的培养。例如，第 3 课时作业中的第 5 题要求学生根据语篇内容，提炼至少两个上海海昌海洋公园的特色。该题需要学生对文本信息进行提取、整理和概括。第 3 课时作业中的第 4 题要求学生对白马咖啡馆的句子进行排序，并说明理由。该题需要学生发现段落中事件的发展与变化，辨识信息之间的相关性，以此来判断句子之间的逻辑关系。第 5 课时作业中的第 3 题要求学生根据 Alice 的旅游需求，分析、判断她是否满意旅行社提供的旅游套餐，并说明理由。这些作业均指向对学生逻辑思维的培养。单元复习课时作业中的第 4 题作为第 3 题的延伸与拓展，要求学生基于游客需求，整合作业中所提供的语篇信息和自主搜索到的景点信息，创造性地给出旅游建议。该作业指向对学生创新思维的培养。

基于对学生作业难点的预设，设计者为学生搭建了支架。例如，在第 3 课时第 3 题的前两段景点介绍中，以标签的形式标注景点特色作为示范，既为学生提供了思维路径，又不完全限制学生的个性化思考；复习课时第 3 题的问题引导学生提供旅游建议时关注游客需求，培养对象意识，为复习课时第 4 题的写作任务作铺垫。

此外，本作业设计在逐步进阶中提高学生思维品质。例如，第 4 课时第 3 题的 mini-project 作为写作教学的拓展，要求学生推荐一个自己去过的城市，并详细介绍两个景点，制作一份海报。学生在制作海报前，要读懂制作流程，并按照步骤进行制作；在查阅景点特色时，要关注景点的历史文化背景；在介绍景点时，要综合运用本单元的核心词汇和句型及景点介绍的写作技巧。以上过程可以引导学生在理解、应用中发展低阶思维。学生在分享展示时，通过现场问答积极参与互动，通过"手动点赞"和"评论区"进行互评。在做作业的过程中，学生可借助"教师信箱"进行自我管理并提出困惑。在以上过程中，可以引导学生在分析、质疑和评价中发展高阶思维。

从以上案例可以看出，教师在作业设计的过程中要综合考虑知识、技能、思维、核心素养这些元素，使单元作业形成一个相互连接、环环相扣、层层递进、由浅入深的逻辑结构。同时，也要注重逻辑结构的建构，逻辑结构建构得越合理、越紧密，学生的高阶思维就会发展得越好。

五、融通做题、做事、做人

随着新课标的颁布，我们更加明确了要通过作业引导学生从"解题"到"解决问题"，从"做题"到"做事、做人"，这就意味着传统的机械刷题已经成为过去时，如何培养学生的解决问题能力才是我们要研究的方向。同时，随着人工智能时代的来临，学习无处不在，早就超越了学校时空的界限，作业延伸到学生的校外生活已经成为无法阻挡的时代趋势。

学校设计劳育、美育相结合的实践作业，以生活实践为纽带，认识、分析和解决现实问题，通过作业，让学生经历劳动实践过程，丰富劳动经验，树立正确的劳动观，同时感受艺术的美。

以七年级"文化之旅——八音盒珍品陈列馆的奇妙"为例，该作业要求学生担任上海八音盒珍品陈列馆的志愿讲解员，依照图 3-3-1 中的步骤，完整体验讲解员的劳动过程。通过参与培训、为游客讲解、操作八音盒等劳动项目，初步了解八音盒的工作原理，体会八音盒工业与艺术的融合美；经历讲解员的劳动实践过程，丰富劳动经验，树立正确的劳动观；通过对不同时期、不同类型八音盒的鉴赏，从历史、文化、经济等不同角度撰写和丰富讲解词，创新讲解方式，提升劳动品质。

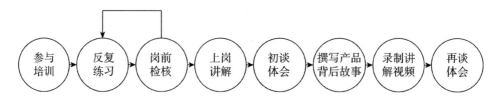

图 3-3-1 "文化之旅——八音盒珍品陈列馆的奇妙"活动步骤

以上几个步骤的设计遵循初中生的身心发展特点，引导学生从观察入手，感知劳动者的工作内容和状态，适时表达对岗位劳动的看法。然后，通过模拟讲解员真实的工作情境，围绕2—3件展品开展讲解员培训工作，场馆工作人员将从语言表达、语音语调、肢体动作、岗位规范四方面对志愿者进行岗前检核，学生要操作八音盒，通过组装简单的八音盒等环节，深入学习八音盒的工作原理，通过考核后方可正式成为一名志愿讲解员。

 案例

"文化之旅——八音盒珍品陈列馆的奇妙"作业设计①

一、活动前

1. 根据生活观察，猜想你作为八音盒珍品陈列馆志愿讲解员的工作内容是什么。

_____

2. 你认为一名优秀的八音盒珍品陈列馆志愿讲解员需要具备哪些素养？

_____

_____

———————————

① 本案例由风华初学生发展中心提供，撰稿人为姚程琳、洪波。

二、活动中

1. 观察与探究

▷ 培训笔记

展品名称：_____

展品介绍：_____

讲解动作：_____

注意事项：_____

▷ 探究八音盒的发声原理

八音盒靠什么来控制旋律：_____；

为什么看起来一样的音条发出的声音是不同的：

_____

纸带手摇八音盒的工作原理：_____；

_____

2. 觅美与实践

▷ 你一共练习了_____次，大约练习了_____（填时间）

▷ 通过练习做到了_____

▷ 你的岗前检核结果是：通过/不通过

▷ 正式上岗那天，共讲解了_____遍，大约接待了_____位游客

▷ 你最满意的是_____

▷ 你是否有紧张、忘词、被游客问倒的情况？ 你是如何解决的？

_____

_____

▷ 通过一天的志愿讲解，你能感受到八音之美吗？ 请具体说说。

_____

_____

3. 品美与创新

讲解是对展品的阐述和说明，也是表现展品美的最后一个工序。讲解词并不是一成不变的，不同的展品可以有不同的讲解角度。在本次活动中，你近距

离地鉴赏了不同时期和不同类型的八音盒。你能挑选 1—3 个最喜爱的展品，为它们设计一段鉴赏词，介绍它们的历史、文化、经济价值吗？

_____

_____

注：陈列馆将选取优秀作品作为公众号推送的讲解词。

三、活动后

劳动创造美，追求美的过程离不开劳动。这样的道理不仅适用于本次活动，还适用于生活的方方面面，如教室的布置、手工甜点的制作、一份详尽而美观的笔记记录等。回忆你的生活点滴，谈谈你的感受。

_____

_____

在作业任务单的辅助下，本次作业实现了引导学生全程参与、全心体会、多角度感悟的效果。通过"文化之旅——八音盒珍品陈列馆的奇妙"作业，学生们的收获也同样精彩：有的学生体会到了讲解员工作的辛苦与不易；有的学生体会到了通过努力完成一项任务，享受劳动成果的自豪；还有的学生感受到了实践与理论相结合、学以致用的乐趣。正是学生有了充足的时空，有了属于个体的劳动经历，有了实践与原有认知的相碰撞，才使得他们对待劳动的认识和态度都得到了发展和改变。学生在这次实践作业中由浅入深、由外而内地感受到了多层次的美，这也成了他们创造美的发源地。他们设计讲解词的过程就是一种诠释美、缔造美的创意劳动，也是自我不断对标美的标准、自觉劳动的实践过程。

学校积极探索体现素养立意的单元作业，强调整体性和系统性，不仅关注单个课时的内容特点，还将课时作业以单元的形式进行整合和优化，形成一个完整的体系。我们不断尝试建构与实施高质量作业体系，考虑情境性、综合性、开放性等特征之间的平衡与贯通，提升作业设计质量，保证作业功能的发挥和作业效果的实现，保障全体学生全面和谐发展。

第 四 章

重新构建实践学习

在 SET SAIL 综合主题课程研究的基础上，教师团队积累了跨学科教学经验，但在日常课堂中还是过多关注学生的知识掌握及解题，对学生做题、做事、做人的融合及素养的培育等都缺乏有效的思考和行动。我们认为，如果不触动国家基础课程领域内的教与学方式的变革，学生的素养培育就不会得到真正落实。作为一所公办初中，风华初从 2008 年起开始探索教与学方式的变革，逐步认识到实践性教学是立足教育国情、落实国家育人要求、推动新时代课程改革发展的重要载体，试图解决日常学科学习中知识学习和素养培育脱节的问题，完善"尊重差异，促进成长"的课程体系和个性化教学。

我们的学科实践性学习活动充分利用课堂，不打破国家统一的课程时空，使每个学生都能参与，兼顾学习接受与实践内化，具有更高的迁移应用价值，更符合国情、校情，能更好地落实新课标提出的"学科实践"。

第一节　打通三种逻辑

实践性学习活动是指学生在真实情境中，综合应用所学知识与技能解决问题，持续探究，实现学科学习、生活经验与个体实践的贯通。在长期探索中，基于对实践的"直接现实性、自觉能动性、社会历史性"三个基本特征的认识，我们认为，实践性学习活动聚焦最关键的学科基本规律、核心概念、思想方法，结合个体实践经验，可以实现活动内容和学科逻辑融合、真问题和生活逻辑融合、学习过程和学习逻辑融合，从而改进育人方式，培育学生的创新精神、实践能力等素养。

一、深化对"实践出真知"的认识

学校在对实践性学习活动的持续研究中，一直想要解决初中学科教学中普遍存在的书本讲授与实践体验分离、学生做题多做事少、知识学习和素养培育脱节等问题。从研究的深度来看，我们最初从部分学科开始探索实践到全学科推进，再到建立实践性学习活动常态化运行支持系统，逐渐优化学理逻辑，探索出核心素养培育的有效路径——实践性学习活动，实现了学科教学中育人方式的变革，并逐渐形成对实践性学习活动的创新认识。

（一）实践的起点

在新一轮课改中，学生学习逻辑从偏重于知识的间接经验学习到强调"五育"融合的综合化学习，并且强调加强生活经验与学习过程的联结。我们不禁思考：在教学工作中，该如何着眼学习逻辑，打通学科逻辑和生活逻辑，认识实践对于素养培育的重要价值？

实践是马克思主义认识论的首要观点，是实现人的全面发展的根本途径。毛泽东在《实践论》中指出，实践是认识的唯一来源和认识发展的动力，实践出真知。

人民教育家陶行知认为，"教学做合一""教和学都以做为中心"，应该用"做"来验证、改进经验。这里的"做"属于实践范畴，所以"实践出真知"是学习的本质要求。

习近平总书记在 2019 年中央党校（国家行政学院）中青年干部培训班开班式上强调，"在学思践悟中牢记初心使命，在细照笃行中不断修炼自我，在知行合一中主动担当作为"①。习近平新时代中国特色社会主义思想也把实践作为培养社会主义建设者和接班人的路径，即"学思用贯通，知信行统一"②。

国外关于实践性学习活动的研究也有不少值得借鉴的地方。比如，杜威从实用主义出发，主张让学生在实际生活中学习，他提出的"教育即生活""教育即生长""经验的改造"等观点，具体到教学方法上，便是"从做中学"。③ 施瓦布实践课程观强调课程理论与课程实践的结合，以有效解决课程中的实践性问题。实践课程以"理解"为核心，突出了人的主体性与智慧关注。他认为，课程乃至教育要为了生活，且必须为了生活，为学生的当下实际生活作准备。④

随着近些年全球范围内对素养研究和实践的深入，项目化学习作为培育素养的一种重要手段，受到了普遍关注并获得了快速发展。阐述比较详细的是巴克教育研究所，他们认为可以让学生在一段时间内通过研究并应对一个真实、有吸引力和复杂的问题、课题或挑战，从而掌握重点知识和技能。⑤

我们认为，"实践"是个重要的哲学术语，因此还是要将其置于学科教学的实际场景中思考。站在这些巨人的肩膀上，学校以语文、英语、物理、化学、历史为试点学科，探索知识、技能与方法向能力转换的路径。基于对"实践"特征的

---

① 人民网.习近平在中央党校（国家行政学院）中青年干部培训班开班式上发表重要讲话[EB/OL].[2019 - 03 - 01]（2020 - 04 - 12）.http://cpc.people.com.cn/n1/2019/0301/c64094 - 30953140.htmL.

② 同①。

③ [美]约翰·杜威.民主主义与教育[M].王承绪,译.北京:人民教育出版社,2001:6,24,49,87,167 - 179.

④ [美]Ian Westbury, Neil J. Wilkof.科学、课程与通识教育——施瓦布选集[M].郭元祥,乔翠兰,主译.北京:中国轻工业出版社,2008:260,27,264.

⑤ 夏雪梅.从设计教学法到项目化学习:百年变迁重蹈覆辙还是涅槃重生? [J].中国教育学刊,2019(4):57 - 62.

理解和实际的探索经验,我们对研究早期的活动案例进行分析,形成了对学科实践活动独特育人价值的新理解和共识:在学科教学中嵌入实践性学习活动是实现学科整体育人功能的重要路径,能打通学科逻辑和生活逻辑,呈现出以学习为中心、间接经验与直接经验相结合的学习逻辑,发展学生在真实情境中解决问题的能力。我们把这一类伴随日常教学在真实情境中持续探究,综合应用所学知识和技能解决问题的活动称为学科实践性学习活动。

实践性学习活动是学生在真实情境中开展的关于各种知识、技能与道德情感的实践体验活动。在实践性学习中,学生学会手脑并用、学思结合、知行统一,获得最为直接的学习经验,获得核心素养的提升,培育具备终身学习的能力,成为能适应未来社会发展变化的"完整的人"。这种实践同时包含行为与思维上的实践,即只要是基于直接经验,以分析、综合、判断等方式为表征的学习都应纳入实践性学习的范畴。

（二）从学科案例出发

早期研究仅是在部分学科中"摸着石头过河",这是没能从根本上提升学生学习品质的关键原因。学校进一步将研究聚焦于课改难点——全学科教学推进,有效地将实践性学习融入全学科,发挥课堂教学的主阵地作用,形成完善的学校育人体系。由此,也带来了一个新的问题:如何将实践性学习活动融入学科日常教学?

首先,过往实践活动零散发生,设计水平、实施效果差异较大,真正符合实践性学习活动要求的也并不多,由此我们采用了共同参与、协同设计等形式。教研组一开始就让教师参与设计过程,先组织骨干教师进行素养解读、目标分解和整体规划,再由备课组组织全体教师共同遴选活动、改进设计、日常实施、评价反馈,积累了 138 个案例。为了帮助教师更好地达成活动目标,我们在解析三种逻辑的基础上,提炼出包括切入性事件、主导性问题、自主性探究、持续性体验、表现性成果五要素及伴随式评价的活动规格,使教师能直接参照这个标准设计更多的活动。

其次,在实施活动中不少教师难以理解活动目标结构,过程不规范,因此开始提倡探求已有活动的设计机理，分析对比各种实践性学习活动，寻找实践性学习活动各要素的内在运行方式，提炼实施流程。同时，我们还注意到实践性学习活动本身带有跨学科学习的倾向，因此又提炼了在跨学科学习领域的两种流程变式，即以某一学科为主导和多学科协同。在这些流程中，教师通过设计"引领性学习主题"和"挑战性学习任务/活动"，在学科教学中嵌入实践性学习活动，激发学生持续性学习的兴趣，使学生从参与单纯、封闭、缺乏挑战性的活动走向完成复杂、开放、探索性的学习任务，理解学科本质，形成独特思维方式和正确的价值观念。

最后，在优化活动中不同学科的实践性学习活动有相似之处，但品质有高有低。为了适应真实学情和不同的学习任务，便于教师更适切地设计与实施，由此鼓励学科教研组彼此合作提炼出表达表现、实验探究、设计制作、社会参与四类活动样态。在近几年的研修活动中，全体教师提供了大量案例，教研组陆续进行遴选和精化设计，由此形成了不同样态的活动案例和课程资源包。无论是哪种样态，基于学生最近发展区，设计具有一定挑战性的学习任务是教师必须首先要考虑的。然后，教师再围绕这项任务进行整体化教学设计，为学生在最近发展区中取得成功提供重要支持，同时也要关注如何让学生将通过实践性学习活动获得的知识和技能迁移到不同场景中。

依据实践的"直接现实性、自觉能动性、社会历史性"三个基本特征，我们通过分析大量的课例文本，进一步提升了对实践性学习活动的校本认识：实践性学习活动的真实情境——对应直接现实性，综合应用所学知识和技能解决问题——对应自觉能动性，实现学科学习、生活经验与个体实践的贯通——对应社会历史性。实践性学习不是为了实践而实践，实践的最终目的是促进学生的发展。一切实践性学习活动的设计都要以实现立德树人、落实核心素养为出发点，让学生综合运用所学知识，在实际情境中获得直接经验，认识与体验客观世界，并基于多样化的学习过程达成各方面能力的提升。

（三）探寻学习机理

研究学科实践性学习活动，是为了充分地利用课堂主阵地，提升学生实践能力,实现学科教学的整体优化。因此,在实施过程中,必须把好教师层面的质量关,保证教师能将高质量的实践性学习活动常态化地落实到课堂教学中。因此,我们进一步探索如何建立实践性学习活动常态化运行支持系统。

实践性学习活动的实施就是要遵循学生知识输出和应用的思维过程,提供一个真实(仿真)的问题解决情境,从而提升学生对知识的运用和迁移能力。因此,实践性学习活动的实施应该是一个循环的过程,可以不断解决类似的问题及在现实生活中可能出现的问题。我们基于教师在调研、分析、实施过程中遇到活动设计、问题设计、评价设计等实施难点,聚焦具体操作中的关键环节,研制活动属性表、评价量规等,开发包括"学科整体规划—活动设计—审核优化—组织实施—活动评价—固化案例"栏目的实施导引数字化平台和共生式研修课程,并明确各学科要在每学期设计1—2个活动,再将其融入整个学期的学科教学中。各个学期的实践性学习活动互相关联,建立起该学科实践性学习活动的完整体系,保障活动常态化开展。

实践经验最终应形成学理性认识,才能进一步迁移运用。最后,我们对所有开发性成果进行梳理总结,在学术价值视角下进行二次开发,形成学理性成果。我们将实践性学习活动的设计机理与运行支持系统进行跨校区推广,形成内部辐射经验,再共享迁移到其他学校,因此在大量的实践验证和反馈调整下积累了高度结构化的活动案例与丰富的实施经验。我们也更加清晰地认识到,在促进"学科的知识逻辑、学生的学习逻辑、活动的实践逻辑"高度一致的基础上,实践性学习活动要立足于学生原有的知识储备,提高学生感知觉能力和思维水平,健全和完善其个性品质和人格特征,尽可能激发学生的创造潜能。

2022年新发布的《义务教育课程方案和课程标准》有一个鲜明的特点,即突出实践。要求"充分发挥实践的独特育人功能",对"学科实践"提出了新要求。学科实践强调通过实践获取、理解与运用知识,倡导学生在实践中建构、巩固、创新自己的学科知识。学科实践不仅要求学生具有强烈的自主性,而且强调真实的社会性。学校通过实践性学习活动打通的三层逻辑体系,共同指向高品质学习的"动机、参与度、思考性、坚持性、突破、发现"六大要素,让学生在各个学科、主题、任务中不断实现突破,提升创新精神与实践能力。这为新课标的"学科实践""综合学习"提供了先行先试的成果经验,有助于一线教师提升对"学科实践"的理解与认识。实践性学习的要素、规格、流程和策略能促进教师教学方式的变革,从而提升学生的学习品质和核心素养。实践性学习活动设计的规格和实施的保障机制使其成为一种可推广、可辐射的模式,也能更好地促进成熟教师和骨干教师的经验以工具的形式辐射到其他教师,从而为改进教学行为提供保障。

二、提升活动的规格要求

实践性学习活动要促进学生主动学习和深度思考,激发学生的学习兴趣和动力,使他们从被动的接受者变为主动的参与者,在活动中提升批判性思维、解决问题能力和实际应用能力。因此,要建立活动的基本标准,即包括切入性事件、主导性问题、自主性探究、持续性体验、表现性成果五要素及伴随式评价的活动规格。设计与实际生活和学科特色相联系的活动,才能引导学生将所学知识和技能应用到实际问题中。切入性事件的选择主要以学生生活实际和学科特色为出发点,主导性问题和自主性探究注重学科知识和学习过程的系统设计,持续性体验和表现性成果要关注学生能否在生活中继续长期探索并进行多元化呈现。教师可以通过伴随式评价观察学生的学习全过程,及时给予肯定和建设性反馈,激励学生继续努力和进步。

（一）切入性事件

学习活动需要有巧妙的切入点以激发学生的学习兴趣,这个活动应与传统的学科教学相辅相成,并符合学生的生活逻辑,要能快速吸引学生进入话题,把主导性问题介绍给学生,让学生思考问题的解决策略。

实践性学习活动中的切入性事件类似导入活动,是教师在设计教学活动时选择的一个贴合生活实际、具有学科特色的事件或情境,用于引发学生的学习兴趣和思考,能快速把主导性问题介绍给学生,让学生思考解决策略;实践情境隶属于现实生活和真实世界,如社会调查;实践情境也可以是仿真的,如实验探究等;教师带来课堂之外的真实世界的信息和建议。但切入性事件不仅要在传统教学中起到导入话题的作用,还要能持续推动整个实践性学习的过程。在反复探索与思考后,我们形成了新的共识,即实践性学习活动中的切入性事件不仅是一个切入点,还是一个具体的、贯穿活动始终的核心事件,需要为学生提供一个完整的问题情境。

传统课堂的一个缺陷是以教师讲授和演示、学生听记和练习为主开展教学活动,学生十分缺乏直观学习经验,较难对知识形成深层次的理解和建构清晰的问题解决思路及方法,更难以知道如何在真实情境中运用所学知识和技能。切入性事件的来源往往是学生的生活经验,是一些真实、具体的话题,是催化学生学习的兴奋点。通过与学生现实生活的联系,切入性事件能激发学生的好奇心和求知欲,使学习变得有趣和有意义。学生围绕事件,运用学科知识进行实践探索。切入性事件涉及的知识必须是具有学科价值的内容,通过整个活动的设计将零散、碎片化的相关知识进行整合。在此基础上,教师可以提出具有挑战性、需要解决的主导性问题。

如在历史学科"从三代人的童年玩具透视时代变迁"的实践性学习活动中,教师设计的切入性事件是"引导学生分享自己最喜欢的玩具,了解玩具不仅是供儿童玩乐和游戏的产品,也有寓教于乐的作用,更有鲜明的时代特征",进一步引出主导性问题"你知道父辈人的童年玩具是什么吗? 如果调查三代人的童年玩具,我们会有哪些发现?"。这一活动通过创设真实情境,引导学生分享自身在现实生活中喜欢的玩具。主要作用如下:一是让学生获得更多的直观学习经验,激发他们的探究兴趣,在真实的实践情境中开展各种知识和技能学习的实践体验活动,引导学生勤于实践、善于思考、勇于探索、敏于创新;二是让学生学会迁移,进一步探索自己父母辈、祖辈的童年玩具,从而深化知识在实际生活中的应用,使学习回归生活的本源,更具意义与价值。

（二）主导性问题

由切入性事件所引出的主导性问题必须要有一个重要的目的,即解决问题,而不是仅仅学会某些知识。基于问题的学习情境能更有效地将核心素养融入学生的学习过程。比如,"从三代人的童年玩具透视时代变迁"这一实践性学习活动的主导性问题正是充分挖掘了具有学科教育价值的教学内容，以学科逻辑性强、合理且有针对性的问题为主线，充分考虑学生的最近发展区，提出既要超出学生现有的能力水平但在学生的努力下又可以顺利解决的问题。

主导性问题是围绕切入性事件设计的一个或多个具有挑战性和启发性的问题。一个好的主导性问题必须具有学科特征，必须能引出与所学领域相关的概念原理。它可以是解决一个真实世界的问题，迎接一个设计挑战，探索一个抽象问题，进行一项调查，对于某个问题的观点态度等。主导性问题还应达到以下标准：对学生有吸引力，让学生愿意参加这样的学习活动，愿意在课后持续去做。教师要将动机、参与和兴趣作为主导性问题的设计原则，让学生主动关注问题涉及的相关学科内容，在思考中逐渐提升对该内容的兴趣，并愿意接受解决问题的挑战。

（三）自主性探究

实践性学习活动注重学生的学习体验和过程，必须从有利于学生学习的角度出发，为学生提供学习支架，探究的过程必须遵循学生的学习逻辑和学科的系统逻辑。

自主性探究是指学生在教师的引导下，通过主动参与的方式进行知识的探索和学习。在这个阶段，学生可以根据自己的兴趣和需求，选择适合自己的学习方式和方法，进行独立或合作的学习活动。教师在这个过程中扮演着指导者和引导者的角色，提供必要的资源和指导，鼓励学生进行探究和实践。通过自主性探究，可以培养学生自主学习和自我管理的能力，并能在实践中将学科知识运用到实际问题中。学生在确定研究问题、收集相关资源、承担任务、制作最终产品等环节中，都可以根据主观意愿和团队协调来控制和调整个体行为及项目进展。

教师可以围绕主导性问题概述整个流程，回答为什么要这样设计，可以通过流程图、结构图的形式来呈现自己作为设计者的思路。在文献研究和大量实践的基础上，我们进一步提炼出"问题、核心知识或能力、对应的环节或活动"三个核心内容，作为描述学生自主性探究过程的三个主要部分。"对应的环节或活动"还要匹配相应的具体描述,说明设计背后的思考或用意。对学生自主性探究的描述可以理解为对文本的解读,可以是对"学习内容＋探究过程"的双重分析,体现教师对学生"自主学习—灵活应用—突破创新"的进阶思考。

比如在地理学科"山川异域　风月同天:海外华人何时庆祝农历新年"的实践性学习活动中,主导性问题是"海外华人何时庆祝农历新年"。为了解决这个问题,从问题设置和内容上,教师进一步将主导性问题分解为:地球是如何运动的? 如何利用经纬网进行定位? 如何确定各地的地方时? 如何制作一个时区转盘? 海外华人有哪些过年习俗? 这样的设计遵循循序渐进的教学原则,学生先了解地球的自转运动,然后理解地球上时区的划分,最后能利用时区转盘查找各地时间,将知识组块联系起来,达成活动目标。

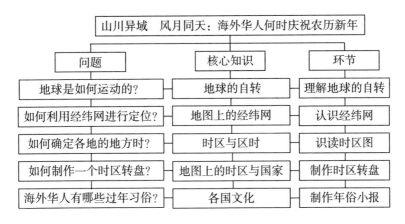

图 4-1-1　实践性学习活动设计流程

（四）持续性体验

实践性学习活动要强化"以学习者为中心"的设计,凸显学生的主动探索和实践,在"做中学""做中思",增强活动的开放性。教师要提供资源和素材,让学生在一段较长的时间内亲身经历学习的全过程,减少不必要的观摩、重复训练等活动,让学生自己发现和解决问题,从而更好地锻炼他们的持续学习能力和自主学习能力。

持续性体验是指学生通过实际操作、观察和实践,将学科知识应用到实际问题中,并进行长期的探索和实践。这种持续性体验能加深学生对知识的理解和应用,同时培养学生的实际操作能力和解决问题能力。在整个活动过程中,学生会遇到各种各样的问题,需要进一步收集和解释数据,开发和评估解决方案,或为方案提供证据。探究不断发生、不断递进,从而为学生创造出"有意义的学习经历"。

教师要提供多样化的学习支持,促进不同基础的学生获得准确的理解并做出积极反馈。一是要为学生提供大量支撑持续性学习的资源,帮助学生在实践性学习中持续体验。这需要教师进行特别精心的设计,引导学生灵活运用学习资源。二是要基于活动目标进行设计,避免随意性,并丰富资源形式,如文本资料包、在线文档、网页链接、示范视频、相关工具等。同时,要合理使用学习资源,不能给学生呈现过多的知识内容,要让学生通过探索去获取知识,防止"假学习"现象的发生。在实践过程中,教师可以提供现场指导和讲解,帮助学生解决遇到的问题。三是要组建学习共同体,用统一的大任务促进小组合作,小组合作过程中又需要每个学生担任一定的角色以参与其中。这样不仅能让不同层次的学生参与课堂,还能使学生在合作中取得自主学习实效。每个学生由于能力水平的差异,研究进度会不同,面对的困惑也有所不同,因此可以在活动中随时打开学习资源包,快速得到问题解决方法,既能提高学生的学习效率,也能减少教师的重复讲解。

如在"从三代人的童年玩具透视时代变迁"的实践性学习活动中,教师设计了如下持续性体验过程:运用已掌握的历史研究方法探究玩具产生的历史,了解其发展演变过程中与生产劳动、社会风俗等因素的关联,从经济发展、文明进步、科技水平、居住环境、社会观念等方面得出结论,从时代特征、自然环境、文化传统、社会生活等方面解释与评价"玩具"这一独特的历史事物。除了教师提供的学习资料包以外,学生还可以运用在线学习、观察访谈、参观博物馆等方式,充分挖掘网络资源、家庭资源、社会资源,不仅可以更加深入地了解学科内容,还可以形成自己的体验和感受,从而更好地掌握知识和技能。

（五）表现性成果

表现性成果不仅是学生对知识的掌握和应用能力的体现,还展现了学生的艺术修养、综合素质和审美能力等多方面的综合能力;不仅是学生学习成长的重要标志,还是学生对自己学习成果的总结和回顾,有助于巩固和深化学习,更是自我展示和表达的重要途径。教师在设计活动时要明确过程和结果中学生所能产生的外化行为表现,并给予学生展现的机会,帮助学生获得他人的认可和反馈。

表现性成果是指学生在教学活动中展示自己学习成果的方式和形式。这些成果可以是口头陈述、报告、展示、作品、实践操作等形式,能全面展示学生的学习能力。实践性学习活动中的表现性成果可以是有形的产品,也可以是一种思想或者问题解决方案的 PPT 展示,还可以是对主导性问题的解释回答,抑或是演讲汇报、文艺表演、科技创新、体育比赛等活动中的成果展演。如"从三代人的童年玩具透视时代变迁"的表现性成果是以调查报告撰写、小报绘制、TED 演讲等形式呈现观点与结论。

学生在课堂教学、课外活动、比赛中产生的能看到、听到、感受到的结果都是表现性成果。如在英语学科"小小记者探职业"的实践性学习活动中,在采访提纲制订阶段,学生以小组为单位,采访一位身边的奋斗者,根据被采访者的职业,通过协商讨论、上网搜寻该职业的相关内容获取有效信息。这一阶段学生的表现性成果为精心拟定的采访提纲,展现自己如何基于探究方向获取有效信息并做好资料的整理与筛选。在采访报道生成阶段,学生通过协商讨论进行合理有效的分工,如确定采访、视频拍摄、视频剪辑制作、采访报道撰写等。通过营造轻松愉快的采访氛围,引导学生落实前期采访提纲中精心设计的采访问题,对某一特定职业有更全面、详细的了解,制作出的采访视频、撰写的采访报道等是承担不同任务学生的不同表现性成果。

在表现性成果的形成过程中,学生可以自由地发挥自己的创造力和想象力,从中体验到学习的乐趣和兴趣,这对于学习的积极性和主动性有很大的促进作用,并且在分工合作中锻炼自己的社交能力和团队合作意识。在表现性成果的展示过程中,学生也能更清楚地认识到自己的优点和不足,学会发扬长处,获得老师、同学、家长的认可和赞赏。这种赞赏会让学生的心理得到满足,也会激发学生的自信心,也会让学生发现自己的潜力,不断成长和进步。

（六）伴随式评价

激发学生在实践性学习活动中进行持续自主探究,不仅需要教师提供多样化的学习方式,设计有趣的切入性事件和主导性问题,提供充分的学习资源支持,还需要在师生的互动沟通过程中,及时、持续地评价学生的反应与学习行为,使评价成为一个动态过程,更好地发挥即时鉴定、诊断与处方三方面的评价功能,从而帮助学生提高学习效果。

因此,教师在设计实践性学习活动时纳入伴随式评价方式,这是一种针对学生的学习行为和成果进行的实时评价,有利于教师及时调整教学策略。伴随式评价不仅有各阶段学习成果的各种评价,还有活动过程中任务及事件分析、问题的发现与解决及探究体验的自主性与持续性等方面的全过程性记录和评价。如历史学科注重在实践性学习活动过程中通过学生自评、生生互评、教师评价等方式,对学生的史料收集、信息提取、客观叙述、合理解释、语言表达等方面进行伴随式评价。在课堂学习活动中,教师可以做好观察记录,记录内容不仅包括学生在课堂中的回答和表现,还包括同学之间的交流、互动。需要注意的是,评价内容必须与活动目标相匹配,能反映学生的学习成效和需求。

以劳动技术学科为例,实践性学习活动中的评价既要关注学生技术知识与技能学习和操作的结果,更要关注他们在技术学习过程中的评价,从评价内容、评价手段及评价主体等方面不断反思,不断完善与修正自己的学习行为。进行多元化、发展性评价,使评价真正起到激发学生学习兴趣、促进学生个性发展的作用。在"创意香袋的制作"实践性学习活动的作品展示中,教师通过"创意香袋的设计是否有过改进,为什么？""在制作过程中运用了什么针法？""制作时你最得意的什么？还有什么需要改进的地方？"一系列提问,循序渐进地启发学生在展示自己设计作品的同时,畅谈自己的设计改进方案,既培养了学生的丰富想象力,又锻炼了学生敢于表达创新观点的个性品质。同时,教师在作品制作者展示完作品后,又问其他学生:"你有什么好的建议可以解决他的问题?"这样不仅促进了学生之间良好的合作交流,又提高了学生的自主创新意识,激发了学生的个性潜能,为学生技术素养的提升打下扎实基础。

再如在数学学科"分式的基本性质"的实践性学习活动中,教师引导学生回顾课前的导学问题是否得到了解决,反思对这些问题的认识是否得到了完善和提高。结合本节课获取的知识技能、思想方法和情感体验,师生共同概括、归纳和提炼,促进学生改进学习方法和提升学习能力。例如,在复习圆的相关知识时,教师在课堂上给出这样一个问题:已知在 Rt△ABC 中,∠ACB=90°,AC=6,AB=10,以点 C 为圆心作圆,设圆的半径为 r。(1)要使点 A 在圆 C 的内部,点 B 在圆的外部,求 r 的取值范围;(2)要使 AB 与圆 C 相切,求 r 的值;(3)以点 A 为圆心,作圆 A 与题(2)所作的圆 C 相切,求圆 A 半径的长。

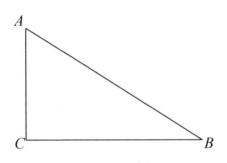

图 4-1-2 直角三角形 ABC

在反思评价阶段,许多学生回顾这道题目的解决过程时,谈到了自己的收获。比如,这道题目帮助他们理解了点与圆的位置关系、直线与圆的位置关系、圆与圆的位置关系等。还有学生回顾在解题(3)时出现了漏解的情况,应该考虑到两圆相切有几种情况,在本题中是否存在两种情况,如果存在,应该如何分类讨论等问题。这样反思,能有效提升学生的归纳能力、分类讨论能力等数学思维。

实践性学习活动非常强调学习情境的创设,要求教师能以学生为中心创设可持续的学习环境,在提供一定的支架工具的基础上促进学生合作学习及建构集体知识,最终通过一定形式外化成可观测的行为结果,达成核心素养培养目标。

下面以艺术学科为例,呈现基于实践性学习活动的五要素和伴随式评价的完整设计。《义务教育艺术课程标准(2022版)》指出,要强化学生主体,推动艺术课程育人方式变革;要强调学习主体在场与具身参与,以核心素养为导向,以艺术实践活动为载体,在学习中加强学生的自主体验、自信表现、主动创造,不断增强其艺术实践能力和创造能力。"如果雕塑会说话"是学校八年级开展的艺术学科实践性学习活动,以"艺术描画的历史长卷"和"艺术刻画的荧幕形象"两个单元的雕塑和影音知识为基础,参考了中宣部、国家文物局、中央电视台共同制作的《如果国宝会说话》节目进行设计。

 案例

"如果雕塑会说话"实践性学习活动的五要素及伴随式评价①

在整个活动中,学生在教师的驱动和支持引导下自主合作开展赏析、编创、手绘、运用、展示等一系列雕塑主题探究任务,不仅了解了雕塑知识,感悟了雕塑艺术与社会的关联,还借助喜爱的微动画形式展示雕塑成果、表达艺术感悟,最终达成大任务——"如果雕塑会说话"云端艺术展演。

【切入性事件】近日,三星堆遗址考古新发现引发了同学们对神秘文物的好奇,而《如果国宝会说话》节目为揭秘国宝文物提供了珍贵线索。因此,在中国写意雕塑主题学习中,我们以"如果雕塑会说话"的形式来探究雕塑身份,讲述雕塑故事,介绍雕塑作品背后的中国审美和中国价值观。

【主导性问题】如果雕塑会说话,它会说什么? 它会怎么说?

【自主性探究】依据"自主、合作、探究"的学习模式,选定喜欢的雕塑主题,围绕"描述、分析、解释、评价"四个维度制作雕塑作品赏析表,感受时代审美,获得审美体验;以自我介绍为切入点撰写故事关键词,结合已有雕塑知识为雕塑角色撰写脚本;依据角色人设,用平面绘画语言表现雕塑作品的外观造型;结合前期探究成果,扮演角色,开展微动画创意实践,借助雕塑之口表达艺术感悟;

---

① 本案例由风华初艺术教研组提供,撰稿人为何郭萌。

在线上征集平台公开展示作品并分享创作心得。

【持续性体验】运用雕塑主题探究方法,了解中国写意雕塑作品的造型特点与其历史背景、审美需求等因素的关联,从外观造型、时代审美、历史价值、文化价值等方面感悟作品,从赏析、编创、手绘、运用、展示等方面探究雕塑之美,呈现雕塑故事,传递艺术感悟。

【表现性成果】以雕塑赏析表、雕塑故事脚本、雕塑手绘角色、雕塑主题微动画等多种艺术表现形式表达艺术感悟。

【伴随式评价】在活动过程中参考活动评价标准,通过学生自评、生生互评、教师评价等方式,对个人完成、小组分工、小组合作情况的过程表现和赏析表、脚本、手绘作品、微动画的成果呈现等方面进行伴随式评价。

这一活动以切入性事件、主导性问题的设计创设了良好的情境和任务,激发了学生主动探究的兴趣,引导学生梳理了雕塑知识,整合了雕塑探究成果。在自主性探究和持续性体验的过程中又借助动画成果将雕塑信息或艺术观念传达出来,这种分工合作的探究型学习模式让所有学生都能根据自身特点领取任务、取长补短。通过沉浸在任务情境中,学生逐步发展了认识,合作解决了艺术问题,一定程度上提升了收集和处理信息的能力、分析和解决问题的能力及交流和合作的能力。每个探究环节形成的表现性成果也是由浅入深、环环相扣,最终学生在云端艺术展演上不仅展示了作品,还从作品赏析、主角设计、台词撰写、动画剪辑等方面分享了项目探究的心得。这在一定程度上培养了学生在真实情境中综合运用知识解决问题的能力,也进一步强化了课程的综合育人功能。

第二节　基本式与变式

打通学科逻辑、生活逻辑、学习逻辑不能仅仅存在于教师的认识和"教"的层面，还要进一步深入学生亲历的"学"，因此学习流程的设计和规划就起着至关重要的作用。我们认为，必须从学生的个体需求和对学科学习的兴趣出发，鼓励学生自由表达思想，做出自主发现、积极应变、持续探索、个性化创造等学习行为，并能通过将反思贯穿于整个学习过程的方式来监测、管理和调控自己的学习。基于学校实践性学习活动立足学科学习的大背景，我们先提出了学科内的实践性学习活动流程，同时发现实践性学习活动本身有跨学科学习的倾向，于是又探索了实践性学习活动流程在跨学科学习领域的应用与优化。因此，我们的实践性学习活动流程具有"低结构、多样化，以学科内为主，并兼顾学科和跨学科，长短课时相结合"的特点，包括实践性学习活动流程基本式及适合以某一学科为主导的跨学科活动流程、适合多学科协同的跨学科活动流程两种变式。

一、实践性学习活动流程基本式

我们发现之前的教学仅关注教师如何开展实践性学习活动，对于学生参与情况关注较少。一方面，初中阶段是学生身心发展的重要时期，是培养他们注意力从短暂到持续的一个关键阶段，同时大部分初中生的自主学习能力有限，需要鼓励其积极参与，特别是要让他们通过体验式学习激发兴趣和主动性；另一方面，初中生的思维能力不断发展，开始走向抽象思维的快速发展期，适合进行一定程度的实践推理。因此，此时开展实践性学习活动具有重要意义。

于是，学校对教师的课堂教学开展情况调查、座谈和跟踪式观察，基于初中生的学习能力水平对比了各种程度的学习经历，发现实践性学习活动包括"驱动性任务—突破性假设—检索已有知识—制订学习计划—实践—反馈—N轮实践—形成成果"的学习过程。因此,我们把这一过程确立为实践性学习活动流程基本式。这一流程构成了一个有机的学习循环,将学科知识与实际问题相结合,学生能在实践中不断思考和持续探索,促使学科知识和技能的习得及核心素养的转化。

下面就从科学学科"过滤大比拼"①的活动过程来揭开实践性学习活动流程基本式是如何一步步让学生通过实际问题的解决和实践经验的积累,逐步提升创新思维和实践能力的。"过滤大比拼"这一活动取自牛津上海版科学六年级第二学期中的拓展部分"用过滤柱除去细小的固体颗粒"。此实验为教师演示实验,学生在观看演示实验的过程中,对过滤柱表现出了极强的好奇心,因此教师想能否结合学生已有的水净化知识,设计并实施一个实践性探究活动,引导学生对过滤柱进行探究。

(一) 驱动性任务

实践性学习活动不仅能提供丰富的实践体验机会,还能在掌握学科基础概念和基本知识的前提下,通过设计"引领性学习主题"和"挑战性学习任务",引导学生在真实的问题情境中通过探索与反思、互动与协作,学会运用和整合学科符号系统和知识体系,分析和表征现象,设计与实施方案,解释和论证假设,主动建构知识网络,使高阶思维得到提升。

驱动性任务是学生进行学习的起点,可以激发学生的学习兴趣和动力。这个任务通常是与现实生活或学科相关的问题或项目,同时是在情景模拟中实施的,能激发学生的好奇心和求知欲。通过驱动性任务的设定,学生会感到自己的学习是有目的性和实践性的,从而更主动地投入学习活动。

那么,"过滤大比拼"实践性学习活动是如何形成驱动性问题的?

答案:在实践中自主发现新问题。

首先,教师带领学生将身边的常见物品作为过滤材料,将塑料杯、塑料瓶等作为容器,设计并制作过滤柱。在这个过程中,学生展现出了极强的学习兴趣,

---

① 本案例由风华初科学教研组提供,撰稿人为陆圣洁。

在搭建的过程中不断发现过滤柱设计存在的问题,并修改设计图。最终,每个小组都成功制作了过滤柱,并对污水进行了过滤。学生在观察不同小组的过滤柱及滤液之后,发现每个小组得到的滤液的体积和浊度都有差异。此时,他们自然产生了疑问:"为什么别的小组的过滤柱效果这么好,而我们小组的过滤柱效果不佳?""影响过滤柱过滤效果的因素有哪些?"

在学习"水的净化"的过程中,学生对过滤柱的制作产生了浓厚的兴趣,在交流过程中发现不同过滤柱的过滤效果各有差异。"怎样制作一个过滤效果好的过滤柱?"便成了这一活动的驱动性问题。

(二)突破性假设

突破性假设是指学生在面对驱动性任务时,提出的一个具有潜在性、创新性的猜想、推论或解决方案,是学生对问题的初步理解。学生需要思考和分析问题,并阐明自己的独特见解和创新想法。在不同的学科中,假设的呈现形式也不同,如对问题的解释、创新的方法、具体的框架或新颖的观点。

教师还可以鼓励学生在基本假设的基础上形成一些更丰富的附加假设,充分发挥发散性思维的作用,拓展和延伸学习所涉及的知识与技能。对于突破性假设的讨论与思考,有助于学生逐渐明确这个问题涉及的核心概念、原理和解决问题的视角,为下一步检索信息奠定基本方向。

在"过滤大比拼"实践性学习活动中,学生是如何形成突破性假设的?

答案:对问题做出多种假设,在讨论中逐渐突破。

学生在制作完过滤柱后,依然能积极思考,此时组织他们开展讨论。其中一个学生提出:"可能是过滤材料的摆放顺序影响了过滤效果。"学生们针对这一问题都产生了想法。因为这个假设可以在课堂中进一步探究,于是教师针对"过滤材料的摆放顺序是否会影响过滤柱的过滤效果?"这一问题,继续实施实践性活动。

学生针对这一问题提出了不同的假设,有些学生说"过滤材料应该按照从上到下、从大到小的顺序摆放,书上的土壤环境就是这样的",有些学生说"应该是从小到大摆放,否则小的过滤材料会漏下去",有些学生说"我家里养鱼,有自制的鱼缸过滤系统,过滤材料也是从大到小摆放的"。学生结合书本知识及日常生活经验提出了不同的假设。为了增加探究活动的趣味性,教师将主题定为"过滤大比拼"。如果过滤材料及其摆放顺序会影响过滤柱的过滤效果的假设成立,是否存在一种最佳的过滤柱设计方案?

学生对"过滤材料及其摆放顺序可能会影响过滤柱的过滤效果"这一基本假设作进一步讨论,生成突破性假设,目的不仅是要验证假设,还要对实验现象进行分析,明白在课堂上不是为了探究问题而探究,而是最终能有所收获,同时也明确自己要解决这一问题还欠缺哪些知识。

（三）检索已有知识

我们在以往实施实践性学习活动时发现有些学生存在比较明显的思维定式,特别是受到传统课堂教学模式的影响,等待教师呈现知识,解决问题时也仅用教师提供的知识。思维定式会使人按照习惯或固定的思路去考虑问题,在解决问题的过程中总是按照固定的方式进行,使人的创新性思维发展受到阻碍,造成思维的僵化和呆板。

因此,在突破性假设产生之后,学生需要对已有知识进行全面检索和整理。他们可以通过阅读文献、查找资料、进行讨论、询问教师和同学等方式,获取该学科中相关领域的知识和信息。这个过程可以帮助学生了解问题的背景和已有的研究成果,培养学生的信息获取和处理能力,同时也为他们的学习和实践提供支持和指导。

在"过滤大比拼"活动中,教师是如何尽量避免思维定式影响学生的探究过程并推动学生自主检索知识的?

学生在看到探究问题和观察过滤材料的特点后,结合日常生活经验及课外知识,他们会猜想教师设置这个课题的目的,并且预设一个答案:污水通过孔隙从大到小或从小到大的过滤材料时过滤效果应该是最好的。这使得他们忽略了四种过滤材料的摆放顺序有很多种可能。学生在探究过程中不应该惧怕失败,如果"走捷径",为了得到预设答案进行探究,就会让他们错失探究过程的快乐,而雷同的实验设计会使得数据的样本量单一,从而使实验数据的科学性、严谨性降低。

在活动中，教师直指学生存在的思维定式问题，如：四种过滤材料的摆放顺序有几种？你们选了几种？这样得出的结论可靠吗？直接点出学生忽视的问题，也能引发学生对自身的思维定式问题进行反思。在此基础上，学生上网查阅相关资料，如生活中常用的过滤材料、过滤柱的应用、不同用途的过滤柱的结构差异等。

（四）制订学习计划

实践性学习活动是每个学生都能参与并通过努力就能完成的低结构活动。活动中"引领性学习主题"要求学生能将所学知识融会贯通，"挑战性学习任务"则非常强调培育学生的创新实践能力。但与复杂的学生课题研究（如全国青少年科技创新大赛）不同，实践性学习活动不需要强大的知识储备量和探究能力，也没有复杂的研究环节、严格的操作步骤，成果的呈现是开放、多元的，能让不同发展水平的学生都有所收获。

制订学习计划是指学生根据驱动性任务、突破性假设和已有知识，制订自己的具体实践计划。在这一过程中，学生需要进一步梳理前面检索到的知识并进行筛选归类，规划实践步骤和时间安排等。在实践性学习活动中，学习计划的制订弹性较大，教师大部分情况下不会进行明显的干预，而是顺着学生设计的方案进行引导和提示，只有在学生出现严重偏差行为时给予较多干预。通过独立自主制订学习计划，学生可以提高时间管理和组织能力，培养自主学习的习惯。

学生在"过滤大比拼"实践性学习活动的学习计划制订中做出了如下探索。学生在此前已经掌握了一些制作过滤柱的方法，因此当他们看到包括细沙、黄沙、粗河沙、彩石等过滤材料的过滤柱简图时，他们能清楚地了解容器内应该填装过滤材料。

经过一段时间的讨论后，每个小组都展示了各自设计的过滤柱设计图。有的小组设计了一个过滤柱，有的小组设计了两个。此时教师提问："至少设计几个过滤柱较好，为什么？"在经过其他小组同学的讲解后，只设计了一个过滤柱的小组能明白对照实验对于实验探究的重要性，并且可以对设计图纸进行再修改。但由于全班的设计方案是趋于一致的，材料的摆放顺序都是从小到大或从大到小,为了避免样本量的单一,教师给出了适当提示:"四种过滤材料的摆放顺序是只有这两种吗?"部分学生开始反思,并且发言:"不是的,有很多种摆放顺序。"教师追问:"两种方案中一定能找对最佳的过滤柱方案吗?"于是,学生恍然大悟:"很有可能最佳方案就是其他摆放顺序中的一种。"经过讨论,学生们一致认为,最初的设计方案存在局限性,于是对设计图进行了再修改,全班出现了更多样的设计方案。

在制订学习计划的过程中,学生运用科学课中学习的控制变量、设置对照等原则,通过文字描述、绘制装置图的方式,开始分组设计实验方案。通过方案初稿交流,他们发现如下问题:设计图中的材料没有具体的注释;对变量的控制还不够严谨;过滤材料在摆放顺序上趋于雷同;等等。经多次修改和补充,最终确定了小组活动方案。

（五）实践

实践是实践性学习活动的核心环节,为学生提供了一个积极的学习场景,学生需要根据自己的学习计划进行实际操作。在实践过程中,学生运用已有知识和技能,通过对假设进行验证,才能真正学到知识,积累实践经验。

学生在实践过程中可能会遇到困难和挑战,第一次实践就产生完美结果是很难的。当学生在合作中产生不一致的观点或者由于失败而沮丧时,教师要做好正面引导,鼓励学生坚持并寻求新的解决办法,在实践中及时调整步调和做法。

"过滤大比拼"活动采用的就是小组合作的方式,攻坚克难地完成了第一轮实践。

基于学生之前已有制作过滤柱的经验,教师在展示几个空塑料杯后提问:"根据设计图,你认为如何利用这几个杯子制作过滤柱?"学生很快就给出回应:"可以用图钉在杯子下面戳个洞,然后装上过滤材料再叠加在一起。"在学生制作了一个过滤柱后,他们提出了制作过滤柱时遇到的一些问题:"细沙会从洞中漏出并污染滤液。""戳的洞太小了,污水很难流下。"经过讨论,全班得出了统一的解决办法:在塑料杯下面垫两层餐巾纸,并增加洞的数量。

在解决了制作上遇到的难题后,教师又将几个小组制作的过滤柱摆放在一起进行展示并提问："这几个过滤柱能否放在一起进行比较？"学生经过观察发现："每组过滤材料的厚度不一样，应该保持每种过滤材料的用量一致。"教师追问："为什么要这样做？"学生回答："因为探究的问题是过滤材料的摆放顺序对过滤柱的过滤效果的影响，除了摆放顺序外的条件都应该相同，否则得到的实验结论会不准确。"教师又问："哪些条件需要相同？"学生们纷纷提出了建议，如塑料杯下面洞的个数、过滤污水的体积等。此时由教师进行汇总，使学生的意见达成统一。经过层层追问，在潜移默化中帮助学生理解控制变量对科学探究的重要性。

当所有意见达成统一后，学生两两分工合作，根据组内设计图共完成两个过滤柱的搭建，并分别对污水进行过滤。

可以看出，在第一轮实践中，学生根据实验方案，动手搭建实验装置，用自制过滤柱过滤污水，观察并记录实验现象，得出实验结论，确定最佳的过滤材料，最终提升了动手实践能力及团队协作能力。

（六）反馈

在实践过程中，学生需要及时获取反馈信息。反馈可以来自教师、本组同学或其他小组同学。通过反馈，学生可以了解自己的学习进展和存在的问题，及时调整学习策略和方法。同时，反馈也可以再次激发学生的学习动力和积极性，并使他们在完成反馈后，重新制订或者补充下一阶段的学习计划。

但是，由于初中生的元认知能力相对较弱，很容易产生无效反馈。这时，教师要主动参与反馈或者引导学生自我反馈、生生之间反馈、小组之间反馈，因此生成反馈的一个有效方式就是促进学生产生疑问。

比如，"过滤大比拼"活动的实践过程主要采用的是实验操作，反馈信息就可以通过对实验结果的分析与质疑而获得。

当大部分学生得到滤液后，教师提出问题："同学们的过滤柱效果好不好？"学生会兴奋地回答："很好。"此时教师继续追问："为什么说过滤柱效果好？"学生回答："因为滤液看起来很澄清。"这就引出了判断过滤柱效果的方法，即可以用肉眼观察滤液的浊度，从而进行判断。教师又问："大部分小组都说滤液很澄清，哪杯更澄清？"当教师选取两组较澄清的滤液放在一起进行展示时，学生会发现用肉眼难以进行分辨,探究的过程似乎陷入了瓶颈。

这一次的反馈是由教师通过环环相扣的提问引发的,学生在反思中逐渐发现过滤柱得到的滤液都较澄清,很难用肉眼区分,无法得出准确结论,由此第二轮和第三轮实践就诞生了。

（七）N 轮实践

实践性学习活动通常需要进行多轮实践,每一轮实践都可以对前一轮的实践进行总结和反思,发现问题并加以改进。在 N 轮实践的过程中,学生逐渐完善自己的解决方案,并逐步提高自己的实践能力,加深对知识的理解和应用,对整个探究过程的认识也会越来越清晰。

每一次实践后,都要有反馈环节,因为反馈和实践是相伴的。学生也会在这一过程中开始观察和反思自己的实践行为,不断学会自我发问,迫使自己考虑与自己不同或相反的意见,丰富自己的假设,重组自己的观点,在与他人的合作中共同形成新的解释。

在“过滤大比拼”活动的第二轮和第三轮实践中,教师引入新的技术手段,并运用多种方法观察、记录实践数据。在探究过程陷入瓶颈时,教师再介绍浊度传感器的功能,用表格展示蒸馏水及泥水的浊度。学生通过比较数据可以发现,浊度的数值越大水体越浑浊,因此他们的探究热情再一次被激发。有的学生说:“原来还可以用浊度传感器对滤液的浊度进行测量,这样就可以看到水中肉眼看不到的颗粒物了。”无须教师多言,学生就能明确下一步的探究过程。学生在之前并没有使用过浊度传感器,此时教师播放事先录制的使用视频,并结合讲解的形式,让学生掌握浊度传感器的使用方法。学生在测完两组滤液的浊度后,需要立即填写在学习任务单中,见表 4-2-1。

表 4-2-1　学习任务单(节选)

滤液	肉眼观察是否澄清	用工具测量的浊度(NTU)
A		
B		

获取与描述证据的能力是科学学科的核心素养之一，这一实践过程需要运用感官及工具再次进行，获取证据并运用表格对数据进行记录与处理。对于滤液的浊度，学生的原有认知是通过肉眼观察或用显微镜进行观察，而显微镜观察误差较大且不太便捷，后续的数据分析也会比较困难，因此第二轮实践使用了浊度传感器。浊度传感器可以将不明显的实验现象以数据的形式具象化，并且具备数据汇总功能，有利于学生制订学习计划。

在第二轮实践中，学生借助现代技术再次进行实验，并利用浊度传感器对滤液进行检测，快速发现滤液间的微小差异。同时，通过分析各组的实验数据，确定过滤材料的最佳顺序。浊度传感器的使用也相对比较简单，学生通过演示视频可以在课堂内很快掌握操作方法。学生通过浊度传感器测得滤液的浊度后，能直观地了解到过滤柱的过滤效果，极大地增强了成就感，对于探究后续的问题也会有比较饱满的热情。

在第三轮实践中，学生又继续提出新问题：本次实验结论不具有普遍性，因为用到的过滤材料种类少，实验样本也少。教师继续指导学生在课外使用其他过滤材料继续进行尝试。在不断操作中，学生还发现在课堂中使用浊度传感器时比较依赖于网络，如果实验室的网络不佳，就无法在传感器的终端完成数据汇总和处理。这也是一次对未来继续进行探索的重大反馈，如果将来可以在自己的终端看到全班的数据，并对各组数据进行分析，又将是新一轮实践。

（八）形成成果

在多轮实践之后，学生对整个学习过程进行回顾和总结，最终形成自己的学习成果，并以深度理解和可迁移的形式展现出来。这个成果可以是一个解决方案、一个报告、一个设计作品或一种实践经验的观点提炼等。

但是，形成成果并不是实践性学习活动的终点，学生要能通过成果全面展示自己的学习收获，同时也为自己的后续实践或其他相关实践性学习活动积累经验和素材。

"过滤大比拼"活动的成果主要是基于数据处理与分析获得，具体如下：学生在测得数据后，就可以对组内的两个过滤柱的过滤效果进行比较，评出组内的最优过滤柱方案。此时,他们也很关心其他小组过滤柱的数据情况,就向教师寻求帮助,能否对全班的数据进行汇总处理。于是,教师请学生将本组的最优过滤柱方案及滤液浊度输入电脑的 Excel 表格中,并根据浊度大小进行排序,最终选出班级的最佳过滤柱方案。如果大部分小组的最佳方案相同,则取平均值再进行比较。如果出现样本量仅为一,浊度也很低的情况,也可以向学生提问:"这个方案是否是最佳方案呢?"学生会说:"也是有可能的。"教师继续提问:"有什么办法可以提高这个数据的说服力?"学生会说:"按照这个方案再进行几次实验。"在这个过程中,学生也能对重复实验在科学探究中的重要性有更加直观的理解。

部分小组测得的滤液浊度为 0,他们会产生疑问:"浊度为 0 的滤液是否可以饮用?"结合课本的相关知识,其他学生给出解答:"不可以,因为其中还有微小生物和不可溶杂质。"教师追问:"家用的饮水器是如何除去水中的微小生物和不可溶杂质的? 为了让滤液适宜饮用,还可以对过滤柱进行哪些改进?"根据实验现象及数据,学生们又有了新的思考,产生了新的可探究问题。最后,学生也可以针对本活动中的各项表现进行组内互评(见表 4-2-2),进一步认识或了解自身的进步及值得改进的问题。

表 4-2-2　成果评价表

评价指标	评价内容	评价等第				小组互评			
		优秀	良好	合格	须努力	1	2	3	4
设计与计划	实验方案使用控制变量法并设置对照组;实验步骤设计正确,可操作性强								
操作与实施	能按实验方案的步骤正确完成实验,并及时、如实地记录现象,得出正确结论								

（续表）

评价指标	评价内容	评价等第				小组互评			
		优秀	良好	合格	须努力	1	2	3	4
合作与交流	能用两种或两种以上的方式展示实验方案和实验现象；组内分工明确，并实施到位								
活动态度	参与方案设计、现象结论的交流；参与成果分享与交流								
思考创新	能提出自己的新问题								
	交流实验方案、成果或收获体会的形式多样								
	如实、正确地记录实验现象								
	根据现象得出正确的结论								

"过滤大比拼"虽然是科学探究活动，但呈现成果的方式不局限于实验报告，同样也可以有多样化的展示，学生最后还以 TED 演讲和实物演示等形式展示活动成果，汇报实验结论，交流活动收获。

二、适合以某一学科为主导的跨学科活动流程变式

"跨学科"一词在教学领域的含义非常丰富，本质特点就是打破已有的学科边界，对不同学科领域的学习内容进行统整，通过综合化教学使学习者的知识结构成为一个紧密联系的整体。跨学科既是一种知识与生活、科学与人文等不同学科领域之间彼此融合的价值追求与时代精神，又是一种强调互动建构、合

作探究知识的学科研究的知识论与方法论。[①] 从理想的视角来看,跨学科的学习形式也更有利于综合能力的培养,但是这种形式一般课时跨度长,能力要求高。因此,我们针对某些主题活动融入其他学科的需求,进一步提出适合以某一学科为主导的跨学科活动流程变式,即"融合性问题—检索多学科知识—设计方案—解决问题—得出结论—反思改进"。这种变式超越了单一学科边界,需要整合两个或更多学科的知识,但不改变原有学科的主导地位,其他学科内容主要是通过情境化输出与融入,辅助融合性问题的解决。对大部分教师来说,这种变式难度相对较低,有较高的迁移应用价值和可行性。

以生命科学为主导、融合地理学科知识与方法的"鱼类分布与环境的关系"[②]活动的设计一来聚焦大概念,使知识结构化,有利于学生深度理解"生物与环境的关系";二来融入多学科元素,学生在探究实践中丰富了跨学科学习经历;三来将跨学科融合式学习与数字化实验结合,实现了定性实验向定量实验的转化。

（一）融合性问题

以某一学科为主导的跨学科实践性学习活动的起点是融合多个学科知识的问题,这类问题一般伴随着一些大概念,在不同的学科领域中有多角度的解释。在设计融合性问题时,这一活动的主导学科教师可以从本学科的课程标准和所有相关学科的领域出发,大致梳理出学科相关的可迁移目标、大概念、探究方法等。由于涉及不同学科,教师也要尽量避免指向不够明确的问题,要符合学生的思维习惯,在问题中相对直观、明确地表明所涉及学科,便于学生理解。以下是"鱼类分布与环境的关系"活动融合性问题的设计。

《初中地理和生命科学学科中开展跨学科学习的教学指导意见（试行稿）》指出:"教师应积极探索基于真实情境、问题导向的互动式、启发式、探究式、体验式等课堂教学。"基于此,本活动聚焦"生物与环境相互依赖、相互影响,形成多种多样的生态系统"这一大概念,设置了以下问题:"小明特别爱吃鱼,他经常和妈妈一起去菜市场买鱼,他发现市场上卖的活鱼多为淡水鱼,海水鱼大多是

---

① 张华.论理解本位跨学科学习[J].基础教育课程,2018(22):7-13.
② 本案例由风华初生命科学教研组提供,撰稿人为黄美兰。

死的,从未见过鲜活的鳕鱼等深海鱼类。你能运用所学知识设计实验,探究影响鱼类生存的因素,帮助他解开疑惑吗?"

在整个活动中,学生将围绕生命科学与地理学科"生物与环境的关系"这一融合性问题,重点研究环境因素对鱼类生存和分布的影响。

（二）检索多学科知识

和学科内的实践性学习活动相比,这一步骤其实是基本式中"检索已有知识"的拓展,从单一学科走向多学科,包括对相关学科的教材、网络资料、学习方法等进行收集和分析,构建解决问题所需的知识网络,并获得不同学科的工具支持。这不仅需要学生在信息检索的方法和技巧方面有所提升,而且对教师的备课工作也是一个挑战。教师需要将不同学科的知识进行梳理整合,并进行不同学科知识交叉应用和融合的预设。

开展"鱼类分布与环境的关系"这一活动前,学生通过生命科学、地理等学科的学习,储备了有关生物与环境的关系、世界主要渔场的分布等知识。同时,学生在日常生活中也积累了不少生活经验,如菜市场只能买到死的带鱼、黄鱼等海水鱼,但由于认知的限制,他们无法解释现象背后的原因。根据融合性问题,学生提出了一些待解决的子问题,由此也开展了对所涉及学科知识的检索:影响鱼类生存的环境因素有哪些? 如何设计探究实验? 如何设计制作装置,用以模拟环境条件变化对鱼类生存的影响? 环境条件变化后,鱼类一定会死亡吗? 鱼类能适应环境的变化吗? 是否可以营造适宜的环境条件保障海水鱼的存活?

在这些问题的思考上,学生基于已有的生活经验,通过检索生命科学学科中的形态结构与功能相统一、化学学科中的盐度、物理学科中的压强、地理学科中的世界主要渔场的分布等不同学科的相关知识,为设计方案作准备。

（三）设计方案

设计方案的形式与实践性学习活动流程基本式基本一致,也是在教师的引导下学生自主进行。但由于涉及不同学科,有些方案的制订需要相关学科教师分别提供不同的思维路径,并且在方法的整合上提供一些示范。在呈现形式上,为了避免学生在操作中出现混乱,教师一般还是鼓励学生以主导学科的方法为主进行方案的整体设计,在具体的某些环节中融入必要的其他学科的知识内容和探究方式。

下面我们来看看学生设计的"鱼类分布与环境的关系"方案:

学生制订了影响红斑马鱼死亡率高低的因素的实验方案,具体内容如下。

准备:挑选健康且长约 2 厘米、生长发育状况相近、活动能力强的红斑马鱼 70 条,分成 7 组,每组 10 条;用曝晒 2—3 天后的自来水作为溶剂,精制食盐(不含碘)作为溶质,配制不同浓度梯度的食盐溶液,并分别装于编号 1—7 的 1000 毫升大烧杯中。

实验步骤一:探究红斑马鱼对水环境的适应

1. 比较分析实验数据,找出死亡率最高与死亡条数最多的烧杯编号;分析实验数据存在显著差异的原因,并归纳影响鱼类生存的因素。

2. 使用传感器检测溶液的三大指标,将数据记录在学习单上,汇报数据;观察曲线,分析实验数据,归纳影响鱼类生存的因素。

实验步骤二:模拟压强变化对鱼鳔的影响

1. 观察淡水鱼和海水鱼的鱼鳔,分析资料,归纳鱼鳔的功能。

2. 借助 DIS 传感器,记录压强变化对鱼鳔的影响,分析实验数据,归纳影响鱼类生存的因素。

方案的设计不能只是纸上谈兵,而应该在一些较小的预设活动中不断调试。比如,在"探究红斑马鱼对水环境的适应程度"的实验方案设计中,学生在教师的指导下先后以鲫鱼、红绿灯鱼、红斑马鱼作为实验对象进行了预实验。其中,以红斑马鱼作为实验对象的实验效果最好;仿海水的浓度梯度经过几次调整后确定为 $1\,g/L$、$3\,g/L$、$5\,g/L$、$7\,g/L$、$9\,g/L$、$11\,g/L$。为了减少实验数据的误差,遵循平行重复原则,考虑烧杯的容量,最终确定每组红斑马鱼的条数为 10。

(四) 解决问题

解决问题的过程类似于实践性学习活动流程基本式中的实践。由于融合性问题的复杂度较高,学生会在实践状态下不断生成新问题,因此需要更长的实践时间。在解决融合性问题的过程中,问题链会发生动态变化,实践的过程随着问题的推进不断递进，使学生的综合学习可视化。

"鱼类分布与环境的关系"活动所要解决的主要问题就是在师生互动、生生互动中逐渐明确的。

子问题1：如何遵循实验设计的基本原则，设计不同浓度仿海水对红斑马鱼生存状态的影响探究实验？淡水鱼在仿海水中的生存状态是怎样的？死亡率一定是百分之百吗？如何科学地观察与记录？如何采集并分析数据？

学习支架：

表 4-2-3　红斑马鱼的观察记录表

班级＿＿＿＿＿＿　　　　组别＿＿＿＿＿＿　　　小组成员＿＿＿＿＿＿

比较项目	第一天			第二天			第三天			第＿＿天			死亡率
时段 烧杯编号	9:05	12:00	16:15	9:05	12:00	16:15	9:05	12:00	16:15	9:05	12:00	16:15	
1													
2													
3													
4													
5													
6													
7													

表 4-2-4　三大指标的检测结果汇总表

烧杯编号	指标		
	温度(℃)	pH	电导率(mS/cm)
1			
2			

（续表）

烧杯编号	指标		
	温度(℃)	pH	电导率(mS/cm)
3			
4			
5			
6			
7			

在这一过程中,学生对红斑马鱼的生存状态进行了持续五天的观察,每天至少在规定的时间内完成三次观察,在表中详细记录鱼的侧翻、死亡等异常情况,并在结束观察后计算各组的死亡率;使用传感器采集仿海水中的温度、pH数据和电导率,分析死亡率、电导率和盐度三者的关系,揭秘深海鱼死亡的原因。

子问题2:海洋深处存在巨大的水压,分析以下问题:深海鱼是如何适应海水压强变化的? 如何设计并制作装置,模拟压强变化对深海鱼鱼鳔的影响? 如何解释深海鱼被捕上岸后鱼鳔变瘪的原因? 深海鱼的自我调节能力是否是无限的? 压强变化会影响深海鱼的生存吗?

过程描述:

首先,学生需要探索深海鱼适应压强变化的机制。阅读马里亚纳海沟相关的文字资料,归纳海水深度和压强的关系。观看视频,归纳鱼鳔的功能,分析深海鱼适应水环境中压强变化的机制。

其次,进行模拟实验。用气球模拟鱼鳔,用密闭的广口瓶模拟深海鱼的体腔,通过抽气改变广口瓶中的压强,模拟深海鱼被捕上岸时外界压强的变化。

最后,根据实验中气球的变化,学生要尝试解释深海鱼被捕上岸后鱼鳔变瘪的原因,即体腔内外的压强差使鱼鳔内压缩的气体骤然释放,导致深水鱼的鱼鳔涨破。

子问题3:淡水鱼在形态结构、生理功能、繁殖等方面具有哪些适应淡水的特征?

过程描述：

学生运用比较、归纳和分类等方法，从"鱼的适应性特征"的资料中提取信息，梳理淡水鱼在形态结构、生理功能和繁殖等方面的适应性特征，辩证认识鱼类与环境的关系，即环境影响鱼类的生存与分布，同时鱼类也能以自己的方式适应环境。

子问题4：如何设计四大渔场优势鱼种的适应性特征调查任务表？如何进行文献研究？

学习支架：

表4-2-5 四大渔场优势鱼种的适应性特征调查任务单

渔场	鱼种	环境特征		鱼的适应性特征		
		所在的大洲和大洋		1. 形态结构	①体形与特色	
		与渔场形成有关的寒流和暖流			②结构特点	
		海拔或水深		2. 繁殖		
		纬度				
		水体温度				
		……		……		

过程描述：

学生需要选择世界四大渔场中任一渔场的一个优势鱼种设计调查表，明确优势鱼种栖息环境的基本特征，如渔场所在的大洲和大洋、与渔场形成有关的寒流和暖流、渔场所处的纬度及优势鱼种生活的水深和水体温度。同时，明确优势鱼种是如何从形态结构、繁殖等方面适应特定水域环境的，最后形成报告并汇报调查结果。

在这一活动中，学生通过学习"鱼的适应性特征"的资料，归纳不同环境中鱼的适应性特征，了解世界四大渔场及优势鱼种，完成调查任务。针对大部分问题，教师都提供了学习支架，这也说明了教师已经在预设中充分将学习内容问题化,有利于学生深入解决问题。

（五）得出结论

这种活动流程变式有助于学生在跨学科学习中找到共同点和联系,用跨学科的大观念解释问题。

经过"鱼类分布与环境的关系"活动探究,学生得出的结论如下:氧气、盐度和压强等环境因素影响鱼类的生存,进而形成了不同鱼类的地理分布;鱼是从体形、结构和繁殖等方面去适应环境的。

表 4－2－6　四大渔场优势鱼种的适应性特征调查结果

渔场	鱼种	环境特征		鱼的适应性特征	
纽芬兰渔场	鳕鱼	所在的大洲和大洋	大西洋	1. 形态结构	① 体形与特色	流线型;体色多变,背侧及体上部的色彩由褐色渐变为绿色或灰色,腹部淡化呈灰白色,腹膜银色
		与渔场形成有关的寒流和暖流	拉布拉多寒流和墨西哥湾暖流交汇		② 结构特点	背鳍硬棘:0 枚;背鳍软条:40—55 枚;臀鳍硬棘:0 枚;臀鳍软条:33—45 枚;上颌隆突,下颌有显著触须;血液中有防冻蛋白
		海拔或水深	水深 15—250 米	2. 繁殖		繁殖高峰期出现在冬、春两季,产卵期在 12 月到翌年 4 月,盛期在 1—2 月,怀卵量为 25 万—100 万粒,受精卵在 6℃—7℃ 水温下 12—17 天孵出
		纬度	北纬 50°			
		水体温度	0℃—16℃	3. 行为		季节性迁移

在形成结论后,学生根据自己在解决问题过程中对"生物与环境相互依赖、相互影响,形成多种多样的生态系统"这一大概念的建构和理解,绘制以"生物

与环境的关系"为主题的思维导图，体现两者的辩证关系。思维导图可以将"生物"和"环境"具体化，也可将项目实施过程中使用的研究方法以子主题的形式呈现出来。

为此，教师组织了一次展示，小组派代表借助思维导图介绍本组成员在知识和技能方面的提升，也可分享小组成员在项目实施过程中遇到的困难与感想，最终全班投票选出最默契小组和最佳思维导图。

（六）反思改进

在这一变式下进行的实践性学习活动虽然也有主导学科，但不可以在即时反馈后，即时进行第二、三……N次实践探索。跨学科类的活动有时可能需要变换或调整融合性问题，整体、系统、结构化地重新规划后续的活动流程。

因此，反思改进的目的主要是在后续能继续对相关主题进行探索，通常由师生共同进行。师生对"鱼类分布与环境的关系"实践性学习活动进行反思时发现了以下待改进的方面。

首先，在探究不同浓度仿海水对红斑马鱼生存状态的影响实验中，可以为红斑马鱼创设更为适宜的环境条件，如增加一定量的水草和沙石；活动中尚未研究生物对环境的影响，如红斑马鱼生存过程中的水质变化。

其次，对于深海鱼的研究，可以通过建立压强变化对鱼鳔的影响的数学模型，分析出深海鱼被捕上岸后鱼鳔变瘪的原因；受操作流程的影响，原始实验数据可能发生偏差，可以通过溯源找到变量，进一步分析可能产生的因素；生命科学和地理学科之间有紧密的关联，在得出结论时应运用多门学科的相关知识。

因此，在后续的自主探究过程中，可以围绕"环境与生物的关系"这一跨学科学习的热点主题，设计对照实验，探究不同环境对不同生物的影响，也可查阅文献，研究不同生物适应不同环境的方式，实现知识与技能的迁移。

三、适合多学科协同的跨学科活动流程变式

有的重大而复杂的问题不仅需要学科之间的知识融合，还要打破学科壁垒，进行学科知识的全面整合和再创新，形成比较全面的知识网络，调动学生更

好地综合运用不同知识解决难题。这就需要教师采用多学科协同的方式,跳出学科围墙,使知识生产的成果更加多元,并且需要多元主体的参与,不仅仅是教师和学生,可能还需要调动社会资源参与进来,辅助学生学习。

　　我们形成的适合多学科协同的跨学科活动流程变式为"主题任务发布—选择成果类型—检索整合信息—实践—反馈—N 轮实践—展示交流"。下面以"二小穿越记"①为例,展现如何开展大规模多学科协同的跨学科实践性学习活动。

　　"主题任务发布"是多学科协同学习的基础。教师可以选择具有广泛意义的主题,涵盖多个学科领域,并与学生的实际生活、社会生活相关。"二小穿越记"涵盖了音乐、艺术、美术、语文、历史、劳动技术、信息等多个学科的知识,以课文《王二小》为基础,从立德树人的角度,最大限度地发挥其育人价值,让学生"做中学",深入学习红色文化知识。

　　"选择成果类型"必须在开始实践前就有清晰的成果雏形,整个实践过程就是围绕成果的产出而进行的。由于最终想要产出的作品是一个以《王二小》一文为基础改编的穿越音乐剧,因此原课文的阅读、历史背景的检索就非常重要,再加上音乐剧在舞台上所涵盖的呈现元素——表演、歌唱、舞蹈、舞台舞美等,教师以剧目真实需求展开尊重差异的课程规划。

　　"检索整合信息"可以从横向与纵向二维路径进行整合,横向包括所有相关学科,纵向包含单个学科的不同学习内容,同时注意整合的限度问题和切入点。在活动起初,教师和学生共同研读课文《王二小》,提出关键性问题:"如果你穿越去了二小那个时代,你会怎么做?"学生根据这一问题展开历史背景信息收集和发散性思维的讨论。这里展现的就是信息学科中的信息检索能力及语文学科中的文本阅读能力;学生围绕关键性问题在一段段课堂即兴表演中形成剧情,又展现了艺术学科中的戏剧创作能力;以剧情为基础为歌曲填词,进而创作舞蹈以丰富歌曲表演,这里体现了音乐学科中的歌词舞蹈创编能力;演员在定好剧本后即刻着手以剧情需要的情绪为基调,以冷暖色呈现情绪,进行剧目舞

_____

① 本案例由风华初项目化学习团队提供,撰稿人为祝雪琴。

台灯光设计及多媒体制作,这里实现了美术学科的色彩感知和信息学科的 PPT 制作技术的融合。每一个学科都在这一过程中有其清晰的切入点,每一个学生也可以选择自己想要侧重实践的学科板块。

在"实践—反馈—N 轮实践"中,学生还要运用相应的方法对所有相关学科知识再次进行梳理、判断、分析、质疑、求证,进而有所发现和创造,基于对实践的分析,进一步改进方法、调整策略。在最初的剧本设计中,学生并没有设计"二小看到课本自知必死无疑仍毅然赴死"的剧情,但在剧本复盘的过程中,学生们一致认为这让戏剧所需的重要因素"一波三折"缺失了一折,这让他们希望在剧本中展现出的英雄品质大打折扣,连不懂事的"顾同学"在剧中的顿悟也因为这个剧情设定的不完整而显得有些突兀。为了验证这一环节的缺失确实会让剧本不合理,学生邀请了不同社团从未参加过排演的同学一同欣赏剧本朗读,谈谈感悟,发现与他们想要达成的情感认知深度确实有偏差。如何在剧情中自圆其说成了学生们反复推敲的问题,一本一同穿越过去的课本道具成了他们反复研讨后的重要成果。

"展示交流"要从原本关注学科知识的达成转变为关注学生的跨学科解决问题能力的培养,对学生在真实背景下动态获取、运用知识并解决问题的全过程进行展示,聚焦应用、综合、创造等学科高阶思维和关键能力的形成。通过表演不同的正反面角色,学生们对课本中的人物角色有了更深的体验和认识,提高了对不同时期文化背景的理解和尊重。在创作过程中结合当下学生的性格特点,更好地符合其内心需求,让其对自身情感有更多的认识,更加坚定情感信念。在一次次深情投入的彩排中,学生们对真善美的情感认同和价值认同得到空前提升,理想信念的教育就在无形中悄然展开,并在心中埋下信仰的种子。

我们认为,实践性学习活动还要从原本仅仅关注成果转变为兼顾成果与过程。在开展上述多学科协同的跨学科实践性学习活动中,我们不仅关注学生制作的作品、完成的成果等学习结果,还引导学生记录并反思这些学习结果得以产生的过程,包括如何分解任务、制订计划、进行实践、制作作品等。

第三节 四种学习新样态

在对所有课例进行分析的过程中,我们发现不同学科的实践性学习活动样态并不一致,有的相近,有的区别明显。为了更加凸显实践的特征,便于教师灵活应用,我们组织学科教研组自主寻找相近的活动任务,在理论研究的基础上,逐渐提炼、归纳、总结出表达表现类、实验探究类、设计制作类、社会参与类四种学习样态。教师可依据任务的复杂性,选用一种或多种学习样态,针对学生特点进行个性化设计,确保活动实施品质和学生深度体验。

一、表达表现类学习样态

语言和艺术是人类文化的重要组成部分。通过语言和艺术的表达,人们可以传递情感、展示思想和表现美感。在实践性学习活动中,教师通过设计文史、音乐等语言、艺术表现型任务,让学生在观察、想象、行动等具身学习中激发创造力和提升表达能力,培养他们的审美情趣和综合素养。语言和艺术的理解都应该建立在行为理解的基础上,合适的行动可以促进学生表现和学习,行动的方式包含了实际行动和想象行动。实际行动主要通过文本演示、声音动作、肢体语言等方式呈现。想象行动是对可能行动的一种准备状态,对行动进行心理体验与模拟,如通过思考执行一个动作,观察一种行为,计划一个预设的行动等。因此,表达表现类学习样态主要包含"感受积累—主题分析—素材选择—加工组合—反思修改—美化演绎"这些阶段。

感受积累是指学生通过观察、倾听和阅读等方式,对文史、音乐等艺术作品、技术手段进行感受和体验的过程。教师可以引导学生关注内容中的情感表达、意境描绘和人物形象等要素,培养学生的审美意识和感知能力。通过感受积累,学生可以深入理解作品的内涵与风格,为后续的创作和表现打下基础。

主题分析是指学生对活动中的文史、音乐等内容进行深入研究和思考,提取其中的主题和核心观点。学生可以通过阅读相关资料、组织小组讨论和文本分析等方式,理解与主题相关的资料背景、情节和内涵等。主题分析的过程可以培养学生对艺术的批判性思维和自我感知意识,帮助他们深入思考和理解艺术的价值与意义。

素材选择是指学生根据主题分析的结果,选择合适的文史、音乐等艺术素材用于创作和表现。学生可以根据自己的理解和兴趣,选择合适的文学作品、历史事件或音乐、舞蹈作品等作为创作的素材。在选择过程中,学生需要对不同的素材进行比较和评估,培养判断能力和审美能力。

加工组合是指学生对所选的素材进行加工和组合的创作和表现。学生可以通过写作、绘画、音乐演奏等方式,将自己的思想和情感表达出来。在这个过程中,学生需要运用语言、艺术技巧激发创造力,进行个性化表达。加工组合的过程可以提升学生的艺术技能,培养学生的创新思维,促进他们发展个性和释放创造力。

反思修改是指学生在创作和表现完成后,对自己的作品进行评估和修改。学生可以回顾整个创作过程,分析自己的优点和不足,并进行相应的修改和完善。反思修改的过程可以培养学生的自我评价能力,帮助他们不断提升自己的艺术水平和表达能力。

美化演绎是指学生将反思修改后的作品进行最终的呈现和演绎。学生可以通过朗诵、展示、演奏等方式,展示自己的创作成果。在演绎过程中,学生可以展示他们的个性和创意,同时感受表演和展示的乐趣。美化演绎的过程可以培养学生的自信心和表达能力,增强他们的艺术修养和文化内涵。

表达表现类学习样态是任务种类最为复杂、成果表现形式最为多样的形态,涉及的人文素养广泛,因此可以根据成果将此类样态的活动进一步分成研究报告型、积累创作型、语言交际型、舞台表现型等呈现形式。

（一）研究报告型

研究报告型实践性学习活动主要以绘制小报、撰写实践报告、TED 演讲等形式呈现活动成果。绘制小报是学生通过文本形式展示自己的学习过程和学习成果的一种全面、富有个性的表现形式。撰写实践报告是学生通过文本的形式，以小组合作或个人的形式进行数据统计和分析，并将所学知识与实际问题情境相结合，进而对整个活动过程进行总结，也是学生学习成果的体现。TED 演讲是以语言的形式来汇报实践过程和结果，即根据收集的资料进行有效的信息提取和处理，以小组合作的形式，通过提炼、整理、归纳、解释等一系列操作，用合理的语言将活动成果表达出来。

学生必须先查阅有关学科的相关资料，根据不同的活动主题，以小组合作的形式设计相应的方案。由于方案的不成熟，因此要进行多轮实践来反思调整，以检验实践性学习的科学性，随后形成较为完善的实践性成果，并进行不同形式的成果展示。

这一类活动的评价可以从对学生的资料收集、信息提取、小组合作、数据分析、语言表达等方面进行评价。

案例

数学和我——Both Math and I[①]

"数学和我——Both Math and I"是六年级数学第一学期理科活动月的实践性学习活动。以 BMI 为载体设计的跨学科综合实践性学习活动，将数学与生命科学、体育等多学科融合，拓宽了学生的视野，激发了学生的兴趣，提升了学生的解决问题能力。同时，这也是数学学科实践性学习活动课程图谱中的一个活动。

"数学和我——Both Math and I"的活动目标为：（1）了解 BMI 指数及其发展史，知道 BMI 的计算公式及研究 BMI 的意义；（2）通过动手测量身高和体

---

① 本案例由风华初数学教研组提供，撰稿人为王雨婷、李永文。

重,对不同的测量方法进行评估,改进测量方法或测量工具;(3)通过小组合作的方式收集、分析数据,整理并得出结论;(4)结合所得出的结论,在其他学科教师的指导下,制订符合我校学生的一周健康午餐食谱及每周自主运动计划。

近年来,我校学生的肥胖率呈明显上升趋势,并对健康造成严重危害。由此引出主导性问题:"如何让学生意识到健康的重要性？能否借助 BMI 改善学生的健康状态？"

围绕主导性问题,该实践性学习活动主要有以下四个环节:信息、数据的收集;数据的整理与分析;一周健康午餐食谱及每周自主运动计划的制作和制订;评价与反思。

在信息、数据的收集阶段,学生主要以小组合作方式为主,以教师讲授为辅来学习 BMI 的相关知识,再结合六年级已学过的知识独立完成身高和体重的测量。学生在测量过程中,动手设计和制作测量工具,比较不同测量方法之间的优劣并评估精准性,从而根据必要条件改进测量方法或测量工具。在这一阶段中,教师是引导者,以此培养学生独立自主、合作探究的能力。

在数据的整理与分析阶段,学生以问卷星的形式收集了一千多份数据,并通过小组合作的方式进行数据分析。先对所收集的数据进行了删减和修正,整理出有效的数据,再对年级总体情况、性别、班级、身高这四类数据进行分析,并对六年级学生的健康状况进行分类,制作扇形统计图或者折线统计图等,最后形成一份实践报告作为活动成果。在这一阶段,学生经历了科学探究的过程,培养了数学运算、数学建模等数学素养及全面动手能力、合作探究能力和数学交流能力等,提升了数学情感。

在一周健康午餐食谱及每周自主运动计划的制作和制订阶段,为了帮助部分学生解决个人 BMI 过高或过低的现状,尝试从膳食角度出发帮助学生解决问题。首先采取随机抽样的方式进行问卷调查,了解每一位同学最喜爱的食物。学生基于已有的结论和最喜爱的食物调查,制作了一周健康午餐食谱,同时将这个食谱提供给我校食堂。这样既能满足学生身体发展所需营养,也能满足学生的口味和喜好。但由于短期内身高的变化不大,对于 BMI 的控制和调整也可通过增重或减重来实现,可制订每周自主运动计划,并通过软件或者小程序打卡、记录,帮助学生提升体育锻炼能力。

在评价与反思阶段,学生将依据活动前期各阶段任务的完成情况,在组内开展线下自评和互评,并反思在此次实践性学习活动中的收获与不足,从而公正客观地评价自己与组员的表现。

(二) 积累创作型

积累创作型实践性学习活动主要是以小报编制、九宫格绘制、宣传册制作等形式进行语言积累与创作。小报是较为传统的积累创作形式。小报编制要求学生围绕一定的主题,分板块进行积累创作。读书笔记是学生对所读作品的文学常识、语言表达、内容主旨和自己的阅读感悟等进行总结。九宫格是一种新颖的积累创作形式,即根据九个空格内的具体要求,引导学生进行积累或创作,以帮助学生拓宽视野,积累生活点滴。宣传册制作需要学生在活动探究过程中完成收集资料、整理资料、提炼概括等任务,并用合适的语言进行说明,最后完成图文并茂的宣传册制作。

积累创作型实践性学习活动主要涉及“感受—思考—创作—反思—美化”,因此学生必须先从信息源中获取信息,再加上自己的思考,才能有所感悟并开始创作。在完成之后还可以结合内容,配上相应的图画,既可以剪贴,也可以手绘。

这类活动可以从内容、书写、设计等方面设计有针对性的评价表。

 案例

“Electricity? Probe It and Have Fun!”实践性学习活动①

“Electricity? Probe It and Have Fun!”是八年级英语第二学期第三单元的实践性学习活动,也是英语学科实践性学习活动课程图谱中的一个活动。

---

① 本案例由风华初英语教研组提供,撰稿人为包思嘉。

该活动目标为：(1)巩固、运用与电相关的所学词汇和表达；(2)深入了解与电有关的知识，提出问题，分工合作，并收集整理信息；(3)基于整合的科学知识或信息，给出准确、符合逻辑的答案；(4)基于评价单，进行合理有效的自评和互评；(5)深入了解电的用途，进一步认识电的重要性，形成节约及安全用电的意识。

"Electricity? Probe It and Have Fun!"实践性学习活动创设的问题情境是：学校制作 What if 英语科普手册，向更多的学生宣传科普知识。本期主题为"电"，现向各班征集解决与电相关问题的内容制成专栏页。你会制作怎么样的英语专栏页？

围绕这一问题情境，该实践性学习活动主要分为三个阶段：筹备阶段、选拔阶段和展示阶段。

筹备阶段包含三个环节：问题的提出与确定、信息的收集与探究、专栏页的设计与制作。在问题的提出与确定阶段，学生在教师的指导下完成分组，填写任务单，明确任务分工，以"If/When…，what/how/why…"句型提出与电相关的趣味问题，并思考问题的可探究性，最终确定各小组的探究问题。在信息的收集与探究阶段，学生主要通过教师讲授、小组合作的方式收集和探究与问题相关的资料，探究成果以科普手册专栏页的形式展示。在专栏页的设计与制作阶段，学生按照角色分工完成文字撰写、润色、设计美化等任务，根据教师提供的版式要求编撰科普手册专栏页。在这个阶段，教师是引导者，通过搭建支架，保障活动的推进；学生要运用教师提供的支架，以小组活动的形式开展合作探究，以此培养自主探究意识和分工合作能力。

在选拔阶段，学生以小组为单位在班内展示，介绍分工并围绕三个问题进行分享："What question do you ask? What is the answer to the question? What do the findings tell us? "。经过班级选拔后，各班推举优秀作品参与年级展示。在这个阶段，学生在教师的组织下开展自评与互评，并反思在此次活动中的收获与不足，从而公正客观地评价自己与组员的表现。

在展示阶段，各班将所选出的优秀作品整理成册，收录进 What if 英语科普手册，并印刷分发。学生在分享和展示成果中收获成就感。

（三）语言交际型

语言交际型实践性学习活动的形式多样，包括朗诵、演讲、报道等。演讲除了以有声语言为主要手段，还以体态语言为辅助手段。演讲一般是针对某个具体问题，发表自己的见解和主张，阐明事理，同时起到抒发情感的作用。

朗诵、演讲类实践性学习活动包含"准备文稿—分析悟情—完善准备—上台展示"等步骤，因此学生首先要准备朗诵或演讲的内容。无论是成熟的作品还是新创作的稿件，都需要进一步的润色、修改，以提高文本质量。在修改的过程中，演讲者也会对作品传递出的观点、情感有更加深刻的认识。随后，还可以设计一些动作、表情，准备服装、道具，以提升表现力。经过排练后，将以上因素有机融合，即可上台展示。

这一类活动可以从内容、语言、台风、效果等方面设计评分表，将评分表交由评委老师或者台下观众进行评分。

报道则是通过各种形式把新闻告诉他人的活动。这里的"报道"不仅指"新闻报道"这一新闻体裁，也涵盖通讯、特写、新闻评论等其他新闻体裁。报道类实践性学习活动包含"采访—撰写新闻—发表"等步骤。新闻报道的撰写讲究客观真实性，要求活动参与者亲身经历、实地采访。在稿件发表之前需要反复打磨文字，使之符合新闻类文体的各项要求。

这一类活动可以从标题是否简明扼要、是否符合该新闻文体的基本特征、是否具有准确性和时效性等方面设计评分表。

 案例

校运会的全景式报道①

"校运会的全景式报道"是八年级语文第一学期第一单元的实践性学习活动。这一活动是语文统编教材"活动·探究"单元主题学习系列，也是语文学科实践性学习活动课程图谱中的一个活动。

———————————

① 本案例由风华初语文教研组提供，撰稿人为陈丽颖。

"校运会的全景式报道"的活动目标为：(1)了解新闻单元的相关知识；(2)学习新闻写作的基本方法；(3)完成校运会的全景式报道。

该活动结合八年级第一单元的学习，在校运会举行期间，组织学生进行实践性学习，通过"采编播"系列活动，对校运会进行全景式报道。

校运会开幕前，在校园中张贴校运会记者团海报，内容包括校运会的基本信息和招募小记者完成全景式报道的通知，由此引出主导性问题：你能作为小记者完成校运会新闻的"采编播"任务吗？

围绕主导性问题，该实践性学习活动主要有以下三个环节：新闻文体相关知识学习，新闻采访、稿件撰写及播出，评价与反思。

在新闻文体相关知识学习阶段，学生将通过课堂学习了解新闻相关知识。这一阶段虽然以教师教授知识为主，但在课堂学习中，依然设计了不少实践性学习活动。例如在学习了消息的构成后，通过一系列活动完成新闻知识的学习，如小组合作阅读"消息二则"、完成学习单、辨识消息的各构成部分、找出新闻六要素等。

在新闻采访、稿件撰写及播出阶段，学生以小组为单位召开新闻采访选题会活动，确定报道题材，完成采访方案的撰写，明确组内分工，各有侧重，如了解事件的总体情况、采访事件亲历者、收集相关资料、拍摄新闻照片等。

学生依据组员共同获取的信息，通过讨论，完成消息、特写、通讯的撰写。在此过程中，组员需要经过信息整合，讨论并确定新闻写作的几个步骤，完成新闻的采编任务。之后，学生需要思考如何将这些成果有效组合，通过纸质报纸及公众号推送、学校电台及电视台播报等方式输出，这是对学生创新能力的培养。

在反思阶段，学生在教师的组织下开展自评与互评，并反思在此次活动中的收获与不足，从而公正客观地评价自己与组员的表现。

（四）舞台表现型

舞台表现型实践性学习活动主要以朗诵、小品、戏剧（课本剧）等舞台表演形式呈现活动成果。朗诵是用各种语言手段来完整地表达作品思想感情的语言艺术。课本剧是一种舞台故事表现形式,把课文中叙事性的文章改编为戏剧,以戏剧语言表达文章内容和主题。

此类实践性学习活动包括"创作(改编)剧本—修改润色—排练演出"等步骤。因为剧本是舞台演出的依据和基础,所以首先要把课文改编为剧本,使之在时间、空间上更加集中。反复修改剧本,使剧本语言不仅能反映人物的特点,还能适合舞台演出。在此基础上,通过多次排练,演员配合默契,最终进行表演。

这一类活动可以从剧本编写、演员表演、服装、化妆、道具等方面设计评分表,交由评委老师或者台下观众进行评分。

 案例

"诵精神之美,品哲理之思"舞台剧展演①

"诵精神之美,品哲理之思"舞台剧展演活动是结合七年级语文课内学习内容《木兰诗》《邓稼先》《游山西村》,学习古今杰出人物的精神,品味课文传达的深刻哲理而展开的实践性学习活动,也是语文学科实践性学习活动课程图谱中的一个活动。

"诵精神之美,品哲理之思"舞台剧展演的活动目标为:(1)以课内知识迁移与运用为核心,激发学生学习兴趣;(2)依托文本引导学生阅读相关文史知识,提升语言文字运用能力;(3)培育学生的文史素养,提高学生思维品质。本次舞台剧剧本的创作以课内学习文本为基础,学生在阅读文本后,需要进一步整理材料。教师可以引导学生创造性地将课外资料与课内文本相结合,创造出新的故事。在精读文本、深入思考的基础上,调动丰富的学习资源,不拘泥于课文材料。同时,以任务带动学生阅读丰富的文史资料,进行课外拓展。在这样的过程中,学生的文史知识得到了迁移与运用,语言能力也得到了提升。

本次活动的主导性问题是:古今杰出人物给你带来了怎样的精神力量? 由

① 本案例由风华初语文教研组提供,撰稿人为张修竹。

此引出主要任务：（1）学生以小组为单位精读课内文本，选择表演内容；（2）教师讲解剧本的要素及写法，小组内部共同探讨，确定角色设置、道具选择、人物台词等细节，完成本组剧本撰写；（3）小组成员在教师的指导下充分讨论，深入解读人物形象，进一步完善和修改剧本，最终穿着符合人物特点的服饰完成表演。

本次实践性学习活动的具体内容将从以下四个阶段展开。

1. 准备阶段。学生先在七年级下册语文课本中自主选择自己感触深刻的篇目进行深入解读，再以小组为单位，以如何设计舞台剧为讨论核心，细化舞台剧表演的基本步骤。

2. 实施阶段。学生熟读并准确理解文本内容，完成活动任务单，明确课文主要内容及人物所处的时代背景。根据课文中人物的身份、性格特点、社会地位及行为表现，在保留课文原意的前提下创作剧本，并设计台词。在编演过程中，学生相互协作，利用多媒体资源，设计舞台背景，制作相关音视频。教师也可以根据学生的特长，引导学生以小组合作探究的形式分配任务，群策群力。

3. 成果展示阶段。首先，组织学生进行节目彩排，确定表演的最终内容和形式。其次，选择活动主持人。主持人在教师的指导下撰写主持稿，优化节目的展演顺序和节目之间的串词，并不断排练节目。最后，举办面向全年级的展演活动，展示文本解读、剧本创作和表演成果。

4. 评价与反思阶段。在这一阶段，学生开展自评与互评，并思考从本次实践性学习活动中得到的收获与反映出的不足，从而检验活动成效。

二、实验探究类学习样态

实验探究类实践性学习活动以探究过程为主线，让学生在教师的引导下经历提问、假设、制订计划、使用工具、收集证据、处理数据、解释问题、表达与交流等过程。学生在实践体验的过程中学习科学探究的方法，掌握探究技能，形成科学思维方式，提高科学思维能力。因此，在学校的课程建设中，不仅要为学生提供大量的实验探究类实践性学习，还要为学生设计有效的学习模式，培养和提高学生的探究能力。在实验探究类实践性学习活动中，主要以"发现问题—提出假设—设计规划—实验操作—观察记录—归纳总结"的模式开展活动。

一是发现问题。陶行知先生曾指出："发明千千万，起点是一问。"问题是进行科学探究的起点，也是学生好奇心的表现。但由于缺乏提问的能力和习惯等，学生遇到问题时就会不敢或不愿提。同时，一般的学习活动往往以解决教师或者教材中的某一个问题而终止，缺少追问"为什么"的意识。因此，教师首先要鼓励学生提问，帮助他们克服畏惧的心理；其次，通过创设情境等形式，让学生通过观察自然事物、实验、生活现象等，在实践中发现和提出问题。如在设计"探究蜗牛的食性"的学习任务单时，教师增加了"你在实验过程中发现了什么新问题吗？"的提问。学生在饲养和观察蜗牛的过程中发现蜗牛喜欢吃植物叶片，但由于不同的学生喂养的植物种类不同，因此学生在活动结束后又提出了"蜗牛是否喜欢吃水果？""蜗牛有味觉吗？"等更深入的问题。在这一过程中，学生的探究不局限于活动本身，而是在进一步发现新问题的基础上进行后续的自主学习。

二是提出假设。围绕需要探究的问题，学生根据已有的知识、生活经验等，大胆地提出自己的科学猜想或对实验结果进行预测。学生提出的假设必然会有不合理之处，教师应给予包容和耐心。同时，利用"黑盒实验"等活动，引导学生认识到科学的猜想是基于一定的证据提出的假设，而不是漫无目的地进行假想。后续可以指导学生通过实验、查找资料等方式对假设进行验证。

三是设计规划。学生针对探究的问题和提出的假设，设计简单的探究方案，这个环节主要培养学生"做计划"的能力。"做计划"也是实验探究类实践性学习活动的关键。

1. 明确设计实验的要素。设计活动方案对初中低年级学生而言有一定难度，因此可以引导学生归纳出设计实验的要素：实验器材、实验步骤、实验现象和实验结论。使学生在自主设计实验时，有一定的体例支撑以帮助他们厘清实验方案的设计思路。

2. 学习设计实验的方法。运用控制变量、设置对照组、重复试验等方法设计实验，目的在于消除无关变量对实验结果的影响，减少误差，避免偶然性，增强实验结果的可信度，从而得出普遍规律或科学结论等。教师在教学过程中首先要指导学生分析现有实验，从中学习设计实验的科学方法。如在设计"酸雨对幼苗生长的影响"实验时，教师可以通过分析"实验中的变量是什么？""为什么要设置 A、B 两组实验？""为什么要重复多次进行实验？"等问题，指导学生体会这些科学方法在设计实验中的重要作用。在学生自主设计实验时，也可以引导学生从这些角度分析自己的方案，及时进行修改，保证实验方案的科学性。

四是实验操作。规范、正确地使用简单的仪器或者仪器的组合进行操作，是活动能顺利完成的前提和保证。因此，教师不仅要在演示、使用实验仪器的过程中以身作则地进行规范实验，还要在学生实验操作的过程中加强巡视，及时发现问题，并对全班学生或者个别学生进行纠正或指导。

在实际活动过程中，往往会出现学生的操作过程脱离实验方案的现象。因此，教师一方面要在方案讨论和交流的过程中引导学生认识方案对实践操作的指导意义；另一方面，若在实施实验的过程中发现可操作性不强的问题，也可以及时对方案进行修改和完善。

五是观察记录。教师不仅要指导学生学会正确选择、使用合适的工具进行观察，还要指导学生从哪些角度进行观察，并且培养学生养成对现象进行及时记录的习惯。

学生可以根据活动的实际情况对记录的形式（数字、文字、符号、图形、表格等）进行自主选择，教师不必过分强调统一性。

六是归纳总结。在对实验的现象和数据进行分析的基础上，教师引导学生对假设是否成立进行判断，并得出相应的实验结论。

学生在课内活动中可以采取分享讨论、活动单的形式，在课外活动中则可以采用实验报告、探究笔记、科学小报、TED 演讲的形式进行交流。教师应充分发挥学生的特长和自主性，为培养学生的表达与交流能力搭建平台。同时，也可以通过自评、互评等方式，让学生对整个活动进行总结与反思。

下面以物理学科的"如何测量一枚一元硬币的质量"活动为例，阐述实验探究类实践性学习活动的设计与实践。

案例

如何测量一枚一元硬币的质量①

一、发现问题

"如何测量一枚一元硬币的质量"是以测量一枚硬币的质量为目标,运用天平、杠杆、浮力的相关知识设计实验的实践性学习活动。在真实的问题情境中,学生自选实验器材,设计实验方案,进一步理解杠杆五要素、杠杆平衡条件及三种杠杆的应用。不同的实验方案设计对应不同的实验器材,因此具有一定的开放性和多样性。教师在活动中引导学生用文字、公式、简图等形式对探究过程和结果进行描述和解释,既培养了学生的设计与操作能力,也提高了学生收集证据与进行论证的关键能力。

二、提出假设

本活动以培养学生的"设计与操作""证据与论证""表达与交流"三项关键能力为目标,是学生学习完"杠杆"单元知识后,为复习课设计的拓展实验。在教师的启发下,学生们运用所学知识,采取建模、推理等方法,大胆地提出了实验假设:能否运用杠杆原理自制实验器材,测量出一枚一元硬币的质量。

三、设计规划

"如何测量一枚一元硬币的质量"是在两个年级的三个学期以同一主题为导向制订的系列活动。八年级上册"如何用天平测量一枚一元硬币的质量"的活动,通过对轻小物体质量的测量方法进行思考,引导学生利用累积法设计实验,突出设计与操作的关键能力;八年级下册"如何用杠杆测量一枚一元硬币的质量"活动,引导学生用文字、公式、简图等形式对探究过程和结果进行描述和解释,在培养学生设计与操作能力的同时,也提高学生收集证据与进行论证的关键能力;九年级上册"没有天平时,怎样测量一枚一元硬币的密度"活动,要求学生能综合运用学过的力学知识,建构知识网络,自行组队进行探究,同时还需

①　本案例由风华初物理教研组提供,撰稿人为邹烨。

要学生具备较高的表达与交流能力。

以八年级下册"如何用杠杆测量一枚一元硬币的质量"为例,围绕"需要测量的物理量有哪些?"和"需要的器材有哪些?"两个问题,在教师的组织下,学生们展开头脑风暴。学生根据自身的知识结构、认知方式和自身能力,在提供的自选实验超市中选择所需的器材,以小组合作的方式设计实验方案;再通过组内讨论、组间互评的方法,选出最优的实验方案。

四、实践操作和观察记录

学生根据优化后的方案进行实验操作并记录观察数据和结果。围绕教师提出的三个问题"操作中需要记录哪些数据?""如何处理数据?""如何减少误差?",以小组合作的方式展开实验探究活动。在操作过程中,学生进一步巩固杠杆知识,再通过交流实验所获得的数据,找出实验中的不足之处,进一步完善实验方案。

五、归纳总结和活动评价

学生对自身和他人的实验过程和结果进行评估,主要围绕实验方案设计、实验操作情况、合作交流情况三方面进行。活动评价单既在课堂中建构了学生活动的支架,又对学生在此次活动中的关键能力表现进行了有效评估。

六、改进与调整

我们设计的活动具有一定的开放性和多样性,活动设计基于单元视角,面向全体学生,强调培育学生关键能力的导向作用,解构目标、设计教学、制订任务、开发工具等环节必须保持教育影响的一致性,使学生对活动主题进行深入探究,从而获得整体性的学习体验。

教师应根据教学需要,基于课程标准,以培养学生关键能力为目的,设计满足学生自身发展需求的实践性学习活动,引导学生在真实情境中进行实践性学习,从而尽可能使每个学生在学习中有适合自己学习的步调和要求,能使学生主动进行自我导向、自我激励和自我监控,形成良好的思维习惯,不断完善自己,为后续学习打下坚实的基础。

三、设计制作类学习样态

在设计制作类实践性学习活动中,以基于学生兴趣、贴近学生生活的活动项目为主线,通过动手制作的实践过程,让学生经历需求调查、方案设计、材料选择、工具使用、作品评估与修改等过程,学习技术知识,掌握技术操作,增强技术意识,提高技术素养,培养实践能力、创新能力、表达能力、合作能力等。

设计制作类实践性学习活动有三个基本特征,即实践性、综合性和创造性。其中,实践性是最大特点,而体现实践性的关键在于"引导学生以动手实践为主要方式"。

活动过程要体现整体性、选择性、开放性和创造性原则;活动设计应完整体现技术活动的全过程,关注学生之间的差异,体现活动的阶梯性和层次性。活动的答案应该不是唯一的,也不是封闭的。因此,要给学生提供多角度思考的方法,让学生不仅可以这样做,还可以那样做。在实践性学习活动中重视观察、体验,注重创造发明、合作交流,引导学生在自主探究、合作学习的过程中提高自身的创新能力。在设计制作类实践性学习活动中,主要以"明确目标—选择材料和工具—明确工艺流程—加工创新—展示交流"的模式开展活动。

设计制作类实践性学习活动主要有创设情境、认识材料、使用工具、设计表达、加工制作和评价交流六种活动类型。在"明确目标"环节,通过创设情境类活动激发学生的学习兴趣,引导学生发现问题或需求。创设情境的方式有很多,可以用实物、图片、问题或作品等,也可以用故事、视频或游戏等。如在"布行天下　厨房安全小妙招"实践性学习活动中,教师首先通过出示厨房安全事故的图片,引导学生运用所学布艺知识解决厨房中遇到的安全问题;接着展示一些厨房布艺小制作,引导学生在欣赏作品的同时,也去了解作品中包含的技术知识和制作技能。这个环节使学生产生学习技术的欲望,从想做变为敢做,学习兴趣得到了升华。

设计制作类实践性学习活动离不开材料的选择、工具的使用。其中,对常用材料的特性和用途的认识是学生必须掌握的基本知识。在这类活动的设计中,教师通常可以通过实物、图片或视频等形式,向学生展示活动所需要的材料,让学生学会对这些材料进行辨识,在师生互动交流中了解材料的用途。比如在"生活小达人　书桌收纳大比拼"活动中,教师通过展示不同的金属丝材料,让学生通过摸一摸、弯一弯等形式,了解它们的不同特性,从而为后面的材料选择作准备。这类活动有利于学生在实践操作的过程中进一步理解材料的特性,学会材料的选择及加工处理方法。在使用工具类活动中,教师不仅要让学生认识工具,还要让学生学会正确使用工具。如在"生活小达人　书桌收纳大比拼"活动中,教师既要通过图片让学生了解尖嘴钳的结构,又要通过微视频演示向学生示范如何正确规范地使用尖嘴钳进行拉直、剪切、弯折、缠绕。这类活动能让学生理解工具对于提高工作效率的作用及选择合适的工具进行安全规范的操作。

　　学生在动手制作前离不开设计表达、规划流程。在设计表达活动中,教师利用草图、模型等,让学生进行设计方案的表达,给予学生思维碰撞的机会,从而培养学生的创新思维。如在"丝随手动　我是小小设计师"活动中,鼓励学生通过观察上海著名建筑物,设计不同的金属丝建筑作品,从而培养学生的创新性思维。在规划流程活动中,要求学生在加工前进行工艺流程的规划,并按照合理的流程制作作品。如在"端午文化大传承　创意香袋巧制作"活动中,通过说一说制作环节、排一排制作流程的活动,引导学生自主合理地规划香袋制作的加工流程。这类活动有利于学生大胆创新设计,提高作品的质量效益。

　　加工创新环节是建立在认识材料、使用工具、设计表达等已开展活动的基础上,它是学生学习基本技术知识和技能后的实践活动,也是对技术知识和技能的综合应用。在学生制作过程中,教师要加强巡视与指导,既要求学生按照既定的加工流程进行操作,也要培养学生在实践活动中发现问题、解决问题的能力。同时,引导学生通过分析问题、调整方案、修改设计等方法解决制作中遇到的问题,鼓励学生大胆进行作品创新,以期作品多样化呈现。这类活动是设计制作类实践性学习活动实践性、综合性、创造性特点的体现。

　　设计制作类实践性学习活动的展示交流有多种形式,如优秀作品的设计方案和作品集中展示、观察记录任务单、体会撰写等。活动后,要总结活动的得失,思考改进的方法。最后,教师可以收集学生的设计图或布艺作品,做好档案袋,以丰富课程资源。在展示交流环节,要根据活动目标,制订评价内容与标准,让学生在展示交流时有参照的标准,根据技术要求进行合理的评价和交流,通过评价促进不断反思,不断完善设计方案,提高作品质量,修正学习行为,真正起到激发学生学习技术的兴趣和促进他们个性发展的作用。

案例

皮影的设计与制作①

一、明确目标

皮影作为传统艺术形式可以唤醒学生对于非遗的传承意识和创新意识。本活动注重培养学生对传统工艺的掌握能力和对技术问题的解决能力,学会寻找、发现和分析技术问题,运用掌握的技术知识与操作能力,选择恰当的加工与制作流程等。活动目标如下。

1. 通过课前调查与交流分享,了解皮影的特点及发展历史,感受传统工艺劳动的智慧。

2. 通过小组合作分工,设计剧本和人物,并选择合适的材料和工具制作简单的皮影作品,养成规范、正确使用材料与工具的劳动意识和团结合作的劳动品质。

3. 在制作皮影的过程中,理解制作皮影的一般工序,初步掌握制作皮影的技能和方法,养成专心致志的劳动品质,形成乐于动手的劳动态度。

4. 通过小组演绎皮影戏,说明传统工艺的价值,初步形成传承中华优秀传统文化的意识。

二、选择材料和工具

本活动在劳动技术学科实践性学习活动课程结构图中属于 B 级能力目标。

———————————

① 本案例由风华初劳动技术教研组提供,撰稿人为康欣。

在学习活动开展前，七年级学生已经学习了纸艺、金属丝工艺等方面的加工技能，并进行了"纸艺——装饰花""金属丝工艺——自行车模型的设计与制作"等活动体验。在本次活动中，学生以 2 人为一组，准备纸质材料、铅笔、上色工具等。教师准备热缩片、二脚钉、金属丝、细木棍、打洞器、剪刀、尖嘴钳、幕布等工具与材料。

三、规划路径

本活动从提升学生解决技术问题能力出发，主要包括技术设计与表达能力、技术操作与应用能力。

表 4-3-1 活动过程设计表

活动环节	提出问题	教师活动	学生活动
了解皮影艺术，感受皮影魅力	皮影戏的发展历程是怎样的？如何帮助皮影走出传承与发展的困境？	按学生劳动能力给予学生分组建议。发布不同方向的调研任务，组织学生以小组为单位进行调研情况反馈展示。	完成分组，自主调研皮影戏的相关内容，了解皮影戏，小组内分享课前学习成果。
设计皮影人物，了解工具材料	皮影的制作步骤有哪些？皮影服饰上有哪些纹样？造型原理是什么？	讲授所需工具及使用方法，讲授皮影服饰的基本装饰纹样和基本排列方式。指导学生结合不同剧本设计体现传统文化、时代特色的服饰纹样。	知道皮影制作工具的使用方法，以团队合作形式根据剧本需要设计草图，并能简单表达方案构想。
制作皮影人物，巧设背景动态	皮影的脸部特征有哪些？什么地方需要镂空处理？怎样的钻孔位置是合适的？装订的松紧程度怎样是合适的？如何设计简易的背景？	指导学生正确使用工具，合理使用材料。对各小组舞台需要的背景做出要求。	掌握皮影的制作知识与技能。根据剧本需要，利用纸质材料设计简易的背景，增加舞台演绎时的丰富性。
分享制作成果，传承传统文化	演绎时小组分工如何？有怎样的感悟与体会？	课上演绎，建议学生在课后将录制的"皮影戏"微视频与朋友家人分享。	学生填写学习单中的反思和体会，互相交流心得体会。

四、创新研发

在项目学习中,学生根据需要设计与制作传统工艺作品——皮影戏。通过了解皮影艺术的构成要素、历史发展、传承方式及其表演方式,感受皮影戏作品中蕴含的人文价值和工匠精神。学生在开展相关的皮影人物设计、创作与演绎中,初步形成精益求精、追求品质的劳动精神。通过在小组内分享皮影戏的制作流程,珍惜自己及他人的制作成果,理解劳动对个人生活及团队的意义。

五、展示交流

学生课上演绎,并在课后将录制的"皮影戏"微视频与朋友家人分享。感受传统工艺劳动,感受工匠精神,初步形成精益求精的劳动精神。要求学生填写学习单中的反思和体会,互相交流心得体会,填写评价表。

四、社会参与类学习样态

社会参与类实践性学习活动是让学生在真实情境中研究模拟任务,通过探索与思考,发现问题、提出问题、收集资料、提取信息、分析整理,并能分工合作,制订活动方案,进行模拟实践,解决真实问题。在活动过程中,注重学生自主发展、合作参与、创新实践,培养学生为适应终身发展和社会发展而需要具备的正确价值观、必备品格和关键能力。

很多学生由于身份、能力和生活环境所限,很少能有序参与社会公共事务。学校和教师要从学生的成长需要出发,将学科内容与社会活动结合,促进教学内容和教学形式的有机结合。同时,积极开展社会参与类实践性学习活动,创设情境,引导学生多维度观察、多途径探究,进行综合分析,解决真实的社会问题,提升学生的公共参与度,更好地培养学生的学科核心素养。

社会参与类实践性学习活动主要分为探索与理解、分享与发现、遴选与构思、实践与记录、反馈与评价、改进与调整六个阶段。

学生根据实践性学习活动主题及任务要求,梳理本学科与活动相关的知识,厘清活动与学科知识之间的关系。如在"上海红色文化小导游"活动中,"你能制订一份上海爱国主义教育基地参观访问路线方案并担任红色文化小导游吗?"为主导性问题。在"模拟法庭"活动中,"你能设计一份模拟法庭的方案并组织一次模拟法庭活动吗?"为主导性问题。让学生结合自己在生活和学习中的观察与思考,从自身实际和社会发展的现实需求出发,收集和整理相关的课外资料。

学生分享自己收集整理的相关资料,交流自己对活动的思考与理解,在分享与交流中发现存在的问题,并找到解决问题的方法。比如在"模拟法庭"活动中,学生通过分享交流,发现要想组织一次成功的模拟法庭,单靠书面知识的学习是不够的,如果能到法庭进行实地参观是最好的。学生制订了参观方案,并在学校和教师的帮助下到法庭进行了实地参观,为后续活动的成功开展打下了良好的实践基础。

学生在探索与发现的基础上,对具体的活动流程进行构思和设计。社会参与类实践性学习活动是研究模拟任务的活动,学生需要根据活动主题和目标,从自己收集整理的资料中遴选出与主题和目标高度契合的情境、案例或任务,并分工合作,制订出切实可行的活动方案。在此过程中,学生设计的方案可能并不是十分完善,教师可以提供一些指导,也可以组织小组之间进行分享交流,互相学习借鉴,共同进步。

学生根据自己的活动方案,精心准备,进行模拟任务实践,并对活动过程进行记录。记录的方式可以多种多样,如照片、视频、观察记录表、活动记录表等。如在"一家实体书店的经营规划"活动中,学生在对实体书店进行实地探访时填写了观察量表,并用照片和视频的方式记录了活动过程。

在活动过程中,教师可以给学生提供指导与帮助,但不宜过多干涉学生的活动,从而培养学生的自主探究意识,提高学生小组分工合作的能力和参与社会实践的能力。

在活动反馈与评价中,社会参与类实践性学习活动要把表现性评价作为一种重要方式,评价维度以学生为主,强调学生在活动中的积极性和参与度,更加关注过程性评价、发展性评价和把评价嵌入活动的即时评价。同时,坚持多元主体参与评价,可以根据教师提供的活动评价量表,开展自评、互评、师评。

　　学生通过评价和反思,核查活动要点的完成情况,总结、反思本次活动的优点和不足,提高自主学习和自主探究能力。

　　针对活动实施过程中存在的问题及活动评价和反思中发现的问题,汲取经验教训,提出改进和调整的具体措施,让之后开展的活动更加完善。

　　下面以"一家实体书店的经营规划"活动为例,从以上六个阶段系统阐述学校社会参与类实践性学习活动的设计与实施。

 案例

一家实体书店的经营规划①

一、探索与理解

　　本活动以《义务教育道德与法治课程标准(2022版)》为依据,结合八年级上册第一单元"走进社会生活"的内容,创造真实情境的实践活动,让学生在活动中获取直接生活经验,学会运用知识解决社会生活中的问题。本活动要求学生利用信息化手段和网络教学平台,建立评价和互动模块,分享交流学习成果和学习心得。在线下课堂教学中,教师要收集整理学生反馈的疑难问题,进行有针对性的重点讲授,从而使学生更好地掌握教学内容,提高线下课堂教学效率。

二、分享与发现

　　首先,教师分享一篇新闻《实体书店受到网络书店的巨大冲击》,并提出"在信息技术高度发达的社会环境下,实体书店是否还有生存的空间? 实体书店要采取哪些经营策略才能在市场竞争中异军突起?"等问题,激发学生对探究实体书店经营策略的兴趣。

　　其次,教师向学生讲解"一家实体书店的经营规划"的具体任务和要求。活动目标是:(1)以小组为单位选择一家实体书店,运用观察法对该实体书店的经营状况做一次市场调查;(2)比较网络书店和实体书店经营方式的利与弊,运用经营活动的 6 个"W"为该实体书店规划一条可行的经营策略;(3)学会观察法

---

　　①　本案例由风华初道德与法治教研组提供,撰稿人为宋英琳。

的具体实施步骤与方法,采取小组分工合作的方法体验观察活动的过程。

三、遴选与构思

学生根据家庭居住距离的远近或者社会调查的便利,自愿组成学习小组,并推选一名组长,进行分工。分组完毕后,教师下发本次活动的任务单,并要求各小组在 2—3 周内至少对同一家实体书店进行 2 次实地观察,完成观察记录表(见表 4 - 3 - 2)。

表 4 - 3 - 2　观察记录表(模板)

观察目标		
小组成员及分工	组长：　　　　　任务： 组员：　　　　　任务：	
观察时间		
观察与分析	书店名称	
	书店地址	
	书店规模	
	书店地理位置的特点(如是否靠近商业圈、居民区、办公楼,交通状况如何,等等)	
	主要的消费群体(年龄、性别、人次)	
	书店的经营特色	
	与网络书店相比的竞争优势	
	与网络书店相比的劣势	
	……	
观察结论		

四、实践与记录

教师要指导学生实践调查活动的全过程,及时了解各组在完成观察活动中遇到的问题,利用网络平台下发学习资料,分享各学习小组的学习经验和成果。

各组学生完成活动观察记录并制作 PPT 后,汇报本小组的观察过程,陈述初步规划的经营策略及理由。每组汇报完毕后,其他同学可以对该小组的成果提 1—2 个问题,该小组进行回答,提问的质量和回答的质量也列入评分中。在各组汇报过程中,各组进行互评打分。

全部汇报结束后,学生归纳陈述理由中所涉及的经营活动的各要素,运用经营活动的 6 个"W"梳理规划经营策略的基本路径,对本组提出的经营策略进行可行性分析,反思并修改经营策略;再以小组为单位,分组阐述、交流本组的可行性分析报告。

五、反思与评价

教师可以将过程性评价和终结性评价的各项指标及每一个环节需要完成的任务模块放在线上平台上。一方面,有利于学生明确整个实践性学习活动各个环节的评价细则,对照自己小组的任务完成情况,更加有针对性地进行自我调整和评价;另一方面,也有利于学生通过小组合作将已经完成的任务成果上传到平台,让教师及时了解和掌握活动进展。

六、改进与调整

本活动既要求学生到真实的社会生活场景中观察、体验知识,又要求学生充分利用网络学习的优势,学会收集资料、分类整理资料、分享学习资源和成果,还要求学生充分挖掘和调动已有的学习生活经验,创造性地解决学习过程中遇到的问题,这样的学习活动对于提高学生综合运用知识解决现实生活中问题的能力是非常有帮助的。

线上、线下教学方式融合是在网络高度普及的环境下衍生出来的一种新的教学模式,它对网络环境的要求比较高,也需要有一个相对比较固定的用于师生学习、讨论、上传和下载学习资料的线上平台。这一切都刚刚开始起步,在实施的过程中还很不成熟。但是随着"互联网＋"时代的到来，学校的教学环境、方式、内容、评价等各方面必将进行重大变革，以学习者为中心的教学模式必然要求采取线上线下相融合的教学模式。将该种教学模式引入实践性学习活动也是非常有益的一种教学尝试。

第 五 章

持续推动变革演进

在课程与教学领域的改革推进之初，往往参与者会投入极大的热情，新方式、新策略会随之不断涌出，但为了避免出现教学改革在短暂的轰轰烈烈之后悄无声息及后继的发展并不是特别理想的情况，增强持久性是确保改革成效的重要保证。风华初通过用工具让思维显性化，将行动改进与评价关联，让数字化伴随常态应用，以三种教学视导积淀教学文化，从而持续推动学校变革演进和发展。

第一节　用工具让思维显性化

用工具让思维显性化,指的是通过可视化路径总结实践经验,对管理程序进行反思,抓住一些关键步骤(关键要素或关键环节),明确关键步骤之间的内在联系。我们用问题或表格的形式引导广大教师去思考与实践各个制度和流程中要做的事,即把要做的事变成一个个问题,让教师不断回答这些问题,依照可视化路径去思考与实践,是在感受、模仿、理解这种思维过程,让教师的思考不断贴近学校管理的预期目标。

一、解决课程理解难题的教学设计工具

教学设计是教师在课堂前所作的必要准备,教师的教学设计水平是影响教学质量的关键因素。在"双新"课改背景下,教师基于课程标准、教材,根据学校的课程设计、学生的定位需求,结合自身教育教学过程中的经验,从制订教学目标、设计教学内容、选择教学方式、评价教学效果等方面对课堂教学方案进行规划和预设。但是,许多教师虽然可能已具备良好的课程理解力,但却难以在实践中很好地应用。基于此,我们想到能否通过可视化路径的手段,促进教师从思维到行为的转化。

我们将开发教学设计工具作为提升教师专业水平的助手,使教师能将核心素养的理念融入教学设计,用好课程资源进行教学,并与学生展开交流和沟通,促进学生核心素养的整合发展,具体有目标设计工具、问题设计工具、学习支架设计工具等。新课标对课程实施提出了一些要求,越来越重视学生的主动学习、自主探究。问题的设计是有效落实既定教学目标的关键,贯穿整个课堂实施过程。下面以沪教版初中音乐七年级下册的"绿色之歌"①为例,呈现我们研

---

① 本案例由风华初艺术教研组提供,撰稿人为孙英梅。

发的问题设计工具——"五步法"。

第一步,围绕选择好的内容主旨、概念或者原理,列出解答了这个问题后学生应该达到的学习目标。教师要完整而准确地把握问题的本质内涵,运用适切的课程观念和课程理论进行价值辨识和解读,为问题的铺开奠定基础。设置一个具有生活特色的问题背景就显得尤为重要,最好能让学生自己设计开放式的解决方案,并与核心知识或活动目标相吻合。

在"绿色之歌"中,学生先通过欣赏、模唱、歌唱、想象、旋律图谱等形式,学习女声三重唱《一窝雀》、钢琴协奏曲《山林的夜话》、交响曲《初到乡村时的愉快感受》及通俗歌曲《丹顶鹤的故事》《月牙泉》,辨别节奏、节拍、旋律、音色、调式等要素在音乐中的表现,理解音乐表达的情感内涵,并能区分歌曲的段落,了解音乐的结构形式。随后,围绕活动目标,学生能运用自己喜爱的音乐表现形式,收集以"自然"为关键词的歌曲和音乐作品,与同学合作开展歌曲表演,表现他们眼中的"自然之美"。

第二步,把问题背景设计成一个适合这一概念的真实情境,激发学生解决问题的兴趣。基于问题的学习情境能更有效地将核心素养融入学生的学习过程,问题不是孤立于情境脉络而存在的,而是学生在情境中碰到的。

"绿色之歌"以小组的方式,结合歌唱、器乐、朗诵、律动、舞蹈、曲艺等形式,表现"热爱自然、保护自然"的主题。"自然之美"是贴近学生生活经验的主题,设计本活动能引导学生在真实情境下,结合自身经验,进一步提升审美能力和理解能力,掌握用音乐语言描绘自然景色的方式,表现对自然的喜爱,并理解音乐与自然之间的联系。

第三步,设计多阶段或多步骤的问题。问题不仅可以由教师提出,还可以由学生自主提出,以培养学生的问题意识,同时发挥出创生型课堂的无限可能。

"绿色之歌"构建的学生课堂活动主要有以下三个环节,分别是准备阶段、表现阶段及评价与反思阶段。问题的设计也基于这三个阶段层层展开,具体步骤如下。

准备阶段:学生辨析所学音乐作品中音乐要素的表现作用,理解音乐作品中表达的"热爱自然、保护自然"的情感内涵。

表现阶段:学生自主收集作品,小组合作演绎。

评价与反思阶段:学生围绕评价表,展开小组的自评与互评,完成对自己活动展示的反思。

第四步,详细说明在课堂中运用这一问题的教学计划和过程,说明在不同的学习模型中,在问题解决的多个阶段中,教师需要做的计划和选择。我们倡导以一条逻辑严谨、结构完整的问题链来推动学生的活动过程,通过设计一个个不同层次的问题,逐步把知识点转变为探索性问题,层层深入,引导学生开展实践探索。

如"绿色之歌"第一课时"欣赏女声三重唱《一窝雀》"的关键设问如下:三重唱的和声效果带给你怎样的感受? 人声是如何模仿雀声的? 作品乐段之间的速度、节奏发生了什么变化? 音乐形象发生怎样的改变?

教师带领学生欣赏云南建水民歌《西乡坝子一窝雀》和女声三重唱《一窝雀》,感受歌曲的民歌特色,了解音乐作品的速度、节奏、和声、人声音色等要素对《一窝雀》中音乐形象的塑造。

第五步,确认学生需要的资源,支持学生开展多种学习方式。设计的问题也应考虑实际意义和挑战性,尽量能让学生展现学习的精彩亮点,并能记录问题解决过程。

如"绿色之歌"的问题解决过程主要使用多媒体、乐器、音响设备等。

下面再以信息技术学科为例,呈现"五步法"的具体应用。

第一步,《义务教育信息科技课程标准(2022 年版)》中"物联网实践与探索"模块的内容要求是,通过实例感受万物互联的场景,知道物联网与互联网的异同,认识到物联网的普及对学习和生活的影响。该部分内容涉及的核心概念为物联网,让学生对物联网形成整体认知,通过身边真实的物联网应用,理解物联网的含义,认识物联网和互联网的异同。

第二步,为了让学生更好地认识物联网,根据学习目标,我们设计了"初识校园环境监测"单元,将问题转化为"为学校自主设计校园环境监测器"的真实情境。通过分析和体验生活中真实的物联网典型应用——环境噪声监测，理解物联网由感知层、网络层与应用层组成，具有全面感知、可靠传输、智能处理的特征。再通过自主设计物联网应用——校园环境监测，激发学生兴趣，并能根据需求实现物联网的功能，体验物联网带来的便利。

第三步，将"自主设计校园环境监测"这一问题分解为四个阶段，分步解决。

第一阶段：物联网的概念。通过体验和案例分析，描述物联网的概念。

第二阶段：物联网的体系架构。通过分析环境监测的工作流程，探究其原理，描述物联网的体系架构。

第三阶段：物联网的特征。尝试设计校园环境噪声监测器，理解物联网的特征。

第四阶段：物联网在生活中的应用。观察校园环境，根据不同需求，自主设计校园环境监测，实现物联网在生活中的应用。

第四步，在解决问题的不同阶段，设计相应的学生活动，达成学习目标。

1. 观看环境监测视频，思考以下问题：为什么要进行环境监测？需要监测哪些环境信息？教师引导学生思考环境监测的意义，并初步体验如何监测到不同的环境数据，初步理解物联网的概念。

2. 体验环境监测的应用分贝仪，分析环境监测的工作流程，探究其背后的原理，描述物联网的体系架构。

3. 探究校园环境噪声监测器的信息传输原理，并在此基础上鼓励学生发挥想象，设计具有智能处理特征的监测器。

4. 应用更多的传感器，根据不同需求，设计可以监测校园环境的物联网应用，并进行展示与交流。

第五步，为了更好地达成学习目标，需要为学生搭建多种学习方式下的学习支架，并提供相应的软硬件资源。

如在学生自主学习探究环境监测的工作流程时，提供检测仪的相关说明文档供学生自主阅读；又如以小组形式设计校园环境噪声监测器时，除了为学生提供所需要的软硬件外，还为其设计了测试记录表以记录测试结果，并将其作为过程性评价的依据之一。

二、追求"教学评"一致性的评价工具

《义务教育课程方案和课程标准(2022 年版)》新增学业质量标准,强调"教学评"一致性,指出要探索大单元教学,在改进教育评价中提出,促进"教学评一体"。教师要充分发挥评价的激励作用和促学功能,发挥评价对教学所形成的积极、正面的点拨作用。单元教学需要"教学评一体"的评价工具。在一个单元的学习过程中,如果有评价工具的全程导航与跟踪,教学目标就会更明确,评价信息就会更完整。下面以"纸艺"单元活动设计为例①,阐述学校追求"教学评"一致性的评价工具的设计与探索过程。

新课标在评价建议中指出,教师提前设计评价量表,告知评价标准,引导学生合理使用评价工具,形成评价结果。我们以评价工具为支架,将评价融入课堂教学的各环节,让评价有据可查、有标可依。从教师角度看,评价工具可以帮助他们更加明确教学目标和任务,进一步优化教学设计;从学生角度看,评价工具能引导他们明确学习任务,聚焦学习目标。例如,"纸艺"单元的核心任务为"康乃馨的制作",劳动任务单可用来记录康乃馨制作中劳动任务的方案设计、劳动过程、劳动成果、劳动体会、劳动评价等情况,可作为评价学生劳动学习与实践效果、劳动目标达成情况的依据。

表 5 - 1 - 1　"康乃馨的制作"劳动任务单

劳动任务名称	康乃馨的制作
要解决的问题	
所需材料、工具与设备	
方法与步骤	
团队成员	组长:_____　　组员:_____
完成时间	□ 完成　　□ 未完成

———————————

① 本案例由风华初劳动技术教研组提供,撰稿人为唐岚。

（续表）

劳动设计与设计方案	根据康乃馨实物造型与特点，设计康乃馨花瓣锯齿的大小（或用文字说明）	
劳动过程记录	花瓣剪圆、折叠：	
	花瓣修剪、加皱：	
	捻梗：	
劳动成果（图片）	纸艺康乃馨花瓣、纸艺康乃馨成品：	
劳动体会		
整体评价	劳动观念	□ 优秀 □ 良好 □ 合格 □ 不合格
	劳动能力	□ 优秀 □ 良好 □ 合格 □ 不合格
	劳动习惯和品质	□ 优秀 □ 良好 □ 合格 □ 不合格
	劳动精神	□ 优秀 □ 良好 □ 合格 □ 不合格

　　《深化新时代教育评价改革总体方案》指出，要"改进结果评价，强化过程评价"。新课程方案中也把"强化过程评价"作为教师实施新课标的基本要求。无论是从评价的价值取向还是从评价的内容方法上看，过程性评价对教育目标和评价本身的理解都更为全面，它既注重标准又注重过程，不用刻板的标准来衡量所有的学生，而是通过学生在学习过程中的表现去判断每一个学生的学习质量和水平，符合人的多元智能发展规律，有利于学生养成良好学习习惯。劳动教育的评价方法注重过程性评价，运用劳动清单（见表5-1-2）、劳动档案袋等工具，根据学生在各环节的实际表现等对其劳动素养进行评价。

表5-1-2　劳动清单

劳动项目内容	评价指标			
	劳动参与		劳动技能	
	偶尔参与	经常参与	基本掌握	熟练掌握
纸艺花卉制作工具的使用				

（续表）

劳动项目内容	评价指标			
	劳动参与		劳动技能	
	偶尔参与	经常参与	基本掌握	熟练掌握
花瓣剪圆、折叠				
花瓣修剪、加皱				
捻梗				
康乃馨的组装				
劳动体会				
家长评语				
教师评语				

劳动课程中的阶段综合评价是学生在单元学习结束时，对学生的劳动观念、劳动能力、劳动习惯和品质、劳动精神等劳动素养达成情况进行的综合评定。阶段性评价采用过程性评价与结果性评价相结合的方式，具体可以采用平时表现评价汇总表、任务测评、阶段综合评价表等工具。

例如，在单元内容学习结束时，运用平时表现评价汇总表（见表5-1-3）对平时表现评价中学生的劳动任务单、劳动清单、劳动档案袋等评价结果进行汇总，以整合平时表现评价，形成过程性评价结果。

表5-1-3 平时表现评价汇总表

	劳动观念	劳动能力	劳动习惯和品质	劳动精神
劳动任务单				
劳动清单				
劳动档案袋				
其他				
合计				

在劳动教育的阶段综合评价中，可综合使用过程性评价与结果性评价，以实现对学生劳动素养全面可靠的测评。过程性评价与结果性评价的结合

包括三部分：第一部分围绕学生劳动素养的四方面，呈现过程性评价的结果；第二部分呈现学生在劳动测评任务中的表现及基于劳动测评任务或劳动素养量表评价的学生劳动素养表现；第三部分是整合过程性评价与结果性评价的信息，形成对学生劳动素养的整体评价，并由教师写成评语，给出质性评价。

表 5-1-4　阶段综合评价表

过程性评价	劳动素养评价	劳动观念	□优秀 □良好 □合格 □不合格
		劳动能力	□优秀 □良好 □合格 □不合格
		劳动习惯和品质	□优秀 □良好 □合格 □不合格
		劳动精神	□优秀 □良好 □合格 □不合格
结果性评价	劳动测评任务及表现：		
	劳动素养评价	劳动观念	□优秀 □良好 □合格 □不合格
		劳动能力	□优秀 □良好 □合格 □不合格
		劳动习惯和品质	□优秀 □良好 □合格 □不合格
		劳动精神	□优秀 □良好 □合格 □不合格
阶段综合评价结果		□优秀 □良好 □合格 □不合格	
教师评语			

新的教育评价改革强调评价主体的多元化。新课程方案指出，要"增强评价双方自我总结、反思、改进的意识和能力"。学生作为评价的一个主体，学生自评是一个自我反思和自我提高的过程，学生互评是一个协商交往的过程，本质上二者都是学习过程的一部分。可以说，学生自评和互评的过程更多是作为一个育人过程而存在的。通过评价使学生在学习过程中不断体验进步与成功，认识自我，建立自信，调整学习策略，以此促进学生学科核心素养的全面发展。阶段综合评价的主体以教师为主，但是不能仅局限于教师，需要充分发挥学生本人、同伴的作用。如在"纸艺"单元中，教师设计了项目总体评价表（见表5-1-5），由学生本人、同伴和教师共同参与评价。

表 5 - 1 - 5　项目总体评价表

评价内容		评价标准	自评	互评	师评
学习表现		积极主动,分工合作,及时完成作品			
		较主动,基本能分工合作,基本能按时完成作品			
		不够主动,不能分工合作,不能按时完成作品			
整体效果	设计与创新	设计合理、新颖			
		设计合理			
		设计不合理			
	功能与结构	功能、结构合理			
		功能、结构一般			
		功能、结构不合理			
	工艺与质量	操作规范,精度高			
		操作较为规范,精度一般			
		操作不规范,精度低			
劳动习惯		桌面整理干净,工具归类			
		桌面未整理,工具未归类			
学习成果		□ 作品评定　□ 档案袋　□ 体会撰写　□ 活动报告　□ 观察记录　□ 其他			
亮点记录					
教师寄语					

（注:在相应的水平上打"√",学习成果和亮点记录由学生本人评价,教师寄语由教师用文字评价）

可见,科学有效的评价工具可以用来"边教、边学、边评",以评价来导教、导学。教师使用评价工具收集学生学习过程中的各种评价信息,借助工具的评价性能,将收集来的评价信息进行处理与优化,从而改进教与学。因此,基于新课标下的单元教学评价工具,必须要能体现"教学评"一致性,使评价工具浸润在整个教学环节中,与教学相辅相成,使教、学、评形成完整的闭环。

三、工具让作业"减"而不"简"

针对义务教育阶段学生作业数量过多、质量不高、功能异化等问题，国家发布"双减"政策，要求全面减少作业总量和时长，减轻学生过重的作业负担。作业量减少了，对学校作业设计的质量就提出了更高要求。面对作业管理的新要求和新挑战，学校研发了一系列作业编制工具，包括目标一致性分析表、作业属性表、单元作业属性总表、作业检核表、代码分析等。科学合理的工具能有效提高作业设计和实施的质量。

目标一致性分析表用于比较作业目标是否与教学目标一致。作业设计应与教学目标挂钩，精准定位作业目标。若作业目标与教学目标不一致，会导致作业内容与教学内容不匹配、作业量增加、难易程度无法把握、作业针对性下降等一系列问题，因此我们运用目标一致性分析表分析作业目标与教学目标之间的一致性问题。以"酸碱中和反应"的课时作业第 4 题为例①，运用工具分析比较可知，两者目标只有一处重合，另三处作业目标明显超出教学目标要求，这样会导致作业难度过大和学生耗费时间长等问题，所以此题需要调整。

表 5 - 1 - 6　目标一致性分析表

知识维度	认知维度					
	记忆	理解	运用	分析	评价	创造
事实性知识						
概念性知识		作业目标 教学目标	作业目标			
程序性知识			作业目标	作业目标		
元认知知识						

作业属性表用于提升单题作业的解释性。初步设计好作业题之后，需要判断这些题目的内涵和品质。学校开发作业属性表（见表 5 - 1 - 7），注重作业水

---

① 本案例由风华初化学教研组提供，撰稿人为谢志雄。

平、作业类型等与目标的一致性。教师可以借助作业属性表,通过对每道题目所对应的作业目标、学习水平、作业类型、预估难度、预估完成时间等进行作业属性判定。

表 5-1-7　作业属性表

作业题	第4题:下列各组物质的稀溶液,只用酚酞试液及相互反应就可鉴别出来的是(　　) A. $NaOH$、$NaCl$、KOH　　　　　B. KOH、H_2SO_4、$NaNO_3$ C. $Ba(OH)_2$、$NaCl$、KCl　　　　D. HNO_3、H_2SO_4、$NaNO_3$		
作业目标	理解中和反应的原理,分析复分解反应发生的条件,会用酚酞判断溶液的酸碱性,运用物质鉴别的方法		
学习水平	☐ 知道　　☐ 理解　　☐ 掌握　　☑ 应用		
作业类型	☐ 预习　☑ 巩固　☑ 复习 ☐ 口头　☑ 书面　☐ 实践 ☑ 必做　☐ 选做 ☐ 拓展　☐ 探究		
预估难度	☐ 容易　　☐ 中等　　☑ 难		
预估完成时间	2—3分钟		

单元作业属性总表用于确定本单元作业的基本要素,引导教师合理选题组题。要设计一份高品质的单元作业,需要从单元教学的角度统筹分析,预设好作业数量、难易程度、完成时间等要素,避免出现随意拼凑的现象。因此,在编写某个单元的作业时,需要运用一份单元作业属性总表,对本单元作业内容进行预设。下面是九年级化学第二册第五单元"初识酸和碱"单元作业属性总表。

表 5-1-8　"初识酸和碱"单元作业属性总表

单元名称	初识酸和碱	课时数	6	预设作业数量	预估时间（分钟）
单元作业目标1 识别常见的酸和碱,掌握酸碱中和反应	第1课时作业目标 理解酸和碱,识别常见的酸和碱并进行分类			15	20

（续表）

单元名称	初识酸和碱	课时数	6	预设作业数量	预估时间（分钟）
	第2课时作业目标 理解中和反应的概念，分析中和反应过程，解释中和反应在生活中的应用			15	25
单元作业目标2 理解浓盐酸的物理性质，掌握酸的化学性质	第3课时作业目标 理解浓盐酸的物理性质，掌握盐酸与指示剂、碱性氧化物和碱的反应；判断碱性氧化物			20	30
	第4课时作业目标 掌握稀硫酸与指示剂、碱性氧化物和碱的反应；知道稀盐酸与稀硫酸的用途，归纳稀盐酸与稀硫酸化学性质相似的原因			15	25
单元作业目标3 识记常见碱的物理性质，掌握碱的化学性质	第5课时作业目标 识记常见碱的物理性质，理解氢氧化钠溶液与指示剂、酸的反应，分析并设计实验，验证氢氧化钠溶液与二氧化碳的反应			20	30
	第6课时作业目标 理解氢氧化钙溶液与指示剂、酸及二氧化碳的反应，知道氢氧化钠与氢氧化钙的用途			15	25
学习水平		知道		20	
		理解		40	
		掌握		30	
		应用		10	
作业类型		书面		98	
		口头		0	
		实践		2	
预设难易程度		容易		40	
		中等		50	
		难		10	
总计				100	155

　　作业检核表用于教师自检,了解本单元的作业结构是否科学合理。我们运用作业检核表进行检核,从作业内容、作业形式、作业结构等方面判断整个单元作业在作业目标覆盖、学习水平分布等方面的合理性及题目类型的丰富性、作业时间的适切性等,发现问题后再调整优化。

表 5-1-9　作业检核表

一级指标	二级指标	三级指标
作业内容	适切性	内容呼应单元目标
	完整性	作业属性表清晰呈现数学内容与目标
	科学性	提供准确的参考答案和评价标准,题干、选项、答案正确无误
	原创性	题目内容原创度超过 50%
作业形式	多样性	题型多样,具有年级特征;答题方法的多样性
	适切性	题量适中;排版合理,有助于学生答题
作业结构	内容结构	知识、技能比例适中
	水平结构	水平层次清晰、完整、比例适中
	难度结构	整体难度不低于 0.75;练习题的难易比例适中,即 7:2:1 或者 8:1:1

　　作业分析工具将作业与教学改进关联,有助于精细实施作业反馈。教师可借助工具对学生的作业情况进行分析、诊断,基于学生视角与整体知识分别分析错误原因。这样一方面可以了解学生对知识和技能的掌握程度,进而根据诊断结果调整后续作业内容、难度水平,进一步改进作业设计,促使自身的作业设计与实施能力不断提升;另一方面基于作业质量的反馈,有助于教师诊断和改进自己的教学方法和策略,从而优化课堂教学。如数学教研组为了将学生在几何作业中出现的错误步骤与原因进行归类诊断,研制出"几何代码"工具,将学生解答问题的推理过程进行可视化呈现,再分析其中的逻辑难点和指导要点。首先,对一道几何题目的解题过程进行编码,即"分值+错误原因"的 ab 型代码评分,其中 a 表示得分,b 表示获得该分原因的评分方式。其次,按"几何代码"

评分标准进行评分，把得分情况制成统计图。统计结果可以清晰呈现出学生在解答本题中会出现的思维难点和典型错误。

学校利用工具推动高质量作业体系建设，开展基于工具的检验、诊断、反思与改进，为作业提质增效的研究过程提供实证支撑，通过整体化设计、体系化建构、科学化实施，强化作业设计，改进作业内容，提升作业品质，切实减轻学生的作业负担。

四、聚焦研修精度与深度的听评课工具

听评课活动是一种行之有效的改进课堂教学、提高教师教学研究水平的重要方法和手段，是教师日常教学实践的重要组成部分。教师通过相互观摩、切磋和交流，共同提高教学质量与水平。教师通过"边研究、边实施、边调整"的研修路径，在思维的碰撞中以理论结合实践，最终以"工具＋案例"的模式分享智慧成果，使得课堂观察走向专业，也必然会增强听评课活动的精度和深度。

各教研组以分课型研究为抓手，从感性描述上升到理性研究，提升听评课精度，从基于经验走向基于证据和经验，围绕学科专题提升听评课深度。学校至今已经形成了"聚焦学生思维品质提升的新授课听评课工具""有效提升复习课效益的听评课工具""以问题为导向的练习讲评课的听评课工具"，汇编成"我们的课堂观察"听评课系列工具。我们还引导教师借助"一人一课"平台，开展专项研究，厘清不同课型课堂教学环节的设计策略，提升课堂效益。

新授课在总课时中占比最大，相应的听评课活动也更多。教师带着工具通过高效参与听评课，会更加贴近教学真相，根据学科特色从中提炼的范式和策略能开创更多创新性的教学模式，促使学习真正发生。在新授课的听评课活动中，基于学科要求设置丰富的观测点，能做到所有教师分工合理、任务明确，使听评课活动真正成为一项能让听课教师与上课教师双方均受益的教学研讨活动，也能将一线教学工作中优秀教师积累的经验、资源等进行采集、管理和复用，实现新老教师间的教学经验传递，从而改善教师的教学情况。以道德与法

治学科为例①:

　　道德与法治学科的课堂观察工具聚焦于解决在课堂中提升学生辩证思维品质问题:一是理性精神是新课标中强调的重要核心素养,因此要在课堂中引导学生养成独立、辩证、批判的思维品质和行为特征,这方面往往是课堂中比较欠缺的。二是与我们的教学反思项目"注重学生生活经验和社会实践的道德与法治课学生活动设计"对接,课标指出在初中阶段,辩证思维主要表现在从生活实际情况出发,运用辩证的思维方法认识问题、分析问题,并且在此基础上创造性地解决实际问题。表5-1-10是适用于八、九年级道德与法治学科新授课的课堂教学观察量表。

表 5-1-10　课堂教学观察量表(新授课)

观察视角	观察点	评价标准	分值	评定	亮点或建议
课前时政	时政选题	时政选题符合主流价值观	5		
	时政内容	时政内容完整(人物、事件、地点、时间)	5		
	讲述时间	讲述时间适当,3—5分钟	5		
	时政评论	时政评论符合客观形势、社会实际、道德要求和法律规范	5		
教学常规	教学目标	教学目标、重难点的设计符合不同水平学生实际	10		
	教学内容	教学内容逻辑清楚,知识正确,教材处理得当,重点突出	10		

①　本案例由风华初道德与法治教研组提供,撰稿人为金雷。

（续表）

观察视角	观察点	评价标准	分值	评定	亮点或建议
教学常规	课堂行为	有驾驭课堂、反馈与即时处理问题的能力	10		
	课堂评价	实施多元评价，使评价学生得到学习成功的激励	10		
辩证思维（学生）	分析	初步探究社会（班级、家庭）生活中各种现象背后的原因、意义和影响	10		
	判断	可以从不同维度提出观点，且言之成理	10		
	批判	能全面认识各种观点，提出自己的疑问	10		
	辩证	能一分为二地看问题，既能看到事物积极的一面，也能看到消极的一面	10		

复习是一项充满智慧的创造性工作，而非机械的重复。复习课不仅仅包括知识的复习，更应该是能力的培养和提高。如何在有限的复习时间内有效提高学生的能力是复习课的落脚点。我们认为，复习课课堂教学观察量表的研究要指向复习课课堂教学问题的发现和解决。课堂观察之后，教师撰写的案例既是课堂观察的延伸，又是更为深入的研究，从而推动复习课听评课范式的转变。以化学复习课为例①：

化学教研组基于初中生综合运用知识解决化学问题的能力研发了复习课课堂教学观察量表（见表 5-1-11）。教师要基于课堂教学观察量表进行复习课教学策略分析。

---

① 本案例由风华初化学教研组提供，撰稿人为谢志雄。

表 5 - 1 - 11　化学学科课堂教学观察量表(复习课)

观察视角	观察点	评价标准	分值	得分
提问	问题内容	提问内容紧扣复习目标,能促进学生思维发展,所提问题能形成完整的问题链	20	
	提问方式	提问方式多样,问题类型多样,如较多推理判断型问题和较少填空式问题	10	
	候答与回答方式	回答方式多样,给予学生充分的思考时间,能及时反馈和评价学生的回答	10	
课堂活动	活动关联	设计的活动紧扣教学目标,能促进学生思维的发展,活动与活动之间有层次、有递进	10	
	活动参与	活动参与度高,多数学生能参与活动并有收获	10	
	活动类型	活动类型多样,能紧扣复习主题,有实验活动(学生分组实验或教师演示实验)或者其他小组活动	10	
情境创设	情境关联	设计的情境紧扣教学目标,能促进学生思维的发展,设计的情境能贯穿一堂课的始终	10	
	情境内容	情境内容没有超过复习内容的范畴,情境新颖且能吸引学生的兴趣	10	
	情境效果	情境能很好地体现要复习的内容,学生经历此情境后,基本能达成预设复习目标	10	
总评				

如"混合溶液中物质的检验"一课,以酸碱中和反应——氢氧化钠溶液与稀盐酸的反应(是否滴加有酸碱指示剂酚酞溶液)这一学生熟悉的实验为案例背景,将"反应后溶液中溶质的检验"作为实验探究问题,复习酸、碱的化学性质,并归纳总结混合溶液中检验物质的原则、思路与方法。在教学过程中,教师要

设计环环相扣的问题，通过提问的方式给予学生适时的恰当引导，从而帮助学生体会化学实验探究的一般步骤与设计原理，归纳总结其中的方法论。

练习讲评课应遵循"研究真问题、真研究问题"的理念，以解决学生尚未掌握的难点问题，而现实中的练习讲评课经常还存在随意性较大、教学组织形式单一、知识网络未形成等问题。因此，我们基于练习讲评课的观测点，引导教师通过练习评讲课，促进学生查漏补缺，归纳整理，巩固已有知识；发现学生存在的知识盲点和思维障碍，改进教学方法，促进教学效果优化。以数学学科为例[①]：

数学练习讲评课包含以下基本要素：对试题进行分析，包括得分情况分析；对练习中的重难点知识进行分析讲解；学生出错原因分析；学习方法和解题技巧的指导；课堂互动性的加强；总结回顾，寻找一题多解的方法，并将方法迁移应用到别的题目中；将知识分成模块，将零散的知识归类；加强反馈练习，引导学生及时反思总结规律；加强情感激励，应引导学生"胜不骄，败不馁"；等等。

基于以上现实背景和初衷，我们设计了数学学科课堂教学观察量表（练习讲评课），见表5-1-12。

数学学科课堂教学观察量表（练习讲评课）从"教师教学活动""学生学习活动"两个大维度观察。"教师教学活动"关注"教学目标""教学内容""组织教学"三方面；"学生学习活动"关注"学习行为""学习效果"两方面。

表 5-1-12　数学学科课堂教学观察量表（练习讲评课）

观察视角	观察点	评价标准	分值			评定	亮点或建议
教师教学活动	教学目标10%	知识技能学科素养	1. 根据班级学生试卷答题情况，分析所考查的知识目标	4	3	2		
			2. 讲评过程让学生体会知识的发生过程，体现数学思想方法	3	2	1		
			3. 体现数学的学科育人价值	3	2	1		

---

① 本案例由风华初数学教研组提供，撰稿人为吴海燕。

（续表）

观察视角		观察点	评价标准	分值			评定	亮点或建议
教师教学活动	教学内容15%	情境创设	1. 充分关注学情,激发学生兴趣,呈现典型错误	5	4	3		
		试题资源处理	2. 选取的资源充分揭示了所考查的内容,体现分层,达到校正目标	3	2	1		
			3. 分析统计的相关数据(如班级均分、优秀率、小题得分率等)	5	4	3		
	组织教学25%		1. 科学研究数据,做好相关数据统计,形成有效的教学资源	7	6	5		
			2. 处理练习中的典型问题,归纳典型解法、步骤和注意点	7	6	5		
			3. 进行分层的题目设计,对于题目进行变形设计,兼顾不同层次的学生	4	3	2		
			4. 教学策略得当	5	4	3		
			5. 恰当运用多媒体等不同形式的呈现方式	4	3	2		
学生学习活动	学习行为30%	参与广度	1. 学生学习积极主动,注意力集中,参与面广	15	13	11		
		参与深度	2. 学生思维活跃,相互质疑,分析错因,提炼解法	5	4	3		
			3. 在合作学习中,分工清楚,合作意识强	5	4	3		
			4. 学生进行自评或互评,提炼解题策略,考查知识点,感受思想方法	5	4	3		

（续表）

观察视角		观察点	评价标准	分值			评定	亮点或建议
学生学习活动	学习效果20％	知识目标达成度	1. 学生答问、板演、校正练习正确率高	15	12	9		
		发展目标达成度	2. 在学习过程中，表现出积极的态度、情感，具有举一反三的学习方法和质疑精神	5	4	3		
				100	80	60		
简要评语								

在复习课和练习讲评课的课堂观察中，我们重点关注教师是否对学生错题进行"精耕细作"、探究错误本源，教师是否能采用相同知识归纳和不同知识对比等方法对错题进行归类分析或迁移延伸。这样的观察也有助于教师完善自己的教学认知结构。

第二节　将行动改进与评价关联

评价事关教育发展方向,既是教学行动改进的关键环节,又是学校推动教学变革的重要牵引力。然而,教学评价本身是个多元复杂的系统,在基层学校的教学评价中,既要思考对学生的评价,又要思考对教师的评价,甚至还要考虑到对教研活动的评价等。时代的发展对教育评价提出了新要求,改革带来的挑战蕴含学校评价转型提升的新机遇。在近十年的探索与实践中,学校对于评价也有了更为深远的认识。

一、以"我的成长帆"引领学生全面发展

作为基层学校,我们更加深刻地意识到构建一个真正科学、有效的评价体系的重要性,这一认识也促进我们对传统学习评价体系展开了一场全面的革新。

风华初集团化办学的规模不断扩大,学生表现出的个体差异也日益凸显,他们不同的文化背景、个性特征、兴趣爱好、学习起点决定了评价不能用一把尺子量到底,每一个独特的生命个体都应该得到尊重。因此,多元评价成了评价改革的议题。雅斯贝尔斯曾说:"教育帮助个人自由地成为他自己,而非强求一律。"评价的最终目的便在于促进个体最大可能地实现自身价值。

自 2014 年 9 月起,我们遵循"尊重差异,促进成长"的办学理念,紧紧围绕"做最好的自己"的育人目标,进一步将互联网技术手段引入学生评价,探索、开发了具有校本特色的"我的成长帆"学生综合素质评价系统,学科学习评价整合了初中学段的全部学科,引导和促进学生学科核心素养的提升,并充分体现不同学科的实践性学习特色,为教师和家长提供更有针对性的指导和帮助,让每一个学生都能找到适合自己成长的有效路径。

"我的成长帆"全面贯穿学生的学习历程。以发展综合素质为导向的多元

评价体系，重点在于构建科学的综合素质评价框架，以适应全面育人观的时代诉求，难点在于设计合理适切的评价指标。"我的成长帆"使评价贯穿于学校整体课程和课堂中，通过遴选可观测的细节和行为作为观测点，记录学生成长的点滴，如从"我的课堂""我的作业""实践活动"等维度建立分项指标。学科评价基于学生学习的能力差异，关注学科素养的提升，基于每个年级不同的学习方法和学习习惯，设置不同的指标权重，促进学生激发学习兴趣，掌握学习方法，开展深度学习、自主学习，启发思维方式，提升思维品质。以"实践活动"维度为例，包括政治学科的"时政播报"、语文学科的"综合学习"、英语学科的"课前脱口秀"、物理学科的"课题及制作"、历史学科的"场馆学习"和"历史小课题"、音乐学科的"音乐知识与文化"等活动。此外，我们还根据这些评价内容设置了"挑战自我之星"等17个价值取向更加多元的表彰和展示平台，如周周演、艺术节、体育节、科技节等，激励学生学习成长，引导他们在自己擅长的领域内展现自我，感受学习的快乐，体验学习取得成功的喜悦，从而建立一个积极的自我概念。

"我的成长帆"动态刻画学生的成长历程。"我的成长帆"学生综合素质评价系统摒弃了传统评价重结果轻过程的弊端，采取测评性评价和写实性评价相结合的形式，对学生的学习生活经历进行记录。既有对学生日常学习生活中各观测点的测评数据，如课前学习准备数据、课堂学习表现数据、日常学业成绩数据、作业达成情况数据等，又有以客观事实描述为主的写实性记录，如实践性学习活动报告、学科调查研究、获奖荣誉等。这些关于学生成长的"有痕记录"有助于对学生的所知所能形成合理推断，即对学生的综合素质做出合适、全面的评价。其中，对于社会实践、调查探究等活动，负责教师、小组同学及学生本人等不同的评价主体会基于客观事实进行写实性评价。针对不同的评价内容和目的选择不同的评价形式，我们力求更为真实、生动、全面地展现学生的成长历程，真实地记录和描摹每个风华初学子四年初中生活成长的点滴，对学生的所知和所能形成合理推断，对学生的综合素质做出合适的评价。

"我的成长帆"学生综合素质评价系统强调用多把尺子衡量学生。这一评价体系的推进实施,是学校"尊重差异,促进成长"办学理念的有效落地。只有每一个学生作为独特的生命个体得到充分尊重,才能助力他们探寻到真正适合自己成长的有效路径。学生借助评价反馈能正确认识自我,进而审视自我并在评价维度的指引下持续改进完善,实现自主发展。

"我的成长帆"激励推动学生自主进步。在实施"我的成长帆"学生综合素质评价系统之初,学校以"帆"这一富有学校文化内涵的符号元素设计手册,依托网络平台、大数据等现代信息技术,积极推进开发了评价系统的手机端和 PC端,并搭建家校合作 e 平台,提升了评价的时效性,增强了评价的互动性,实现了评价结果的可视化。各学科教师、学生等评价主体都可以通过手机点击不同模块,实现实时记录、实时评价。借助曲线图、饼状图、雷达图等多种统计图式,评价系统能非常直观地呈现学生在不同维度的成长记录和动态变化。教师、家长只要轻触屏幕即可查看到每一维度学生的评价记录数据,实时了解学生的学习情况。每学期末系统还会基于大数据的收集和分析自动生成学生的"我的成长帆"综合素质评价报告,包含任课教师评语、学科成绩、学科活动报告等,帮助学生全面而客观地了解自我,明晰个人优势特长和发展短板。

我们将一条条"冰冷"的评价记录、数据具象化为一个个成长足迹,通过"我的成长帆"生成学生数字画像,我们还设置"绿色足迹"以反映学生在某一特质方面的素养达标。以崇德尚礼为例,在一学期中,一名学生的行规扣分记录少于 5 次并且参与相关主题活动 2 次,在对应学科学习中获得合格等第即可获得一枚绿色足迹。"金色足迹"则记录了该学生在某一特质方面的突出表现,如参与活动策划、展演,在各级各类比赛中获得奖项等。学校将代表"风华初好少年"——晓风、晓华的 IP 形象制作成徽章,并制订了校本争章的实施方案。学生通过积累成长足迹兑换相应特质的校本章,如每获得一枚徽章,便可以为自己的数字画像抽取一个道具。通过开展争章活动,引导和激励学生主动对标发展目标,不断认识自我、挑战自我,成就最好的自己。

"我的成长帆"学生综合素质评价系统的持续优化和实施,逐步改变了学生在评价中的被动地位,学生的自我发展理念从原来的"要我怎样做"转变为"我该怎样做"，评价系统真正成了一个成长激励体系，助力每一个学生全面而有个性的发展。这一评价系统成了家校沟通合作的重要平台，帮助家长在全面、深入地了解孩子的同时，持续向家长传递科学健康的育人观念，促进家庭教育与学校教育的紧密融合。

教育评价事关教育发展方向，是树立正确办学导向的指挥棒。评价的意义不仅在于发挥学习诊断、人才遴选的功能，更要基于学生不同的学习和成长经历，发挥引导、激励的作用，激发成长原动力，铸就成长本该有的千姿百态。通过探索创新校本评价体系，不断促进全体学生全面、主动、可持续发展，在成长的道路上积跬步、蓄能量、至千里。

二、以培训与评价一体化促进教师专业发展

近年来，学校秉承"成就一名教师发展，便是成就学校发展"的理念，积极探索与完善多模块和多形式、前瞻性和现实性相结合的分层评价模式。如开设以"心培、心育、心分享"为主题的系列分层实践培训，并设计配套的专业成长评价模式，开展动态的教师专业发展评价，取得了较好的效果。在评价内容上，从注重单一升学率的评价转变为对教师群体专业发展的多元评价；在评价结果上，从看重结果性的终结性评价转变为关注整个过程的形成性评价；在评价方式上，从以自上而下的他评为主转变为以教师群体内在需求发展的自评为主。

（一）以"心培"综合评价助力职初教师成为可亲之师

我们以四个维度的"心培"来提升职初教师的自主学习能力，助力职初教师主动进行能力的培养与专业情意的培育，满足其优化教育教学专业水平的诉求，并给予专业成长评价，使其成为可亲之师。

在职业感悟与师德修养方面，职初教师在见习期能通过了解校史，学习学校优秀教师的事迹，懂得学校的文化符号，增强认同感，提升职业境界。他们借助《风华初青年教师成长手册》，结合自身发展规划未来的教育生涯，尽快传承学校优良的校风与教风。

在学科素养与课堂实践方面,课堂教学是教师的主阵地。依据学科课程标准,通过对听课、评课、备课、编写教案、课件制作、上课、课后反思、作业批改、学困生辅导、编制试卷、质量分析等一系列环节进行考核,评价职初教师对教师职业特点的认识、对教学的特征和本质的理解、对课堂教学基本要求的掌握、对教学基本策略和操作方法的制订和运用能力。通过"亮相课"评比形式评价他们的学习成果。

在班级德育和实操考核方面,新班主任要经历班主任工作计划的制订学习、班集体建设、学生干部培养、家访主题班会、主题活动、社会实践、学生谈心、家长会召开、评语撰写、与任课教师协调沟通等实操考核。指导教师要对新班主任开展的每项工作进行事前指导和事后点评,使新班主任在实践与反思中提升能力。

在教学研究与专业发展方面,职初教师自觉阅读优秀的专业书籍并撰写相关的学习心得,填写《风华初青年教师青蓝华章成长手册》,有目标、有方向地成长。每学期对个人专业发展规划进行反思总结,按照规划努力进行自我培训和科学研究。

学校依照职初教师的三年发展计划,追踪他们的发展轨迹,并给予合理评价。经过考核的职初教师会被分别授予"小荷奖""春雷奖""风采奖"。

（二）以"心育"综合评价培养成长期教师成为可信之师

学校教龄在5—15年间的中青年教师分布于集团三大校区,担任各学段的任课教师,不少成为班主任团队和班级导师团队的"生力军",但有的教育教学能力还存在某方面短板,制约了集团化办学的优质均衡发展。对于中青年教师的评价要以发展性评价理论为指导,关注教师专业知识、专业技能、专业态度和专业精神等方面的持续发展情况,使其成为可信之师。

在集团化办学背景下,联合培养中青年教师,评价点落实在个性化自主联合教研的考核上。既推动中青年教师具备更广阔的学术视野,也注重其教育教学专业的共同提升与发展,同时也满足集团高端教师学术引领辐射的刚性需求。在"双新"背景下,开展指向素养培育的课程与教学实践,制订相应的系列研修模块，按照时间节点逐步推进。立足学科课堂，加强实践性学习方式的常态运用，加强对实践性学习活动四大样态的深化研究与评价，生成做中学、学中研、研中悟、悟中行的高品质群研机制。中青年教师通过理论知识的学习，强化教学的科学性与高效性，并以实践课堂践行理论反哺于理论知识的学习，在不断的教学实践与反思中进一步提高自己的个人专业能力。同时，形成性评价又会成为评价教师群体内在需求发展的驱动力，使其成为有拥有研究力、思考力的发展型可信之师。

树立终身研究观念，在教育教学中形成一定的教学风格，强化科研创新教学能力，促进群体实践、群体展示、群体监督兼顾自我调整，这就是"心育"校本综合评价。其目的在于引导中青年教师在学习集团优秀的教育教学经验的同时，锤炼六大能力，提升师德、师艺，人人都有研究方向，人人都能在教育教学实践中展现教育智慧，从而促进集团中青年教师队伍的整体提升。经过评价考核，成长期的中青年教师会被分别授予"春风奖""青藤奖""扬帆奖"。

（三）以"心分享"综合评价塑造成熟期教师成为可敬之师

教师既是评价对象，又是评价主体，因此，要建立教师自评、同伴互评、学校评相结合的多元评价机制。近年来，"学科工作坊"群研机制在集团培训中已成为中流砥柱。这种群研机制以学校积淀深厚的区学科带头人群体为依托，以促进成熟期教师专业化成长为目标，以提高工作室成员的教学能力和综合素质为目的，从而达成群研群评的"蜂巢"效应，让教师成为可敬之师。

这种群研机制一般采用"心分享"综合评价方式。在群研群评的过程中，领航教师可以利用团队力量，共享协作，将学校资源利用效率最大化，在理念共享、资源共享和经验成果共享的过程中解决碰到的共性问题。利用共研共评提升教学的广度、深度和厚度，对专业教学上的理念与设计方法进行对策与举措的优化，在专业引领中找到自我优化的路径，使自己的学术水平不断提升。

通过项目推进，完善"学科工作坊"内部运行的机制，推进坊与坊之间横向机制建设，聚焦"蜂巢"对人才孵化的联合效应。利用工作坊交互评价功能，强化成员学习共同体意识，开展智慧众筹，遴选教学问题与案例进行共同深度研讨。开展教师互评,有利于加强沟通与融合,了解同伴长处,明确自身优势与劣势,取长补短,同伴互助,促进共同发展。帮助青年教师解决教学中遇到的真实问题,以"实践—研讨—实践"的方式,指导他们把问题转化为课题进行研究。开展教师自评,将评价变成教师主动参与、自我反思、自我发展的过程。本校基于中青年教师六大能力诉求开展全面培训与评价。作为"蜂巢"机制的大脑——工作坊的主持人,创建"问题—案例—实践—提升"的工作坊评价工作机制。由工作坊领航导师、学校领导、中层干部、各类骨干教师代表等组成的综合考核评价主体,有利于对成熟期教师进行具有针对性和指导性的专业发展评价。

经过综合评价,成熟期教师将被授予"群芳奖""一帜奖""桃李奖"。目前区学科带头人领衔的工作坊分布于集团三大校区,辐射语文、数学、英语、物理、化学、体育等诸多学科。

教师专业发展评价既要考虑全员性、全程性、全面性、发展性、层次性等基本原则,又要考虑"一般教师—优秀教师—专家型教师"在适应期、成长期、成熟期等不同阶段发展过程的共性,兼顾个体差异。由此可见,教师专业发展评价是一项专业性很强的多元评价。它覆盖师德水平、课程力、教学反思能力、教育科研能力诸多方面。学校开展教师"三心"综合评价遵循以下发展需求:一是每一名职初教师都有专业发展的愿望;二是每一名成长期教师都有专业发展的潜能;三是每一名成熟期教师都有多方面的专业发展需求。遵循"尊重差异,共性发展"的原则,避免用"一刀切"或"一把尺子"评价所有教师。

三、从"基于规范"走向"品质提升"的教研(备课)活动评价

著名教育家马卡连柯曾说:如果有五个能力较弱的教师团结在一个集体里,受着一种思想、一种原则、一种作风的鼓舞,能齐心一致工作的话,那就比十个各随己愿单独行动的优良教师要好得多。由于教学的复杂性,教师教研的态度和行动是必不可少的。所以,教师教研应该成为教师日常工作的一部分。学校通过常态化的教研、备课活动,营造良好的教研生态。随着课程改革不断深化,学校不断

进行自我审视：我们的教研是否达到了预期的目的？还应该做哪些改进？这些问题的回答都需要我们对教研活动的质量进行评价，以促进教研水平的不断提升。我们在实践中探索从"基于规范"走向"品质提升"，以开展教研（备课）活动评价为抓手，扎实推进教研活动组织和实施的优化进程。

教研活动的评价内容应体现多维化，主要包括以下几方面：教研活动主题、教研活动流程、教研活动参与、教研活动成果，每个维度再具体细化为若干指标，促使教研（备课）活动提升品质和指明方向。对于教研活动的评价应体现主体的多元化，包括学校管理层评价、组长自评和组内教师自评。

基于以上思考，学校开发教研（备课）活动的评价工具，助力教研活动走向高品质。各教研（备课）组借助工具在教研活动过程中明晰实践需求、深入解析主题、知晓活动任务、积极参与研讨、总结反思与收获，充分发挥自身的主体性和能动性，促进系列活动及环节的有效落实，实现高效教研。

表 5－2－1　教研（备课）组活动检核工具

学科_____　　教研组 □　　备课组 □　　活动时间_____

检核点	评分：1—5	评分标准
活动主题	贴近教学实际；与计划匹配	5分：主题明确，属于既定教研计划，围绕学科教育教学的实际问题与现象开展教研活动。 3分：主题明确，但不属于既定教研计划，也未直接指向学科教育教学中的实际问题。 1分：主题笼统，指向研究范畴或领域中多个关联性弱的主题，没有聚焦明确的活动主题。 （2分和4分为介于中间的过渡值）
活动过程	安排有序；重点突出；解决问题	5分：活动步骤清晰，有重点环节；氛围平等，表达充分；对问题解决能达成共识，有助于后续活动推进。 3分：活动步骤清晰，但没有形成富有建设性的共识或结论。 1分：活动环节零乱，缺少必要的组织与协调，不能完整、清晰地表达与倾听不同观点，没有明确的共识或活动的结果。 （2分和4分为介于中间的过渡值）

（续表）

检核点	评分：1—5	评分标准
活动参与	紧扣主题，引发思考；发言面广，对他人的看法有回应	5分：每位组员都能围绕主题进行有准备、有针对性的发言；部分发言具有启发性，并能回应其他组员的观点。 3分：有两位及以上组员发言，但发言面整体有限，且发言的针对性不强、启发性弱或氛围不积极。 1分：仅主持人一人发言，没有互动，没有其他观点的表达。 （2分和4分为介于中间的过渡值）
活动成果	达成共识；及时跟进	5分：达成共识，形成预期的成果；有明确的成果应用跟进检核要求。 3分：部分组员形成一致意见，预期的成果不明确；有模糊的成果应用跟进检核要求。 1分：全体组员未能形成一致意见，没有形成预期的成果；没有后续研究的具体要求。 （2分和4分为介于中间的过渡值）
特色举例		

下面以学校体育教研组"如何构建'教会、勤练、常赛'的立体化大单元教学课堂教研活动"[①]为例，作具体说明。

研讨主题要清晰典型，并切中时需。所选的主题应是组内教师的共性问题，切合组内成员的需要。体育学科新课标提出，以系列运动项目来组织大单元学习，这是体育与健康课程教学改革的难点之一。由于没有实践的范例参考，再加上体育学科的多项目组成、项目之间无明显排列逻辑性、体育教师进行多项目教学的能力有限、体育教学场地器材限制及学生在体育习得时的明显个体差异，使得体育课程难以得到有效运用。因此，"如何构建'教会、勤练、常赛'的立体化大单元教学课堂教研活动"是教研组迫切需要解决的问题。

活动过程和活动参与应强调主体参与、合作共生。首先，讨论过程应气氛热烈、互动性强。组内教师应能围绕研讨专题有交流、有碰撞，相互启发，相互

---

① 本案例由风华初体育教研组提供，撰稿人为李娜。

借鉴，取长补短，共同为解决问题献计献策。有效的教研活动应该能实现教师专业的共同发展。其次，重点突出，集中突破。组内教师能紧紧围绕主题进行研讨，对于教研活动的重难点内容能集中精力进行研究和解决。再次，研讨深刻，有理有据。组内教师在表述观点时能结合具体的现象，有一定的理论和实证作支撑，并能透过现象揭示问题本质。最后，调控梳理，注意提升。组长在教研过程中要注意把握研讨的进程、主线，引导教师紧紧围绕主题进行研讨。对教研中不同教师的意见、问题及时进行收集整理，为形成结论作准备。在此基础上进行总结提炼，最后形成成果或结论。体育教研组围绕教研主题开展了系列研讨，组内教师明确了研讨的任务分工，包括执教室内理论课、相关理论学习、从不同视角进行观课评课、案例撰写等。组员们结合自身任务，开展了主题学习和思考。以排球大单元为例，在研讨过程中，教研组梳理初中学段指向学科核心素养的关键性实践活动序列，并以目标、内容、活动图谱的形式加以呈现。比如，励老师作为排球专项教师，重点对个人整理设计的排球图谱进行了详细的介绍；沈老师和李老师则代表各自所在的备课组汇报交流了观课意见和建议，随后全组讨论了大单元教学的适用范围，并对相关问题作进一步探讨，对排球大单元教学图谱作进一步优化。有效的教研实质上是有效的、合作式的组织学习，是个人在组织中共同分享、创造新知识新方法的过程。这样教研活动就会促进观点与观点之间碰撞、思想与思想之间交锋，到最后将会是智慧与智慧之间的交融。

教研效果要求研讨有结论，研究有成果。教研活动的过程是教师观点交流、智慧共享并最终形成新认识和新方法的过程。在专题研究过程中，教师的认知应该是不断更新、螺旋式上升的。体育组通过研讨达成共识：大单元是形式，"学懂、学会、学好"才是目的。教师要明确教学内容是否适合大单元体育教学，整理教学内容的基础知识与基本技能、技战术运用、体能、展示或比赛、规则与裁判方法、观赏与评价等相关内容，并在此基础上根据学情进行重构整合与分配。图谱设计要关注学生的运动项目学习与体验全过程，而非单个运动知识与技能的掌握，落实"教会、勤练、常赛"的模式，让学生在完整的比赛或练习情境中综合运用体能、动作技能、技战术等专项知识和技能,促进核心素养的形成,以期提高教师对大单元教学设计的理解,更好地助力课堂教学。通过教研活动,教师的教学意识和行为要有所改进,研究要有延续,专题研究不能随着研究活动的结束而结束,而要在不断实践中去进一步思考和完善。教研活动是否有效,最重要的是看教师的教学意识和教学行为是否向着积极的方向发展。在评价一次教研活动是否有效时,不能把眼光局限于现场,还应关注教研之后产生的效益。因此,在有效的教研活动中,教师的研究与进步是一个渐进的过程。这不是通过现场活动就能表现出来的,还要通过课堂教学观察等途径来评价。基于排球大单元图谱设计、大单元计划模板及课时设计模板等研究成果,体育教研组进行了主题为"新课标视域下初中体育与健康大单元设计与实践"的区级公开课展示,进行研究经验成果的辐射,再以一人一课的形式在教研组内分享,整理出一套行之有效的大单元设计方案步骤,进一步巩固和优化教研成果。

综上,学校以评价推动高品质教研,重点突破的是增强教研活动目标与教学改革导向和教学实践问题的关联,更加关注教研活动中所有成员的参与性,并创造条件、提供机会让教师深度参与,让他们经历教研路径;激发教师参与教研活动的主动性、能动性,以专业的方法和精进的技术引领教师的专业发展。

学校教研活动评价关注科学、客观、有效地获取信息,强调评价与活动进程相依同行、伴随跟进,通过对"高度、广度、参与度"量化评分和质性描述相结合的综合评价来推动教研反思与教学改进。"高度"重在引领教研方向,关注活动的目标和主题;"广度"重在强化过程和内容,关注活动的环节和形式;"参与度"重在显示主体作用,关注教师参与的积极性与获得感。这"三度"之间是相互关联、相互作用的,各维度的表现都会对教研活动的效果产生明显影响。

展开教研活动的评价,重在学校、教研(备课)组长和教师全面、深入、多角度地对教研活动进行总结反馈、经验分享,提升参与者的获得感。通过建立规范和标准、用工具支持教研、探索实证教研突破、将规范与品质相结合的历程,促进教研活动向着系列化、深层次、进阶性、持续性等方向有效推进,实现研修与培训相融共促、共生发展的教研形态,提升教师的专业发展水平。

第三节　让数字化伴随常态应用

信息技术与人工智能的飞速发展使得信息环境、数字资源、教学平台、智能算法都发生了巨大的变化。基于数字技术的教学环境发生的教学变革，往往带有沉浸式体验的特征，会降低变革带来的阵痛。与此同时，所有的变革又由于数字平台的云端特性都可以被记忆和核查，会留下比较深的记忆痕迹。因此，基于环境改变和技术进步带来的数字化转型既无感又有痕，是可以潜移默化地改变教师教学意识和教学行为的较好方式。

一、"线上教学"推动的网络教学数字化转型

在线上教学期间，我们通过在线集体备课，引导教师重组教学结构、优化教学流程、增强教学互动，从而提升在线教学的质量。

（一）重组教学结构

线上学习和在校学习相比，有着运动空间小、学习资源有限、实验器材缺乏等特点。我们在线上教学期间，集结教研（备课）组的力量，对教学内容进行重组，如劳动技术课程重点围绕居家生活技能展开；体育课程开发小场地、高效能的体能训练和技能训练内容；物理、化学课程则将"空中课堂"进行结构化"切片"，巧用视频内的实验演示，引导学生开展居家小实验。

（二）优化教学流程

学校还引导教师制作"一频两单"以弥补线上学生思维活动不充分、不深入的短板。一个微视频是指针对教学中的关键问题但播放时长为几分钟的教学视频。每个微视频配套教与学的两张设计单——微视频设计单、微视频学习单。微视频设计单提升了教师对线上学习目标、内容和资源一致性的理解力和设计力。微视频学习单提供给学生有梯度的思维支架，帮助学生解决实际困惑，做到因材施教。

（三）增强教学互动

教学互动是线上学习的短板，学校依据不同课型，探索了提升教学互动的不同方法。

在新授课上，语文教研组的教师以组合阅读的方式带领学生进行线上学习，建立不同文体之间的联系，以篇带类，提升学生的思维品质。如数学教师借助在线表格、递粉笔及录视频等功能，帮助学生厘清知识脉络，提高了学生的参与率和参与度。

在复习课中，九年级物理组和化学组利用每周问卷星的练习了解学生的学习情况，准确了解学生的薄弱之处，方便教师开展更有针对性的教学。

此外，在线上讲评练习和线上作业订正时，教师们也应用了很多策略，如英语组的教师在讲评课中充分运用钉钉的"举手"功能增加互动；在讲评过程中有意识地帮助学生对单词、语法和一些语言运用的技能进行归纳、分类，让学生举一反三、触类旁通。课后练习的订正则依靠建立钉钉学习小组，组员互帮互助，提高线上学习的订正效率。

二、数字教材推动的教材数字化转型

数字教材具有内容丰富、交互性强、可定制化等特点，能更好地满足学生的学习需求。通过数字教材，学生可以随时随地访问学习资料，进行在线练习和作业提交。教师也可以根据学生的学习情况进行个性化教学，实时反馈和指导。面对突如其来的疫情，将数字教材与"空中课堂"资源有机结合，为全体师生的居家学习保驾护航。如今，疫情已结束，数字化教育发展势头不减，继续发挥数字资源的便捷性与高效性，不仅体现了现代教育信息化的品质，更是对数字化教学样态的探索。我们在总项目组的指引下，以数字教材为抓手，积极探索信息技术与日常教学深度融合的模式与方法，开展数字教材（"空中课堂"资源嵌入版）实验项目，建构"空中课堂"视频资源分析思路与方法，发挥资源教研价值。数字教材的教学实践，作为一种线下教学模式，可以让教师根据实际情况充分组织学生开展课堂互动，通过精心设计一些教学活动或学习活动，解决

"空中课堂"由于录制时间限制留给学生思考的时间有限的问题，实现线上与线下教学的有机融合。

我们认为，在数字教材的支撑下，采用"空中课堂"资源融合的教学策略可以让学生先进行自主学习与探究，最后小组共同完成任务，鼓励学生运用学科知识解决实际问题，最终实现学生能力的提升。结合课例，我们主要有以下几方面的检验探索。

1. 引入：借助"空中课堂"资源，结合学生的日常生活实际，创设有效的教学情境。学生带着问题去阅读教材，深度思考，实现线上课堂助力线下教学。

2. 阅读圈画：阅读数字教材相关内容，并充分利用数字教材中的圈画功能，包括自由画笔、高亮标注等，支持媒体资源与知识内容的精细化语义标注。一方面补充笔记更加便捷，另一方面指导了学生学习的方法。

3. 情境分析：如在物理学科的探索中，可以播放"举重运动员举杠铃的过程"，判断是否有力对杠铃做功，并将视频拆分为三个阶段进行分析。"空中课堂"资源有可拆分、可整合的模块化特点，与课堂教学中的每一个活动和环节进行有效配合，可实现高效互动的智慧课堂教学。

4. 诊断练习：利用数字教材课堂诊断功能，即时统计学生答题情况，了解学生的知识掌握情况。

5. 视频学习：观看"空中课堂"资源，结合生活经验深入了解知识内容。将"空中课堂"资源嵌在数字教材中，有利于系统为学习者推荐个性化的学习资源和创设个性化的学习环境。

6. 小组活动：利用速写板工具及 iPad 投屏功能，直观地看到学生的思路与方法，并就此进行讨论，提供优化思路，培养学生从物理学的角度解决问题的能力。

7. 课后作业：利用数字教材共享笔记功能，向学生提供拓展内容，提高学生的自学能力。

学生基于数字教材阅读课本，观看"空中课堂"视频，进行自主学习。可边看边补充笔记，通过自主学习掌握相关概念，逐步养成良好的学习习惯。同时，对还未理解的知识,可以借助"空中课堂"资源进行有针对性的学习,充分体现学习的个性化。

以初中八年级物理数字化教材与"空中课堂"资源的融合应用①为例,我们进行了如下探索和实践。

"机械功"一课围绕功的概念的建立、做功的两个必要因素和功的计算三方面展开。教学目标是:知道做功的两个必要因素;知道功的单位:焦(耳);能用公式 $W=Fs$ 计算功、力或距离。通过对物理现象的思考和讨论,学会判断力是否对物体做功,感受物理规律的归纳方法。使学生具有对科学的求知欲,乐于探索自然现象和日常生活中的物理学,有将物理知识应用于日常生活、社会实践的意识。本节课在数字教材的支撑下,采用了"空中课堂"资源融合的教学策略,让学生先进行自主学习与探究,最后以小组的形式共同完成任务。本节课通过观看"空中课堂"视频引入功的概念,进而通过阅读图画,开展情境分析、诊断练习、视频学习等活动,知道做功的两个必要因素和功的计算方式,然后通过小组讨论比较甲、乙两个和尚的贡献大小,运用物理知识解决实际问题,最终使学生能充分理解和灵活运用本节课的内容。

1. 情境导入:观看"空中课堂"视频比较甲、乙和尚的贡献大小,阅读数字教材 13 页前 4 段,引出做功的概念。

2. 做功的两个要素:(1)情境:分析生活场景——举重运动员举杠铃的过程,判断是否有力对杠铃做功;(2)活动:阅读数字教材 14 页第 1 段;(3)情境:分析两个生活场景,判断是否有力对物体做功,并归纳不做功的三种情形。

3. 功的大小:(1)活动:阅读数字教材 13 页后 3 段;(2)活动:观看视频"1 焦耳的功",举例生活中做功的大小。

4. 功的应用:(1)活动:利用功的定义式,计算功的大小;(2)活动:比较甲、乙两个和尚的贡献大小。小组讨论,利用功的知识比较甲、乙和尚的贡献大小,并说明理由。

---

① 本案例由风华初物理教研组提供,撰稿人为陈文涵。

5. 小结：总结并布置课后作业。观看视频，提取与做功有关的信息，编写问题。

本节课丰富了学生课堂学习体验，加强了师生之间、生生之间的实时互动效果。教师在现代技术的帮助下及时得到反馈，从而提高了课堂教学效率。虽然数字教材与"空中课堂"资源的融合应用取得了一定的成果，但是它要求学生必须具备一定的自主学习能力，不适用于一些难度较大的知识点的讲解。由于学科差异，教师需要根据教学需求进行相应调整。

数字教材与"空中课堂"的融合应用，是对教学方式转型的探索。数字教材为教学的开展提供了丰富的探究工具，融合"空中课堂"资源后，更拓展了学习资源，实现了信息技术与教学实践的深度融合。该模式有利于学生学习方式的转变，提高了学生合作交流的能力；有助于教师教学观念与教学方式的转变，提高了课堂教学效率，也为一线教师对数字教材的使用提供了新思路。

三、"DIS＋三个助手"推动的实验教学数字化转型

回到线下，我们充分总结线上教学的经验与不足，在学科教学方面，强调以"DIS＋实验应用"为核心，以学习数据分析为基础，以人机交互体验为关键。在遵循教育教学规律的基础上，全面融入数字教材、"空中课堂"教学视频及配套资源体系等已有研究与实践基础，借助市教委教研室研发的备课助手、教学助手与作业辅导助手，切实提高教师的教育教学水平，更好地实现因材施教，也同步提高学生的学习兴趣和学习能力。

 案例

"热胀冷缩"实验教学[①]

本课学习内容在低年段和中高年段都有呈现，体现了科学知识、探究技能的螺旋式上升。在小学自然教材的学习中，学生通过观察玻璃中红墨水水位的

---

① 本案例由风华初科学教研组提供，撰稿人为陈晨。

变化等实验,观察过物体的热胀冷缩现象,知道物体遇热会膨胀、遇冷会收缩。但是学生对热胀冷缩现象产生的原因认识不足,还需要进一步学习。本节课"热胀冷缩"在本单元中起着启后作用。学生在本章节的学习中,从物体形态的分类着手,通过观察、归纳得出气体、液体和固体的宏观性质,然后进入对物质微观结构的学习,在学习粒子模型的过程中,知道物质都是由粒子构成的,包括气体、液体、固体。同时,也知道在加热的情况下,粒子运动加剧,粒子间的间隙增大。本节课将带领学生系统地学习如何应用粒子模型解释物质的热胀冷缩现象,这是对之前学习内容的延伸。

本节课的教学目标是:(1)通过探究气体、液体、固体受热遇冷变化的一系列活动,知道一般情况下不同状态的物质受热膨胀遇冷收缩,初步学会使用温度传感器、摄像头等测量工具获得客观的证据;(2)通过"粒子模型解释热胀冷缩"活动,初步学会用粒子模型解释物体的热胀冷缩现象;(3)通过"解释生活中热胀冷缩的现象"活动,认识一些日常生活的热胀冷缩现象。

因此,在设计本节课的教学时既要注重研究热胀冷缩现象,也要关注科学探究的方法。在演示气体热胀冷缩实验的基础上,提炼探究液体热胀冷缩现象的主要路径,并引导学生思考如何通过收集证据来探究液体的热胀冷缩现象。

从核心能力角度看,本节课主要立足获取和描述证据,并分析证据背后的结论。首先,在观察气体和液体的热胀冷缩活动中使用了赛课堂中的温度实时记录和拍摄手段,展示了可视化的物质温度及体积变化的现象,助力了科学探究。其次,整个探究过程不仅符合学生的知识认知过程,也符合科学研究的过程。借助技术手段,更快速且可视化地帮助学生得出结论。最后,本节课关注联结。大观念是一种联结,是知识之间的联结,也是知识与生活之间的联结。在教学过程中,紧密联系生活事例,不仅涉及危害防御措施,还涉及生活中的应用,同时运用相关应用产品开展实验活动,全面、辩证地认识热胀冷缩。在研究物体的热胀冷缩过程中,不仅分析了宏观的热胀冷缩现象,还分析了微观的热胀冷缩现象,将宏观的知识与微观的知识进行联结。

在科学探究方法方面,教师在演示气体热胀冷缩实验的基础上,运用了"三个助手"中的"拖一拖"功能，让学生搭建探究液体受热遇冷变化的实验装置，帮助学生提炼实验的主要路径。

热胀冷缩课程中的重点是通过探究气体、液体、固体在受热遇冷后的现象变化，帮助学生了解气体、液体、固体都会出现热胀冷缩现象。在教材中，这个学生活动主要是基于主观的判断，比如玻璃管中的红墨水上升或者下降等，缺少客观的证据解释。科学教育应该要注重培养学生收集和应用实证的科学能力。所以，本节课对实验做出改进，使实验的实证资料更有说服力。运用"三个助手"中的"拍摄"功能，以照片的形式做记录。该功能不仅可以为学生留下实验中的过程性记录，也方便教师之后通过"三个助手"平台进行展示与交流。

案例

"测定空气中氧气的体积分数"实验教学①

化学教研组根据所开发出的新型数字化实验，设计相关课程内容的教学活动。以"测定空气中氧气的体积分数"实验为例，对"空气"一课进行全新的教学活动设计。结合教学实践过程中的学生反馈，以及同事、专家所提出的意见，对课堂教学活动设计进行优化改善，形成了如下教学设计。

环节一：化学史上的"测定空气中氧气的体积分数"的钟罩实验

设计意图：根据化学史上拉瓦锡探究的"空气中氧气体积分数的测定"的钟罩实验，设计环环相扣的问题链，引导学生分析钟罩实验的实验装置、实验药品的选择依据及实验原理，从而完成实验室中"空气中氧气体积分数的测定"的实验设计，培养学生的证据推理与模型认知、科学探究与创新意识等化学学科核心素养。

【教师】提问一：1. 空气是混合物还是纯净物？你的判断依据是什么？

———————————
① 本案例由风华初化学教研组提供，撰稿人为谢志雄。

2.空气中氧气的体积分数是多少?

【教师】这个问题最早可以追溯到200多年前,有一位化学家拉瓦锡在一次探究实验中发现了空气中氧气的体积分数。接着,我们通过一个视频感受整个实验的过程。

【教师】提问二:对实验装置最基本的要求是什么?

　　1.实验室中常用什么仪器来装气体?

　　2.如何使集气瓶密闭?

【教师】提问三:曲颈甑中汞的作用是什么?

　　1.耗氧物的选择依据是什么?

(提示:镁、木炭、红磷、铁丝在空气中燃烧的情况)

　　2.红磷能直接放在集气瓶中燃烧吗? 还需要什么仪器?

【教师】提问四:曲颈甑中汞变成红色粉末后,会出现什么现象? 汞槽中汞
　　　　的作用是什么?

　　1.液面为什么会上升?

　　2.用什么液体来代替汞槽中的汞?

　　3.上升的液体体积与减小的气体压强之间有什么具体
　　　关系?

【教师】演示实验1:将注射器活塞向外拉20毫升,打开止水夹,观察量筒内倒流的液体体积。

环节二:"测定空气中氧气的体积分数"实验设计

设计意图:根据学生的实验设计,再辅以压强传感器(DIS实验),完成该实验操作。观察整个实验的现象,根据实验中所得的压强变化曲线,深入分析实验过程中压强变化的原因,培养实验的观察、描述与分析能力及科学探究与创新意识的化学学科核心素养。总结本节课的实验原理,引出"氮气"的由来及其体积分数。

【教师】演示实验2:开展"红磷耗氧"实验,并用压强传感器记录实验过程中的压强变化。

【教师】提问五：1. 在整个过程中，你观察到了什么现象？

2. 为什么压强会先变大，再变小，最后又变大？

【教师】提问六：1. 这个实验得出了什么结论？

2. "空气中氧气体积分数的测定"的实验原理是什么？

环节三：空气的组成

设计意图：结合化学史，使学生感悟科学发展的历程，知道空气的组成及氧气与氮气相对准确的体积分数，培养学生的科学态度与社会责任等化学学科核心素养。

【教师】随着科技的进步，我们不仅有压强传感器，还有氧气传感器，可以直接测定空气中氧气的体积分数。

【教师】演示实验3：用氧气传感器测定教室中的氧气体积分数。

【教师】事实上，不同地点的空气中的氧气含量是有一定差别的，有些多有些少。平均来说，空气中氧气的体积分数是21％，而氮气是78％。那么剩余的1％是什么呢？

【教师】介绍稀有气体的发现历史。

在实践过程中，DIS实验教学对提高学生的学习兴趣产生了较大的积极作用，并能有效促进学生对实验原理的理解，有助于培养学生的化学学科核心素养。同时，也能为在一线化学教师提供实验教学案例，推动数字实验系统及初中化学教学理论的发展。对于教师本身，基于学科核心素养的实验教学能促使他们的实验设计、操作和演示的规范性更强，提升教师个人的专业素养，为他们将来成为一名优秀的教师打下基础。

四、"纸笔课堂"推动的精准教学数字化转型

"纸笔课堂"常态化应用，实现伴随式和阶段式数据采集、分析，形成全样本分析结果，提升课程供给的精准性，提醒教师关注到不同层次学生的学习能力和学习起点，给予学生更精准的课程配套与供给，实现在统一授课前提下的最

大程度的个性化教育。

学校以智能纸笔互动为核心,围绕课堂教学主场景展开,衔接课前备课导学、课后巩固学习,凭借云端一体打造全程教学资源服务与数据记录分析的智慧互动课堂教育环境。通过师生行为轨迹进行多维度的科学采集和分析,为学校管理、教学行为、学习过程、家长监督等提供全面的可视化数据报告,帮助教学管理者全面督导和科学决策,帮助教师实现精准化教学,帮助学生进行个性化学习,帮助家长全面了解学情,有效推动教育智能化发展,促进"双减"政策落地。

学生每天的练习数据会被无感化采集,形成作业数据的客观统计,每科、每生、每天书写的时长(持续时间)、结束时间点(多晚结束)、书写量(写了多少笔)、书写压力(学生用笔的力度)都能被详尽地统计到,并能提供压力分析。通过纵向对比,反映学生疲劳度、情绪的变化;通过横向对比,观察学生之间的学习投入度和知识掌握情况。

通过手写笔实现对教与学过程性数据的伴随式抓取及对学习成果的阶段性抓取;通过分析以上数据,为教学分析、诊断和矫正提供依据。通过网络环境,实现多个校区之间的并班教学互动,打破教室的空间局限,实现集团内的教学资源均衡化。通过构建"纸笔课堂"教学互动系统,实时采集、汇总分析课堂互动数据,为教研提供数据。

 案例

基于数据无感采集与改进的"纸笔课堂"教学应用系统①

以"分式运算"复习课为例,本节课在学生理解并会运用分式的基本性质进行简单分式运算的基础上,由教师带领学生发现分式运算的典型错误,让学生分析错误原因;通过比较不同的通分方法,进行方法的优选,体会合适解题方法的简便性,从而进一步提高分式运算的正确率。

---

① 本案例由风华初数学教研组提供,撰稿人为程金瑾。

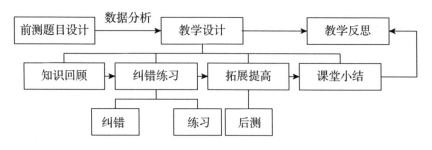

图5-3-1 "分式运算"教学设计思路

信息技术的发展赋能教师因材施教的自由,赋能学生个性化学习,减轻学生课业负担。前测数据和答题情况是教师教学设计的起点,提升了教育教学效率,后测数据也是课堂的延伸;实时书写功能不仅可以有效地提高教师课堂上的教学效率,也可以对学生的知识掌握情况进行及时和详细的反馈;课堂教学形式的多样化,可以帮助教师因材施教,推动人才培养方式更加个性化、多元化;多项互动环节给予学生更多的探索机会,促进学生思维发展。

在课堂教学中,通过"纸笔课堂"书写方式,实现实时展示书写全过程和运用多人投屏、分组讨论等数字化形式的分组互动教学。收集每个学生对每道题目的思考时间、解答时间、回答内容、正确与否或者得分情况,从题目、知识点等多维度观测题目的重难点,智能评估学生的知识点掌握程度,帮助教师了解班级或年级的知识点掌握情况,实现精准教学与个性化教学。教师在批改学生提交的日常测验、考试、作业时,可以直接借助笔和手机进行讲解分析答疑,实现对某个学生的个性化答疑辅导,对多数学生掌握不牢固的知识点进行精准辅导巩固。

五、"课堂宝"推动的英语听说技能数字化转型

在英语听说课中,数字化教学也起到了重要的推动作用。传统的英语听说课程主要依靠教师的口头讲解和学生的听力训练,但是由于时间和空间的限制,学生的听说能力往往得不到充分培养。数字化教学可以通过在线听力材

料、语音识别和对话模拟等方式,为学生提供更多的听力和口语训练机会。学生可以随时随地进行听力训练,通过语音识别技术得到即时的反馈和纠正,提高英语听说能力。

在"双减"政策出台后,以"双提"积极应对,即提升课堂教学效益,提高作业质量。对于提高作业质量,我们的主要做法就是减量增质。如在英语课程的作业布置上,充分运用其平台的"作业DIY"板块,利用"语音答题、视频答题、图片答题和视频背诵",智能推送个性化作业布置,除了能有效控制作业时间外,还提高了学生学习的自主性。学校继续以英语组听说教学改革项目为研究对象开展课堂评价探索。2021年2月,朗鹰教育科技推出"课堂宝"。我们尝试使用这一数字化工具,实现课堂教学评价的即时性,提升教学评价的效度与广度。英语组教师在听说课的输出环节,通常会让学生使用"课堂宝"进行反馈,判断学生学习是否真正发生。每个学生都必须参与活动,做到了评价对象全覆盖。通过录制口语音频,留下实时学习数据,也为教师设计后续的跟进作业创造了更多的可能性。"课堂宝"还提供了个性化录入功能,教师可以以目标为导向,事先在"课堂宝"中录入个性化的评价量表,并以其为标准,通过判断和选择题功能,让所有学生参与生生互评,使教学目标、教学活动、评价任务三者达成统一,实现教学评一体化。

 案例

数字化工具提升英语听说教学评价效能[①]

以牛津英语六年级上第五单元听说课"Planning an Open Day"为例,本课的重难点是让学生能了解开放日活动方案设计的基本要素,并能设计一个合理的开放日活动方案。因此,在输出活动环节,教师创设了"我校开放日,我做主"的情境,并让学生进行小组活动。在小组活动中,每个学生都有自己的任务。他们用目标语言进行讨论,设计一个涵盖三个活动的方案,并进行口头汇报。

---

① 本案例由风华初英语教研组提供,撰稿人为高慧敏。

教师在"课堂宝"中录入了评价量表(见表5-3-1),引导学生设计一个完整且合理的开放日方案。

表5-3-1 评价量表

Checklist		
Did they talk about activities, places, time, guides and guides' duties?	☐ YES	☐ NO
Did they arrange the activities reasonably?	☐ YES	☐ NO

在传统教学中,教师对于英语听说练习的评价反馈往往很难做到全面且有针对性。究其原因,除了英语听说练习难监控、难记录和难保存的特殊性质外,还有课堂时间有限、大班额教学管理难度大等原因。在启用"课堂宝"工具后,我们会在课堂听说练习的基础上每周定期推送一次听说分层练习,即单元听说基础卷和拓展卷,促进因材施教。通过该工具的即时反馈功能,教师可以随时查看学生的英语听说练习情况,并进行有针对性的反馈评价或给予奖励。该功能同时也可以对学生英语听说操作中的每一步进行实时反馈,学生在得到反馈后明确知晓自身问题,并对问题进行及时纠正,使学生听说练习取得良好的效果。学生在纠错矫正后不断进步,学习积极性不断提高。

"课堂宝"的实时评价系统将评价贯穿英语听说教学全过程,使听说教学评价全程伴随整体教学,成为教学的有机组成部分。教师依托该工具,优化了课堂交互效果,还可以在课堂上关注学生每一步的学习进程,激发学生思维潜能。在教与学的过程中渗透评价,强调评价对教与学的补充和促进功能,推进了教学评一体化的实施。"课堂宝"的使用,使评价融入教师的教学设计,使教师传统的教学观念发生了改变,从先前只关注学法指导的教学设计转变为"预期结果,评价先行"的教学理念。教师借助"课堂宝",引导全班学生开展自我评价和相互评价,不断增强学生的主体参与和自我评价意识,使学生养成反思学习过程、评价学习效果和改进学习方法的优良习惯。

　　此外,数字化教学还有助于跨学科学习的实现。传统的学科教学往往局限于独立的学科知识,缺乏综合性的学习和应用。数字化教学通过多媒体资源、在线合作和交流平台等手段,可以将不同学科的知识融合起来,帮助学生建立跨学科的学习能力和思维方式。例如,学生可以通过数字化工具制作多媒体报告,参与在线合作项目,从而更好地理解和应用不同学科的知识。

　　在信息化水平快速发展的今天,数字化技术已逐步打破传统的教学模式。在未来教育中,数字化正以常态应用的方式在教育教学改革中发挥着重要作用。数字教材的推广、纸笔课堂的数字化应用、英语听说课的数字化教学、辅助教学助手的发展和跨学科学习的实现,都为学生和教师带来了更多便利和可能性。然而,数字化教学也需要克服一些挑战和问题,以确保教育资源的公平分配和教育教学质量的提升。只有不断创新和改进,才能更好地推动数字化教育的发展,实现教育教学的现代化和智能化。

第四节　以三种教学视导积淀教学文化

教学视导是以校为本的教育质量保障体系的重要管理载体，也是促进教师自我反思与发展的课程教学评价方式。教学视导包括"视"与"导"两方面："视"是指全面调查，深入了解，掌握现实状况；"导"是指客观评价，精心指导，提出改进建议。"视"是"导"的基础，"导"是"视"的目的。一般而言，教学视导是由学校成立视导小组，对教师参与教研组、备课组及科研活动的情况，对教师在教育活动、课堂教学、考试命题及作业批改等教学基本环节的专业表现，进行全程的跟踪观察、专业分析、提炼经验、改进策略，引导教师自我反思，促进教师自我发展，并建立教师专业发展档案的教学管理过程。

理念决定主体的行为方式，是人们在活动中所坚守的精神、思想和思维方式。学校刚开始将"教学视导"作为一种课程教学评估和管理举措时，"视导"具有很强的"行政"意味，往往是在校长室的领导下，由学校核心的行政部门牵头，教研组、备课组和教师集体参与，是一次以指导和规范教学为目的，以行政管理为手段，对教学工作进行全面检查、评估和反馈的过程。

随着新课标的颁布，以素养为导向的教育教学理念不断深入人心，单纯以行政管理方式实施的教学视导已不能满足教师尤其是青年教师专业成长的需求，也容易让被视导的教师或学科产生灌输式的压迫感。只有以"专业聚焦"为核心的教学视导，研讨深层次的教育教学问题，才能有针对性地制订策略，真正帮助教师解决专业成长过程中的困惑，才能指导教师以专业发展的视角研究问题、反思教学，从而真正促进其专业成长。

一、规范达标型视导助力青年教师快速成长

一次规范的教学视导需要在一段时间内，对教师或学科进行全方位的诊断、观察和评估，视导者要走近课堂、教师、学生，深入理解和观察教师教学的各项活

动。课前查阅教学设计和学生作业完成情况,了解教师课堂教学的意图及教学实施的规范程度;课中要多角度听课观察并做好记录,发现问题并思考对策;课后与师生交流,评估教学目标的达成和学生学习效果。只有全方位地透视教师教学的全过程,建立教师教学的各项数据并进行有效分析,才能真正聚焦教师教学的"症状",以专业的方法"对症下药",开出解决教师专业瓶颈问题的"好药方"。

目前,学校已经形成了一整套规范达标型教学视导流程,如图5-4-1所示。

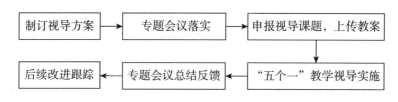

图5-4-1 规范达标型教学视导流程

以对六年级(12)班的一次视导为例,学校开展了"教学视导领方向,深入检查促提升"活动。本着"尊重差异,促进成长"的办学理念,为实现一体多校均衡发展,质量监测与评估中心联合课程教学与研究中心、学生发展中心,深入六年级(12)班开展了为期一周(3月8日—12日)的视导调研工作。

 案例

"教学视导领方向,深入检查促提升"的视导调研工作①

本次视导活动的重点是关注六年级(12)班的行规、教学工作,主要通过师生访谈、随堂听课、作业抽查等进行全面的综合视导。视导小组成员由校级领导、中层、教研组长、年级组长及语数外备课组长组成。在视导工作筹备期,质量监测与评估中心先拟定了本次视导的方案,在方案中设计了教学视导观察量表和行规视导观察量表,以供视导小组成员检查评估。随后,质量监测与评估中心(东校区)收到了68份观察量表。此次视导活动覆盖面非常之广,听课内

---

① 本案例由风华初质量监测与评估中心提供,撰稿人为樊允朴。

容和对象涉及六年级(12)班的全体任课教师。

视导组成员深入课堂进行随堂听课,随机听取六年级(12)班各学科课堂教学,主要了解该班学生在校的一日常规、课堂表现,任课教师的备课情况、课堂教学方式方法、教育教学能力、作业批改情况等。听课后,视导小组成员与任课教师进行交流,对任课教师进行点评和指导。既表扬了教师在教学过程中的闪光点,又对教师的教学提出了许多合理的建议,助力教师成长,切实提升教学实效。

3月12日(周五),质量监测与评估中心就收集到的反馈表中的评价建议给六年级(12)班的全体任课教师反馈了本次视导的意见,并在15:30在东校区的三楼会议室召开了本次视导的反馈会。在反馈会上,视导小组成员充分肯定了六年级(12)班学生的行为规范比六年级上学期有了较大的进步,已基本形成了班级行为规范秩序。教室干净整洁,温馨教室布置有自己的特色,大部分学生校服穿戴整齐,能主动向教师问好。教师的教学准备充分,对教学内容的把握到位,课堂设计有梯度,同时能关注学情,结合班级实际情况及时调整班级的教学节奏。教师的作业批改及时详细,有评价。大部分学生能按照教师要求按时完成并上交作业,也能及时订正。同时,反馈小组的成员反馈班级个别学生存在打闹现象,说明班级中部分学生的行为规范有待加强;针对两分钟预备铃落实还不够到位等现象,给出了切实有效的建议:建议班主任和任课教师加强课前两分钟预备铃的训练,如课前准备(要求学生预备当堂课的课本、笔记本等),可以根据六年级学生的特点,进行一些简单的集体朗读等活动,发挥班干部、课代表的带头示范作用,也可以从师生结对和学生结对入手。班级日志是班级一日行规很好的评价工具,建议班主任充分调动班级小干部的班级管理能力,努力营造积极向上的班风学风;建议任课教师多一点"点对点"的提问,切实关注学生的学习自主性等。会议的最后,视导组充分肯定了此次教学视导的意义和作用,特别强调班级行规养成教育的重要性,一定要坚持正面教育,动之以情,晓之以理,导之以行,要坚持从大处着眼,从小处着手,不断创新教育形式,努力提高教育教学工作的实效性。

学校通过组织开展规范达标型教学视导,切实加强学生日常行规的养成教育,加强高效课堂管理,努力提升办学品质,不断推进学校的教育教学工作更高效、更优质发展。

二、主题研修型教学视导提升教师团队专业水平

教师专业成长是一个渐进的过程,教学视导也应该形成长效机制,才能以专业的方式解决教师专业成长中的困惑,推动教师逐渐从需要帮助指导走向自发自觉成长的专业化发展道路。随着教育教学改革进程的不断深入,学校教学视导的模式也从单一、由上而下型的"检查—监督—评定—反馈"的行政管理模式更新迭代为多元、自上而下的要求与自下而上的申请相结合的"诊断—协商—指导—改进"的专业视导模式。经过多年实践,学校对视导对象的选择有了新的探索,学校有意识地挑选一些教师作为教学视导对象,如教研组、备课组或年级组,旨在加强对教师队伍建设的调查研究,提高教师的团队合作意识和能力。

经过多年教学实践,学校已经形成了主题研修型教学视导流程,如图5-4-2所示。

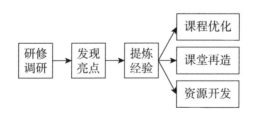

图5-4-2　主题研修型教学视导流程

以"多措并举,提升学生体质健康"为主题的体育教研组视导活动,就是通过主题研修的方式,发现亮点,提炼经验,最终实现课程优化的目的。

为了落实习近平总书记在全国教育大会中提出的"要树立健康第一的教育理念,开齐开足体育课,帮助学生在体育锻炼中享受乐趣、增强体质、健全人格、锤炼意志"的重要讲话精神,积极应对体育中考改革,学校开展了体育课程视导

活动。这一视导活动紧密结合学校工作实际,着眼于学生体质健康水平的提升和体育教学理念的转变。

集团理事会领导联合课程与教学研究中心、质量监测与评估中心、学生发展中心、人力资源与师资发展中心对体育课程进行调研视导,视导范围主要包括体育课程研究及实施、"每日两操"出操及完成、体育课教学等。视导小组成员运用视导评估工具深入体育学科教研组进行活动观察及课堂教学调研,对体育课程安排、教学内容与形式等进行了全面调研。体育课中科学合理的教学内容、丰富多样的体育活动和有效的教育教学环节都给大家留下了深刻印象。体育教研组联合集团各中心,在班主任的大力支持下,激发学生体育运动的兴趣,号召全体师生共同参与每日健康活动,全方位、多角度地优化体育课程与教学,努力提升全校师生的体质健康水平。

从 2017 年开始,学校六、七年级就开始实行体育课程"4+1"模式,八、九年级实行"3+2"模式,切实保障学生日常的体育运动时间不少于 1 小时。在基础型体育课程之外还结合学校实际情况开发了种类丰富的体育校本课程及活动,为学生提供多样化、可选择的体育运动项目,打造一个覆盖校内外、课程时空灵活的校园阳光体育运动工程(见表 5-4-1)。

表 5-4-1 校园阳光体育运动工程

项目	活动形式	实施成效
校内体育活动和比赛	如篮球班班赛、广播操比赛、队列操比赛、球技运动会等	定期举办校内体育活动和比赛,让学生全员参与,全面形成家、校"健康第一"的意识
特色体育活动项目	如篮球达人赛、技巧赛,引体向上、仰卧起坐、立定跳远比赛,体育迎新游园活动等	针对我校学生的体质薄弱项目及学生感兴趣的项目而开设,补齐体质指标中的短板,并满足学生个性化发展需求
区阳光大联赛	如跳踢、啦啦操、篮球、武术操、广播操等	以比赛为载体,为学生提供更多的展示平台与机会

（续表）

项目	活动形式	实施成效
阳光"30分"，两操大课间	Tabata体能素质操、活力街舞、旋风跑、室内操等	针对学生体质的薄弱方面进行强化训练，更全面地锻炼学生的身体
体育假期作业	日常体育作业、寒暑假体育作业	有效指导课外、校外的体育活动

　　主题研修型教学视导再造课堂结构。比如，地理学科教研组开展的以"运用DIS数字化实验设备改进地理实验教学"为主题的视导活动，就是通过引入数字化实验器材（重力传感器、数据采集器）和平板（DIS8.0软件）等工具，让学生以小组合作的形式，运用实验的方法探究影响黄土高原水土流失的各种因素，再分析归纳黄土高原地区生态环境治理的主要措施，从而建立学生人地协调观念，提升学科素养。

　　地理学科教研组以陈老师的一节区公开课"黄土高原"一课为抓手，全组教师全员共同参与，在区教研员的指导下共同研讨如何运用DIS数字化实验设备及信息技术，改变传统的地理实验模式，优化课堂结构，激发学生参与课堂实验和探究的兴趣，培养学生科学探究的精神。本课选自沪教版初中地理七年级下册的中国区域篇（下），新课标对该部分提出"运用地图和相关资料，描述中国主要的自然灾害和环境问题；针对某一自然灾害或环境问题提出合理的防治建议"的要求。在教学内容上，本课整合七年级上册中国地形、气候和河流的相关知识，融入本学期"环境问题与环境保护"的内容。在教学方式上，采纳新课标倡导的"设计简单的实验方案，利用模拟等方式开展地理实验，激发并维持学生学习兴趣"的教学建议。七年级学生已学习了中国地理的相关自然和人文知识，具备一定的读图能力，对区域地理有了初步了解。但黄土高原地区距离学生生活较远，学生很难理解影响黄土高原地区水土流失的因素及如何治理黄土高原地区的生态环境。

　　基于以上分析，根据新课标在"做中学"的相关指导建议，通过地理实验，了解一般的地理实验步骤和方法，学习和观察实验过程，让学生理解抽象的知识，并使用案例分析的学习方法，为九年级跨学科案例分析打下基础。本课的教学目标是：(1)通过阅读相关地图，学会描述黄土高原地区的位置范围及其地表特征；(2)通过实验和小组交流，探究影响黄土高原水土流失的因素；(3)通过案例分析，归纳黄土高原地区生态环境治理的主要措施，建立人地协调观念；(4)通过实验，了解一般地理实验步骤和方法，观察地理实验过程，培养严谨的科学态度和团队协作精神。本课的教学重点是通过实验探究影响黄土高原水土流失的因素。教学设计如表5-4-2所示。

表5-4-2 "黄土高原"一课的教学统计

教学内容	教师活动	学生活动	设计意图	用时
导入	播放视频，引出黄土高原地区。	观看视频，领略黄土高原地区景观。	用视频将学生带入黄土高原地区的场景，激发学习兴趣。	5分钟
定位黄土	展示中国分区图、中国地势三级阶梯示意图、黄土高原地区图和黄土高原地貌景观图，引导学生读图，描述黄土高原的位置范围及其地貌特征，启发学生思考黄河中游含沙量大的原因。	观看相关图片，描述黄土高原的地区位置并在图中圈出分布范围（东到太行山脉，西至乌鞘岭，南接秦岭，北到古长城）。 观看景观图，概括地貌特征（千沟万壑，支离破碎）。 观看黄河动态图，思考黄河中游含沙量大的原因（黄土高原地区水土流失严重）。	读图环节旨在训练学生获取信息能力，描述环节旨在提高学生运用学科语言规范表达的能力，进而提升对黄土高原地区的区域认知，引出黄土高原水土流失成因的问题。	5分钟
解密黄土	1. 实验前，介绍实验目标、实验分组、实验器材、实验任务，提示学生认真阅读实验步骤。 2. 实验中，投屏第1组实验过程，巡视学生实验操作过程，记录学生在实验中生成的问题。	阅读实验步骤，分工进行实验操作，记录实验数据和实验结论，展示交流。 第1组：小组代表介绍实验目的、实验记录、实验结论，他组成员对本组汇报进行点评。	利用数字化实验设备，让地理实验从观察走向测量，将观察和量化结合，有助于激发学生的探究兴趣，锻炼数据处理、科学推理能力，提高实验效率。	25分钟

（续表）

教学内容	教师活动	学生活动	设计意图	用时
解密黄土	3. 实验后，请小组代表上台交流实验情况，对各组实验汇报逐一评价。 第1组：小组代表介绍实验情况，请他组成员对他们的实验汇报进行点评。 第2组：小组代表介绍实验情况，请学生体验黄土、花园土的土质差异，感受黄土疏松的特点。 第3组：小组代表介绍实验情况，引导他组成员对本组实验结论做出猜测。 第4组：小组代表介绍实验情况，引导他组成员读"延安市各月平均气温和降水量图"，分析黄土高原地区的降水特点。 4. 实验小结：引导学生根据实验结论，归纳黄土高原地区水土流失的自然和人为原因。	第2组：小组代表介绍实验目的、实验记录、实验结论，全体同学"捏一捏"黄土、花园土样本，体验土质差异。 第3组：小组代表介绍实验目的、实验记录、实验结论，他组成员"猜一猜"本组实验结论。 第4组：小组代表介绍实验情况，他组成员读一读"延安市各月平均气温和降水量图"，分析黄土高原地区降水特点。 各组之间认真听取他组的实验汇报，归纳水土流失严重的自然和人为原因（自然原因如下。坡度：地表千沟万壑，坡度较大；土质：土质疏松；植被：植被稀疏；降水：夏季降水集中且多暴雨。人为原因如下：过度放牧、过度开垦、过度砍伐、采矿修路）。	在评价反馈环节，设计了"评一评、捏一捏、猜一猜、读一读"的活动，丰富了课堂互动形式，提示学生对实验结论进行整体认识。	
治理黄土	播放黄土高原地区治理前后视频，引导学生读圭园沟流域治理示意图，并对学生归纳的治理措施进行分类概括，总结"绿水青山就是金山银山"的理念。	观看视频，感受黄土高原治理前后变化，读圭园沟流域治理示意图，借助实验结论，归纳治理措施（生物措施：植树种草；工程措施：修建梯田，建淤地坝；综合措施：建造国家公园，草田轮作等）。	以案例分析的形式，锻炼学生信息获取和问题分析能力，体会因地制宜和人地协调观念。以实验结论作为分析问题的支撑，体现了思维的进阶性，达到了学以致用的目的。	8分钟

（续表）

教学内容	教师活动	学生活动	设计意图	用时
总结	回顾定位黄土、解密黄土和治理黄土知识体系，观看视频，了解刘东生先生在黄土研究中做出的贡献，体会将科学研究和人类福祉紧密联系的科学家精神。			2分钟

在区教研员陆老师的指导下，地理组教师全员参与，本节课经历了多次打磨。按照陈老师最初的想法是：先将实验步骤设计好，后续就让学生动手操作实验、记录数据，但这样的设想很快就被陆老师否决了。在和她的互动交流中，教师们真正懂得了无论采取什么样的实验形式，最终的目的都是落实教育教学目标，实验是工具，素养是方向，要充分挖掘实验的育人价值，为学生学科核心素养提升创设情境和机会。顺着这样的思路，新一轮的资料收集和整理又开始了。陈老师重新设计了实验教学环节，预留给学生更多动手实践的时间，提供实验操作的提纲和设备，让学生以小组合作形式开展自主探究和实验。在这个过程中，帮助学生建立严谨、客观的科学态度，锻炼表达交流和动手操作的能力。

从定位黄土、解密黄土到治理黄土，这背后蕴藏着保护资源和环境的价值取向。通过案例分析，让学生运用实验结论来讨论治理措施，引导学生树立人地协调观。同时，在实验过程中，要通过观察、触摸、体验、描述、推测、分析等过程，帮助学生建构黄土高原的知识体系，调动学生的多种感官体验，习得观察实验的基本经验。这些修改都是为了给学生提供更好的学习体验，让学生获得难忘的学习经历。在全组教师共同参与研讨的过程中，教师们加深了对新课标的理解，学会了使用数字化实验器材和信息技术改造课堂结构、提高学习效率的方法，让学科观念和素养真正落地。

主题研修型教学视导促进资源开发。比如，生命科学、地理学科联合开展的以"我是小小园艺师"为主题的跨学科视导活动，设计灵感源于学校当时正准备搭建的屋顶花园项目。该项目向全体师生征集屋顶花园的设计方案，优秀的设计方案将被采纳并投入屋顶花园的改建中。跨学科视导活动正是以该项目为契机,提出了驱动性问题:你能否为学校提供一个屋顶花园的设计方案呢?我们在真实的情境中为学生创设了具有挑战性的任务,自主开发了具有学校特色的教学资源。

作为一项跨学科实践活动,学生需要运用已掌握的地理和生命科学等学科的基础知识和关键能力对"一个好的花园设计需要考虑哪些因素?""假如你是一名园艺师,如何为学校布置屋顶花园?"等真实生活情境中的实际问题加以分析,以不同的学科视角审视问题,经历学校屋顶花园现状调查、学校气候与屋顶环境分析、适宜学校屋顶花园环境的植物遴选、小组设计屋顶花园、小组讨论完善方案等过程,最终形成"学校屋顶花园设计方案",并制作成屋顶花园设计模型,开展 TED 演讲,为学校的建设建言献策。希望通过该活动的开展,培养学生的跨学科学习意识,提高学生综合分析问题、解决问题的能力。

 案例

"我是小小园艺师"活动过程①

任务一:调查学校屋顶花园

任务一在课外进行,时长 1 课时,以"学校屋顶花园的环境怎么样?"这一子问题引领开展。学生在教师的带领下,以任务单(评价量规 1——调研日志)为支架对学校目前的屋顶花园进行实地调查,主要考查目前学校屋顶花园的现状及感受屋顶特殊的环境条件,为之后的学习做好前期的铺垫。

任务二:小组设计屋顶花园

任务二在课内进行,时长 1 课时,以"花园的设计需要满足哪些条件? 如何为学校设计屋顶花园?"等问题链的解决促进项目的推进。

在解答"花园的设计需要满足哪些条件?"这一问题时,教师引导学生分析得出花园设计的标准,为之后的屋顶花园设计打好知识性基础。在解答"如何

---

① 本案例由风华初生命科学教研组提供,撰稿人为江一蓓。

为学校设计屋顶花园?"这一问题时,学生首先需要明确学校的地理气候及屋顶的特殊环境。九年级学生已经学完了地理学科及生命科学学科的课程,已经具备地理和生命科学的基础知识及学科对应的基本能力。对此,学生在教师的引导下,根据教师提供的材料(降水量、温度数据图),分析学校所处地理位置的气候特点。结合任务一的调查结果,讨论交流得出学校屋顶的特殊环境条件(如光照强、土壤层薄、容易积水、风力大等特点),并且总结得出适应学校屋顶环境条件的植物特点(如矮小抗风、浅根性植物、喜光照、耐水湿等特点)。在此基础上,学生以小组合作的形式,根据教师提供的植物习性资料,依据屋顶花园设计的标准,选择适应学校屋顶生长的植物,并开展屋顶花园的设计。

任务三:小组完善设计方案

任务三在课外进行,时长 1 课时,以"如何完善方案?"这一子问题引领开展。学生在教师的带领下,围绕"选种的植物能适应环境吗? 是否考虑到种群密度及空间利用率? 植物种类的多样性是否体现?"等问题,即花园设计的标准评判之前设计方案的不足,并进行完善。对于其中发现的一些共性问题,也可以借鉴到自己小组,对自己设计方案中的缺陷进行改正和优化。

上述活动创设了"为学校设计屋顶花园"的真实情境,学生扮演"小小园艺师"的角色,在真实且富有挑战性的问题情境中提高了学习主动性和学习兴趣。通过主题研修型教学视导活动,教师不仅是课程的实施者,还是课程资源和内容的开发者。教师对教学活动的设计、实施、反思、优化等过程有了更深的体验、理解与感悟。通过跨学科视导活动,也提高了教师团队创意设计、集体公关和开发资源的能力。

三、经验提炼型教学视导发挥骨干教师领航作用

经验提炼型教学视导就是骨干教师将个人多年积淀的实践工作经验进行结构化梳理后,以可视化的呈现形式引领广大青年教师共同学习、研讨后形成可供推广的集体经验的过程。具体步骤如图 5-4-3 所示。

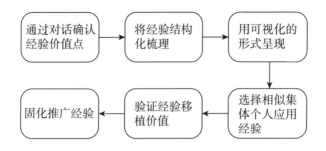

图 5-4-3 经验提炼型教学视导流程

案例

"单元核心任务设计"视导活动①

一、"单元核心任务设计"视导活动背景

1. "新课标"背景下,单元教学的相关研究如火如荼。

2. 2014 年至今,语文教研组一直在开展单元教学设计的相关研究。

3. 新课标中的"任务""任务群"引人注目,成为教学研究的热点。

4. 2022 学年第一学期开学初,市教委教研室要求每区上交一个案例,区教研室要求每校上交一个案例。

5. 在区教研活动上,教研员对该项活动进行了简要的理论讲解与培训。

二、我们的困难

1. 教师对"任务""任务群""单元核心任务"等概念比较陌生,单纯进行一次理论宣讲和任务布置,他们依然无所适从。

2. 时间紧,任务重。

3. 教研组人数多,每个备课组都分在两个不同的校区,任务布置给某个备课组还是某些教师,值得思考。

三、我们的优势

1. 在单元教学研究的过程中进行"单元核心任务设计"研究。

---

① 本案例由风华初语文教研组提供,撰稿人为王以新。

2.五位老师参加过市教委教研室的"整本书阅读教学设计"项目，并参与案例撰写。

3.组内开展过"活动·探究"单元的教学设计和实践研究。

四、"单元核心任务设计"的重要时间点

1.2022年9月第一周接到任务。

2.2022年10月5日完成设计并上交区教研室。

3.2022年10月28日，我校案例作为静安区典型案例上报到市教委教研室。

五、"单元核心任务设计"视导活动过程

1.教研组长本人进行理论学习（新课标、单元教学设计指南），并对最终成果、后期主要工作有初步设想。

2.组建一个核心小组，把初步设想与核心小组成员充分沟通，形成较为具体的成果预期与活动规划，确定单元核心任务。

3.教研组长按照初步拟定的单元核心任务，倒推设计过程，确定子任务。

4.组建任务团队并分组，核心小组成员担任小组长，每人负责一个子任务。

5.开展线下教研活动，向全体教师讲解背景、目标、概念、流程、预设成果等具体内容。

6.小组长分工，带领小组成员完成任务；组员分头完成任务后，小组长汇总修改，交给教研组长；教研组长汇总修改后交到区教研室。

7.再次组织教研活动交流心得，说明困惑，以期进一步研究思考。

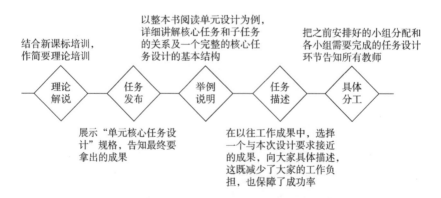

图5-4-4 "单元核心任务设计"的教研活动可视化路径

　　经验提炼型教学视导活动重在发挥学校骨干教师的示范引领作用,充分挖掘骨干教师的教育教学资源,再根据组内教师的年龄特点、教学特色进行合理分工。聚焦一项关键任务的完成,通过组内视导活动集中团队智慧,以雁阵型管理模式带动更多青年教师提高教学研修能力和专业素养。经验提炼型视导模式非常适合学校体量大、校区多、年龄结构轻的实际校情,采取教研组内共研共进方式扩大教学经验的辐射面,满足不同年龄结构的教师专业提升的需求。

　　以上就是风华初十多年来在课程与教学领域变革的全部故事,在撰写过程中,我们清晰地认识到还存在很多的不足,如实践操作层面较多而理论阐述层面薄弱,案例策略较多而抽象提炼欠缺。我们还是想原生态地记录一所普通公办初中改革的历程,这或许能为同类学校带来一些启示和借鉴。虽然尚显稚嫩与粗糙,但我们坚信通过不懈努力,必将创造出更好的教育和更美的未来。

后　记

　　教学变革始终是推动教育进步的重要力量,这不仅是教育自身发展的内在要求,也是适应时代变化、培养新时代人才的关键所在。近年来,国家明确提出教育要实现从知识本位转向素养导向,面向未来的教育要注重学生直接经验的获取和感受,增长"做事""做人"素养。因此,学校迫切需要进行教学变革,更新教育理念,创新教学方法,破解学科知识、社会生活与学生经验割裂的难题,充分发挥实践的育人功能,提升学生的创新精神和实践能力,落实立德树人根本任务和培养有理想、有本领、有担当的人才的要求。我们坚信,只有触动国家基础课程领域内的教与学方式的变革,学生的素养培育才能得到真正落实,才能切实发挥课堂主阵地的育人功能。于是,学校以实践性学习活动为载体,开展了大型行动研究,确保国家对教育改革的要求在课堂教学这一关键环节得到有效落实。

　　本书主要记录了2008年至今学校持续开展的教学领域的探索实践,尤其是"实践性学习活动"的阶段性研究成果。本着与教育同仁们分享研究经历与经验的初衷,我们客观、真实地用文字描述了我们的尝试、实践、反思。

　　在这本书的形成过程中,我们得到了很多人的帮助。感谢上海市教育学会会长尹后庆、上海市教育委员会教学研究室原主任徐淀芳、上海市教师教育学院(市教委教研室)院长纪明泽等领导的关心,为我们的研究指明了方向。感谢上海市教育学会、上海市教师教育学院(市教委教研室)、静安区教育局和教育学院等单位的大力支持,为我们的发展提供了更高的平台。感谢张民生、苏忱、胡惠闵、赵云龙、黎加厚、刘京海、顾志跃、张玉华、汪振兵等专家的专业指导,为我们指点迷津。这本书的出版过程凝结了许多人的情感和心血,得到了很多专家的帮助,然片纸难陈,恐挂一漏万,恕不再一一赘述。在此,我们对在本项研究和书稿撰写中给予帮助与支持的所有单位及领导、专家表示衷心感谢!

为了更好地梳理数十年来的研究成果,在堵琳琳校长的带领下,我们成立了项目组。林文琴副校长全程参与了书稿编纂工作,整体规划书稿框架设计。金雷副校长负责全书统稿和内容组织工作。陈瑜副校长、姚程琳副校长参与了书稿编纂的阶段性研讨,并组织提供了高质量的案例。集团教学与课程研究中心、质量监测与评估中心、人力资源与师资发展中心等负责相关领域的文稿征集工作,分享了探索过程中积累形成的宝贵经验。集团各学科教研组为书稿提供了大量优秀案例,执笔者均以脚注的形式进行了说明。本书第一章由金雷撰写,第二章由金雷、万萍、胡航舟撰写,第三章由万萍撰写,第四章由胡航舟撰写,第五章由宋英琳、万萍、胡航舟、戚伟撰写。

感谢上海教育丛书办公室对我们工作的肯定,以极大的耐心和细心的指导,让我们一线学校具体而微的经验有机会成书并出版。教学的变革远远不像这本书写完就能解决一样,这仅仅是一个开始。"实践性学习活动"研究作为一次探索性的行动研究,还不够完善。本书中所展示的研究成果,与其说是定论,不如说是一系列新的有一定依据和实践经验的研究假设。我们期望这些假设能为教育研究部门、学校及广大教师提供一些方向性、思路性的启示,起到抛砖引玉的作用,为学校教学变革的发展带来新的视角与动力。

我们将继续坚持实践性学习活动深化研究的信心与动力,不断探索中国式现代化的教学变革,让学生在实践性学习中学会适应现实、挑战未来!

上海市风华初级中学教育集团

2024 年 2 月

图书在版编目（CIP）数据

实践撬动的教学变革：一所初中提升教育品质的行动 / 堵琳琳著. — 上海：上海教育出版社，2024.3
（上海教育丛书）
ISBN 978-7-5720-2541-9

Ⅰ.①实… Ⅱ.①堵… Ⅲ.①初中－教学改革－研究
Ⅳ.①G632.0

中国国家版本馆CIP数据核字(2024)第052319号

责任编辑　袁　玲　周琛溢
封面设计　金一哲

上海教育丛书
实践撬动的教学变革：一所初中提升教育品质的行动
堵琳琳　著

出版发行　上海教育出版社有限公司
官　　网　www.seph.com.cn
地　　址　上海市闵行区号景路159弄C座
邮　　编　201101
印　　刷　浙江临安曙光印务有限公司
开　　本　700×1000　1/16　印张17　插页3
字　　数　252千字
版　　次　2024年3月第1版
印　　次　2024年3月第1次印刷
书　　号　ISBN 978-7-5720-2541-9/G·2236
定　　价　54.00元

如发现质量问题，读者可向本社调换　电话：021-64373213